日本僑報社25周年記念出版

中国人の日本語作文コンクール

［第17回］受賞作品集

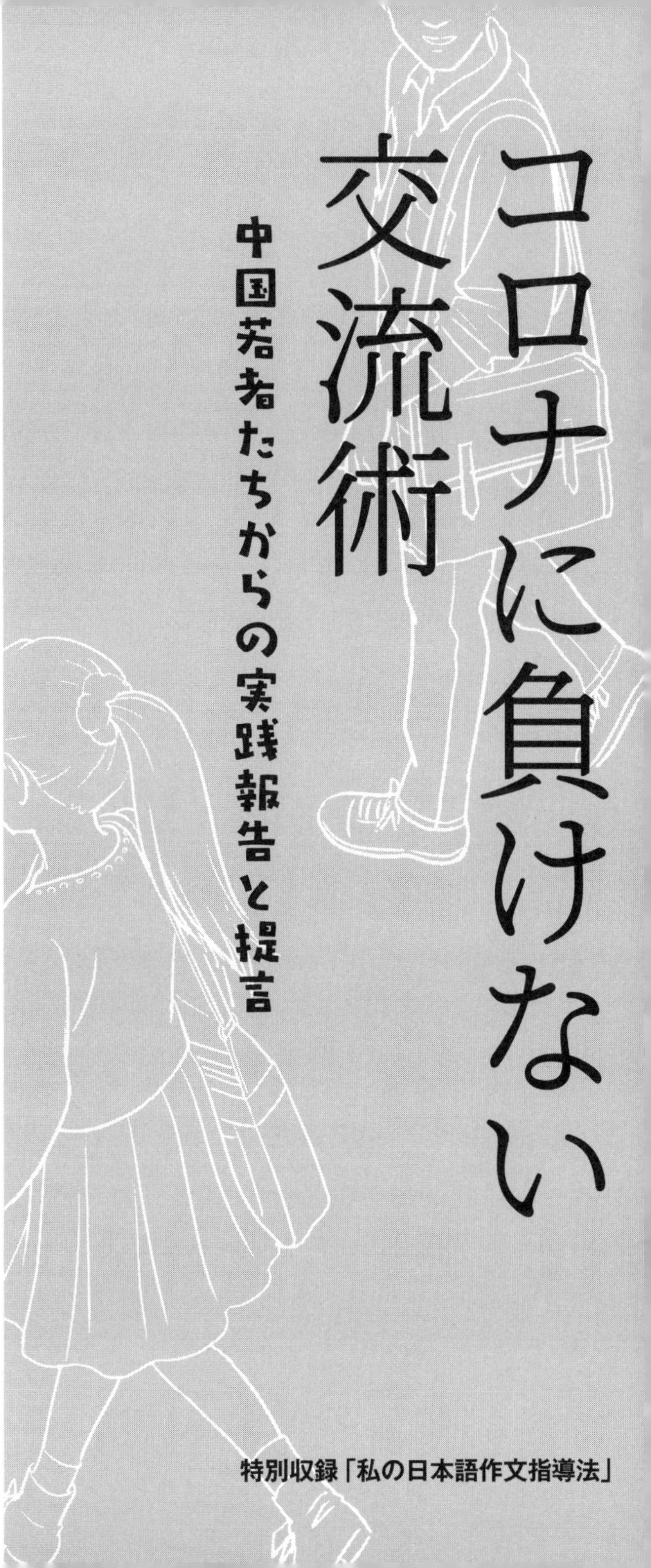

コロナに負けない交流術

中国若者たちからの実践報告と提言

中国若者たちが日本語でつづる生の声

日中交流研究所 所長

段躍中 編

特別収録「私の日本語作文指導法」

日本僑報社

推薦の言葉

石川　好
（作家、元新日中友好二十一世紀委員会委員、日本湖南省友の会共同代表）

コロナ蔓延による困難な状況が続く中、日本僑報社・日中交流研究所主催の第十七回「中国人の日本語作文コンクール」を滞りなく開催でき、さらに受賞作品集の出版も実現できたことを心よりお祝い申し上げます。そして主催者および関係者の皆様の並々ならぬ努力に心より敬意を表します。

コロナ禍によって中国の大学生たちがオンライン授業を受ける状況下で、本コンクールは例年にも負けず数多くの応募がありました。これも二十年近くにおよぶ本活動が、中国の日本語学習者や教育者の間に強い影響力を持ったからこそだと感銘を受けました。

本書からは、「ポストコロナの日中交流」というコンセプトの下、中国の若者たちが多角的に日中関係の明るい未来を模索しようとするポジティブな熱意を感じました。

オンライン交流が広がる一方で、対面でしか得られないものがあると感じた人もいれば、中日交流を途切れさせないために、アフターコロナの時代の交流促進について思いを巡らせた人、また、コロナで苦境に陥った中国と日本が互いに助け合う中で友好の「橋」を見つけ、さらに頑丈な橋にしようと決意した人もいました。具体的かつ印象的なアイデアや体験談が多く寄せられました。

また、中国における教育などの場でも、コロナの影響は無視できません。オンライン授業の経験を通して、魅力的な授業のアイデアやネットならではの苦労など、実体験に基づく率直でリアルな感想が寄せられました。

二〇〇五年にスタートしたこのコンクールは、これまでに応募者が五万三千人を超え、受賞者は約三千人を数え、日中両国で「最も影響力のある日本語作文コンクール」として広く知られるようになりました。毎回出版されている受賞作品集は、中国の若者たちが翻訳を通さずに直接日本語で書いた「生の声」による、新鮮な体験談と斬新な提言に満ち溢れており、私個人や日中関係に限らず、日本の社会一般においても参考にできる貴重な世論であり、両国の関心を集める貴重なシリーズとなっています。

本書はポストコロナ時代において、日中両国の交流と相互理解にお役に立つ中国の若者たちのタイムリーな提言を集めた一冊であり、一人でも多くの人に読んでいただけるよう、本書を推薦させていただきます。

二〇二〇年十一月吉日、東京にて

目　次

三等賞

第17回

中国人の日本語作文コンクール

上位入賞作品

最優秀賞（日本大使賞）　1名

潘暁琦　復旦大学

一等賞　5名

張瀟涵　大連外国語大学

欧華慶　天津外国語大学

李佳鈺　西北大学

張偉莉　大連外国語大学

馬礼謙　西安交通大学

二等賞　15名

三等賞　40名

佳作賞　219名

☆最優秀賞（日本大使賞）

対面でしか得られないものを求め続けたい

復旦大学　潘暁琦

近年、中国メーカーから発売された製品のパッケージに日本語がよく使われている。日本語を使う目的や表現の誤りなどが気になり、ゼミで研究テーマにした。

スーパーやコンビニで集めた商品のパッケージを調べたら、日本語が間違っているものはなんと七十パーセント近くあった。ネットでも、中国で見つけた変な日本語を投稿し続けている日本人がいるし、「意味不明」という困惑や嘲りの記事も相次ぐ。

それに基づき、「誤りが多い。日本人駐在員や観光客に悪い印象を与えかねない」とまとめて、レポートを提出した。すると、先生から「それは実際に会って聞いてみないと」との指摘を受けた。

なるほどその通りだ。そこでネットでインタビューに協力いただける上海在住の日本人の方を募集し、実際に会って話を聞くことにした。

二月上旬の上海では感染はほぼ終息し、新規感染者ゼロの日が何日も続いたおかげで、インタビューは何とか対面で行うことができた。

一人目へのインタビューの日がやってきた。待ち合わせ場所のスターバックスに着き、真ん中の席に座って待った。しばらくして、日本人らしい中年男性が入ってきた。小さい声であいさつしてみたら、「こんにちは！」とよく響く声で返してくれて一安心。

さっそく質問を始めた。

「パッケージに日本語が書いてある中国メーカーの商品を見たことがありますか」「はい、よく見ます」「日本語の間違いを見かけたことがありますか」「何度も」「その割合は？」「ええと。五回に四回ぐらいはおかしいですね」「それを見た時の感想を聞かせていただけますか」「楽しんでます」

意外な答えだったが、すかさず聞いてみた。

「へえ、不満やいらだちは覚えませんでしたか」「いやあ、やっぱり語学って難しいから。私も中国語あまり喋れないし。中国の人がどういう間違いをしちゃうかって分かってくると面白いし、勉強になるから。完全に百点満点の日本語になったら、少し寂しいなあ」

実際に会って聞いてみないと聞けなかった話だ。次のインタビューではどんな答えが聞けるか、期待が高まった。

全部で六人に話を聞くことができた。「私は買わない。正しい日本語にしてほしい」と素直に打ち明けてくれた人もいれば、「日本でも昔は街中に変な英語ばっかり。これからよくなるよ」と理解を示してくれた人もいる。どれも予想すらしなかった貴重な本音だった。

アンケートで自分が想像した回答から選んでもらうのではなく、会って直接話を聞いて本当によかった。そしてオンラインではなく、実際に対面することで、みなさんの暖かい眼差しも心に残った。

コロナ禍以来、講義も会議も何でもオンラインで行われるようになった。パソコン一台で世界のどこにでもつながるのだ。だが、私はどうも満足できなかった。相手の雰囲気が感じられない。こちらの顔も覚えてもらえない。真意が伝わったのかも心配だ。話が盛り上がっても、終わった後みんなで一杯という楽しみもない。

上海では今、会いたい人に簡単に会えないような時期は過ぎた。週末にまた日本人の友だちと会って互いのことばを学び合うことができるようになった。私は毎週それをとても楽しみにしている。

その日の気分に合った服を着て、ワクワクしながら会いに行く。街角のカフェでコーヒーの香りに包まれながら、様々なことを語り合う。汚染水の処理、ワクチンは打ったかなどについて、マスコミの情報やテレビの報道のように一方的にもたらされるのではなく、生身の人間ならではの気持ちや本音をぶつけ合うことができる。

会って話を聞いてみないと分からないことがある。対面でしか得られないものがある。目の前の相手を五感すべてで感じ取り、その場の空気を共有して初めて生まれる理解がある。私はそれを求め続けたい。日中交流もずっとこうあってほしい。

だから、祈る。一日も早いコロナ禍の終息を。海を越えて桜の下で語り合う日が待ち遠しい。

（指導教師　艾菁）

★一等賞

人と人の付き合いは双方向

大連外国語大学　張瀟涵

コロナウイルスが広がり始めて以来、毎日ニュースを見ることは世界各国の人々の日常生活に欠かせないことになった。確かにニュースの情報から他国の状況を知ることができる。しかし私は、ただメディアからの情報で他国を知るだけでは十分ではなく、本当の意味でお互いが理解し合うためには様々な方法での人と人の付き合いが必要だと思う。

大学の合格通知が届いたとき、すぐに第一志望の大学の日本語専攻に合格したことを祖父に伝えた。

「そうか、よかったね。」と祖父は微笑みながら答えた。

数日後、私が五十音図を勉強していると、祖父から突然日本語に興味があるかと尋ねられた。「もちろんだよ。将来は日本に留学したいよ」と答えると、祖父はそれきり黙ってしまった。

　私はその時、急に何かが解かったような気がした。祖父はきっと私が将来日本に留学するというのを聞いた時、なんだがすっきりしなかったのだろう。祖父の世代の人々は皆、日本に対して心の垣根があるようだ。

　去年の春節、祖父の所に新年の挨拶に行った。祖父はちょうどコロナについてのニュースを見ていたが、何かニュースでは見られないことを伝えたいと思った。

　コロナが爆発し始めたばかりの冬休み、私も家族も外に出られず、テレビや携帯電話は、新たな感染者や死亡者の人数のデータばかりだった。

　そんなある日、大学一年生の時、大学で知り合った日本人留学生の本田雛さんからウイチャットが届いた。本田さんは日本のニュースで中国の状況を見て、すぐに私のことが心配になって連絡をくれたのだ。私は家からなるべく出ないようにしていること、病院は混んでいて医師も看護師も忙しくて手が回らないことなど当時の状況を話した。本田さんは私を一生懸命に慰めてくれた。その時、毎日のニュースのような公的なものではなく、個人と個人の交流の暖かさを感じた。最後に「頑張ってね」と言われ、私も「頑張るね」と応えた。日本語を勉強してからこの言葉をよく耳にしたが、その時には、それまでにない言葉の力を感じた。

　自分の気持ちを祖父に話してみた。

「おじいちゃん、確かにニュースの情報は大きな役割を果たしているけど、ニュースを見ているだけじゃその国を知るのに十分じゃないよ。正式な情報だけじゃ解からない事も有るよ。おじいちゃんは以前、日本で働く中国人が日本社会は冷たいと言っているのをテレビで見たって言ってたでしょ。でも本田さんと付き合ってみて、それはちょっと偏った見方だって解ったよ。」と祖父に話してみた。

コロナの感染拡大の困難な時期、日本から中国にマスクが送られたことは、多くの人を感動させた。本田さんが送ってくれた日本の壁に貼られた「中国加油」、「武漢加油」という標語の写真を祖父に見せると、祖父はまさに「雪中に炭を送る」行為だと感嘆した。そんなことがあってから、祖父の日本に対する心の垣根もちょっと低くなったように思う。

唐の時代、日本は阿倍仲麻呂のような遣唐使を派遣して、唐の文化と芸術などを学んだ。二十世紀には、多くの中国人が日本に留学し、日本の経済や科学技術などの知識を学んだ。一九六三年に中日友好協会が設立されて以来、各分野の交流が盛んになり、両国の友好関係は発展してきた。その中心はなんといっても民間交流である。コロナが広がって以来、交流はインターネットを介してだが、各種団体と個人が多様なオンライン交流活動を展開し、中日が助け合った感動的な出来事を民間に伝えている。

確かに今の時代、ニュースのような公的情報は大きな役割を果たしている。しかしこうした情報は一方通行のもので、人と人の付き合いは双方向のものなのだ。中日友好の鍵は民間にあり、将来の中日関係も両国人民の手に握られている。これからも人と人の付き合いが増えていけば、日中関係はもっと大きな一歩を踏み出すことができると思う。

（指導教師　川内浩一）

★一等賞

ネットで繋ぐ日中友好の新時代

天津外国語大学　欧華慶

私がともかちゃんと知り合ったのは大学一年生の頃だった。彼女は中国語を専攻していて、私の大学に交換留学生として来ていた。私たちは毎週金曜日、一緒に喫茶店で日記を交換して文法の間違いをチェックしたり、互いの宿題を訂正したりしていた。週末も一緒に日本料理や中華料理を食べに行き、楽しい思い出をたくさん作った。一年前、彼女が帰国する際にも、今後私の日記をチェックしてくれる人がいるかどうかを心配し、「来学期日本の大学の後輩が中国に来た時、彼女と仲良くしてね」と言ってくれた。名残惜しかったが、私は軽く頷い

て彼女と別れた。それは二〇一九年十二月のことだ。その時、二人はその後世界がどうなるかなど何も知らなかった。ともかちゃんが日本に帰った一カ月後、新型コロナウイルスが恐ろしいスピードで広がったのだ。対面での交流ができなくなった状態で、私たちはどうすればいいだろう、私はとても不安に感じていた。

これまで日中交流といえば、旅行や交換留学が主な方法とされてきた。自ら相手国に行ってその文化も実感するのは確かに一番良い方法だが、新型コロナウイルスの影響で、海外旅行は言うまでもなく、自分の家からさえ気軽には出られなくなってしまった。新学期になってもコロナが収まらない状況の中、私とともかちゃんとの間で「毎週二人で時間を合わせてビデオ通話し、オンラインで日記を交換しよう」という考えが生まれた。そのようにして、コロナ禍の中で日本と中国に離れ離れになった二人がネットで緊密に繋がることができた。それから一年が経ち、ともかちゃんは卒業し、わたしも三年生になった。今でも毎週日曜日にウィチャットのビデオ通話機能を使っておしゃべりしたり、互いに写真を送りあったりしている。コロナがあったからこそ、私たちは新たな視点から解決方法を見つけ、そして前よりも強く人と人の繋がりを感じることができた。

以前、日中交流についてともかちゃんと話したことがあった。その時二人が辿り着いた結論は「人の言うことから判断するより、自ら相手の国に行った方がいい」ということだった。しかしコロナ禍の中で、日本に行けなくても、日本にいる人と直接話すことで、日本のことを知ることができると気付いた。

実際、コロナ禍の中で、日本から来た大学生を接待したり、日本に行って日本の学生と交流する機会はなくなってしまったが、その代わり、オンライン会議システムを使った法政大学との交流会に何度も参加することができた。そこで日本の大学生と、旅行や趣味などのテーマについてたくさん話をした。

彼らと話をしているうちに、これまでの日本や日本人に対する印象が変わり、新しい角度から日本を見ることができるようになった。会議中、法政大学の森さんの言った、「コロナ禍の中でなかなか日中交流ができない今、交流会に参加できて本当に良かったと思う。主催してくれた学校や先生たちに心の底から感謝している」という言葉が皆の心に響いた。確かに、対面での交流をさけつつ、自分の思いを伝えることのできるインターネットは、コロナ禍の中で大きな役割を果たしている。仕事や授業に限らず、国際交流においてもネットは有用なものであると私は実感した。

「ピンチをチャンスに変えよう」、これがコロナ禍の中で私が気づいたことだ。感染拡大の中、私はネットという窓口を通じて日本との交流の機会が一層広がったように感じている。ネットのメリットを生かしたオンライン交流会で、時間や場所にとらわれずに、中国にいても海の向こうの人々と交流できるのは本当に幸せなことだ。このように新しい日中交流のパターンが生まれたことはコロナ禍で唯一の良い事と言えるかもしれない。ポストコロナ時代がもうすぐ訪れる。その時にもまたネットで皆の笑顔を見たい、私はそう思っている。

（指導教師　山口進久）

★一等賞

若者のリアル配信——未知の世界を開く窓

西北大学　李佳鈺

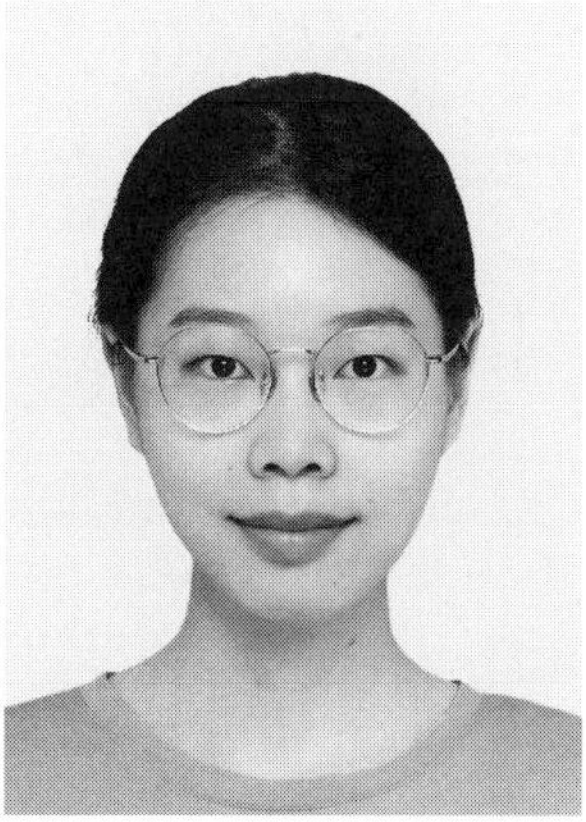

二〇二〇年二月、私が待ち望んでいた交換留学はコロナのせいで中止になったという知らせが届いた。憧れた日本での留学生活は水の泡となった。気が滅入った私がビデオ通話でエリカにこのことを話すと、エリカは気の毒がってくれた。

　エリカは私の相互学習のパートナーである。週に一回オンラインでビデオ通話をして、お互いに中国語と日本語を教えている。

「日本に行けなくなっちゃった。奈良公園の景色が見たかったな。」と私が嘆いたら、「それは簡単じゃないか。

今すぐに見られるよ。」というエリカからの返事がきた。過去に撮った写真を見せてくれるのかと思いきや、エリカはハンディビデオカメラを持って、そのまま部屋を出た。そして、速やかに奈良公園行きの電車に乗ったのだ。「私のうちは奈良公園に近いよ。これは以前ユーチューバーをしていた兄が使っていた物なんだ。」と、エリカはビデオカメラを指し示して教えてくれた。エリカの突然の行動に私はびっくりしたが、ふと口から出た自分の願いを真剣に叶えようとしてくれて、感動した。

エリカが奈良公園に到着した。二月なので、もちろん桜はまだ咲いていなかった。その代わりに観光客は少なく、眺めは素晴らしかった。エリカは歩きながら、公園内の見所を紹介してくれた。湖面はきらきらと輝き、霧に煙る山は山水画を思わせた。エリカのリアル配信の公園案内を見ているうちに、私はいつしか自分がその場にいるような気分になっていった。吹いてくるそよ風や清々しい空気すら想像できた。特に、園内の鹿用の煎餅を買う場所から実際に鹿に餌をやる方法までの流れを教えてくれたことは、一番印象に残った。

「エリカさんの紹介は詳しくて上手だね。まるで本物のガイドさんみたい!」

「そう？　実は、学校が主催した街の案内ボランティア活動に参加したことがあって、その時に外国人たちに奈良公園を紹介したんだ。」

「エリカさんはネットで生放送の観光案内をしたら、きっと大人気だよ!」と私は冗談半分本気半分で言った。

「じゃ、時間があったらやってみる!　その時、李さんは絶対に見てね。」とエリカは笑って言った。

一カ月後、私宛の一つの海外速達便が届いた。差出人はエリカだ。開けてみると、小さな鹿の置物が入っていた。それは、エリカの奈良公園案内の生放送を見た時、思わず私が「かわいい」と声に出したものだった。それから一枚の奈良公園の景色を写した絵葉書もあった。はるばる奈良からやって来た小さな鹿に触りながら、あの時の奈良公園の眺めとエリカの笑顔を思い浮かべた。エリカのおかげで、私は未知の世界を見ることができた。エリカと友達になれてよかったと心の底から思った。

新型コロナの影響を受けて、私のように交換留学の計画がキャンセルになった人は多いだろう。もし留学を希望する学生たちがお互いにネットでリアル配信を行って、相手に自分の地域の名所旧跡や学校の様子を見せ雰囲気を紹介したり、関連のお土産を交換し合ったりしたら、留学に準じた交流になるのではないだろうか。

例えば、私の大学がある西安と日本の奈良は長い友好往来の歴史があり、両市には深い文化的つながりがある。西安の興慶宮公園の阿倍仲麻呂記念碑は、唐代に中国に留学した中日文化交流使者の阿倍仲麻呂を記念して建てられたものだ。このような場所を紹介対象の一つに選ぶことは、両国の若者にとって歴史を振り返って友好交流に力を尽くした人物に関する知識を深められるきっかけになるだろう。

積極的なリアル配信活動を通じて、私たちは同じ時間を共有することで互いの存在をより身近に感じられる上に、未知の世界を見ることができる。そして、互いに分かり合う、理解し合うための共通の場を作ることは、小さいものであっても、必ず私たちの未来の交流に役立つものになると、私は信じている。

（指導教師　髙橋智子）

★一等賞

〝理解の赤字〟をなくすために

大連外国語大学　張偉莉

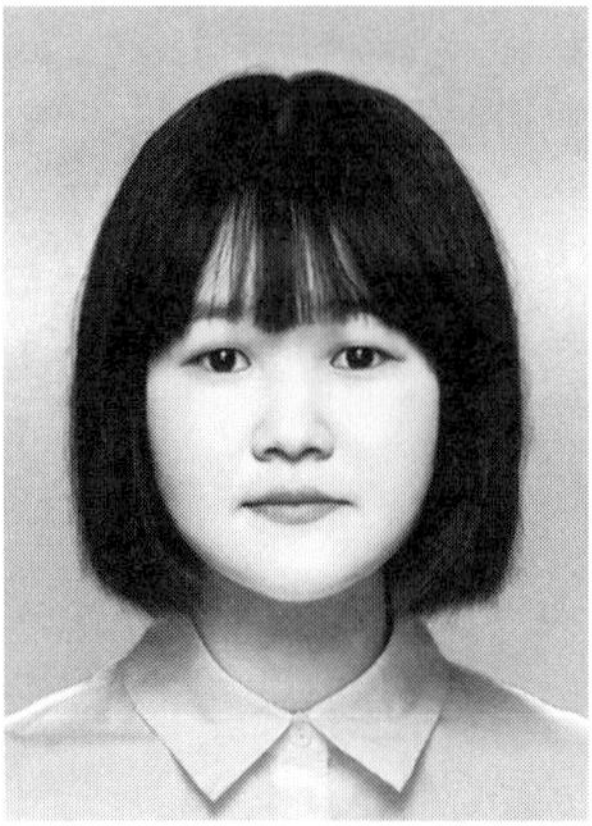

三密を避けなければならないポストコロナ時代は、世界中の人々が以前のように思うままに外出できないため、より一層ネットワークに依存するようになった。現在、主にネットそのものが交流を促進する役割を果たしている。

先日、日本人のTさんが監督した「ポストコロナ」というドキュメンタリーを観た。T監督は中国がポストコロナにどのように感染防止と経済復興を成し遂げたかをテーマに、目下の中国をリアルに記録した。その中で印象に残ったのは、レノボの工場長の話である。「現在でも武漢に対する印象がよくない人が少なくありませんね？」と問われた際に、工場長はこう答えた。「インターネットは確かに交流を促進していますが、不正確な情報などにより、相互理解があまり進んでいないですね。理解を深めるためには、ありのままのことを報じなければなりません。」

この話を聞いた私は、自分の専攻の意義を真剣に考えた。中日の相互理解という責任を担えるのは、私たちのような日本語専攻生の役目なのではないだろうか？　私は、日本での「中国人に対する印象はどうですか？」という世論調査の番組を見るたびに、いつも落ち込んでしまう…。なぜなら、大多数が中国のことをあまり知らないにも関わらず偏った印象を持っているからである。これまで日本に留学や旅行に行く中国人が増えたおかげで、中国人の日本に対する冷静な認識が増えてきた一方で、日本人はいまだに中国に対してあまり良くない印象を持っている……。

「日本人は中国を軽蔑しているのに、さまざまな面で追い越されています。それにより、プライドが挫かれて中国に関するマイナスなニュースばかり見て、安心感を求めるようになりました。また、視聴率が高いため、そのようなニュースが更に多くなるという悪循環になっています。」とTさんは語り、ありのままの中国を伝えるために、現地でドキュメンタリーを製作し始めたのである。

中国では、日本のことを知る番組やドラマなどがたくさんあるが、日本では中国の番組やドラマを見られるのだろうか？　中国では、日本のことを分かっている人が少なくないため、誤解を解消しやすい。しかし、日本では誤解を解消する以前に中国のことを知る機会そのものが不足しているのではないだろうか？　つまり、日本は中国に対する「理解の赤字」があるのではないだろうか。

私たちは、相互理解を通してしか仲良く付き合うことができない。それを実現するためには、何よりもまず実際の交流や中国人の真の気持ちを直接伝えるのが第一歩となるに違いない。T監督の映画のように、中国のありのままのことを報じ、交流を促進すれば、目を覚ます人もいるかもしれない。

私たち日本語専攻の学生は、たとえ微力であったとしても、両国の誤解を解消できる機会はあるはずである。大学生の私にはT監督のようにドキュメンタリー映画を製作するのは難しいかもしれないが、インターネットを活用して真実の情報を伝えることは私にもできる。ＺＯＯＭなどで留学生とディベートをしたり、ＳＮＳで日中文化の違いを交流したりして、お互いの理解を深めることもできる。さらに、動画共有サイトで日本人にとって中国の魅力や面白いことを紹介する動画を作って投稿すれば、誤解を解消することに役立つかもしれない。真実を語る人がいなければ、永遠に誤解されたままになる。現在の不自由な環境は制限でありながら、逆にチャンスでもある。

コロナは世界中に被害を及ぼしていると同時に、このように両国間の誤解を解く良い機会ももたらした。私たち若者が同じ壁に立ち向かえば、世の中は以前よりも和やかになるかもしれない。この時代に「理解の赤字」を解消し、相互理解の橋を架ける行動を私は試してみたい。

（指導教師　桐田知樹）

★一等賞

中国から日本へ　絵はがきの旅

西安交通大学　馬礼謙

皆さん、最近、「絵はがき」を見ましたか？

コロナウイルスのおかげで、すっかり旅行に行けなくなってしまってそんなものはもう全く見なくなってしまったかもしれません。しかし、今こそ、この「絵はがき」を見直してみるべきなのではないでしょうか。

絵はがきは「文字」の素晴らしさと「写真」の美しさ、そして手渡しのぬくもりが同時に感じられるものです。ポストコロナ時代に入り、コミュニケーションの主戦場はインターネットに移りつつあります。今後、手書き文字、手渡しのぬくもりがどんどん失われていってしまうことは想像に難くありません。真っ先にそれを取り戻そうと思い、「絵はがき」による日中交流を進めたいと思ったのです。

きっかけとなったのはコロナウイルスが猛威を振るっていた頃の日本からの援助物資です。「山川異域、風月同天」たったこの八文字から、伝わってくるものはたくさんありました。文字数の如何によらず、感情や思いは伝わるのを感じました。メールやパソコンなどは確かに大量のデータを送れるようになりましたが、短い文章だからこそ、限られた文字や言葉に思いを乗せようと思うものです。

絵はがきは手渡しに限ります。コロナが終息したら、留学先の北海道へ大量の絵はがきとともに訪れます。ラベンダー畑で有名な富良野、最北端の宗谷岬、港町小樽。すべての街で地元の人に、「鑑真東渡、空海西行。青龍猶在、平安長寧」と筆で書いた絵はがきを渡します。意味を要約すると、日本と中国の交流は古代からずっと続いている。というものです。まさに、今の日本と中国にうってつけです。

富良野では陝西省の漢中市の絵はがきを、ここは菜の花で有名な街です。ぜひ、中国にもこのような街があることを知ってほしいと思います。

また、宗谷岬では、同緯度に当たる黒竜江省や吉林省の絵はがきを渡すのもいいかもしれません。飛行機に乗れば意外とすぐの場所なのです。近くに全く違った景色があることを知ってもらえるチャンスにもなるでしょう。

絵はがきを交換という形で、各地の絵はがきを買って中国に持って帰りましょう。富良野のラベンダー畑、小樽運河の冬の景色、宗谷岬から見える利尻山の朝焼けなど、中国に持って帰りたい景色はたくさんあります。

持って帰る前に地元の市民センターや支所へ向かい、地元の人たちに絵はがきにメッセージを書いてもらいます。そのときには、先ほども述べたように、長い文章を書かず、短い一言を書いてもらいます。

テーマは「中国の人に伝えたいこと」はどうでしょうか。中国人に対する温かいメッセージをいただけるだけでなく、この絵はがきをきっかけにして、地元の人たちとのコミュニケーションもできることでしょう。

「この景色、どこがいちばん好きですか？」

住民の皆さんに尋ねて、どこが一番人気か調べてみるのもいいかもしれません。思わぬ場所が一位になるかもしれませんね。

北海道の地方に住む多くの皆さんにとって、中国は「近くて遠い国」の代表的なものだと思います。中国ロシアなどとは比較的交流も多そうに思われますが、中国のことはあまり知られていないのではないでしょうか。そういった地方に出向き、手渡しでメッセージ入りの絵はがきを渡すことが、中国と日本の草の根交流の小さな一歩かもしれません。

もちろん、返事を出すのは郵便でも大丈夫。それも絵はがきの利点ですね。近年は早さばかりを求める傾向にありがちですが、なかなか届かない絵はがきを、家でゆっくり待つのも楽しみの一つでしょう。

私はポストコロナの日中交流として、あえて「絵はがき」を提案してみました。

景色を楽しむものとして、気持ちを伝えるものとして、そして、コミュニケーションのきっかけとして、日中交流の中で、絵はがきは活躍できる場面がたくさんあります。

なかなか見なくなった絵はがきですが、皆さんもこの機会に、ぜひ、見直してみてはどうでしょうか。

（指導教師　奥野昂人）

★二等賞

母の「変顔」

寧波工程学院　楊晨煊

「なぜ日本語なの？」高校を卒業したばかりの私が日本語科に合格した時、母が私に聞いたことがあった。「日本語を勉強するのはよくないの？」と少し疑問に思った。母は私の部屋を片付けながら、「わからないけど、なんだかよくないね」と言った。母の世代の日本に対するイメージは若い人とは違うようで、日中関係が緊迫していた時代に留まっているようだ。

昨年、恐ろしい災難が訪れた。これは新型コロナウイルスだ。このような伝染病には、マスクをするのが一番良い予防策だ。マスクがなければ、絶対に危険に晒される。みんなが買ったため、マスクや材料の在庫が足りなくなり、工場が完全に生産を再開できず、マスクは非常に品薄になった。母はとても焦って、毎日何度も電話をかけて、どこでマスクを買えるか尋ねた。やっとの思いで買えても、母の緊張は緩まなかった。「買えなかった人はどうなるんだろう？」と母は眉をしかめた。私もとても心配だった。そんな緊迫した状況のまま数日が過ぎ、テレビで日本が中国にマスクを送っているのを見た。母は「よかった、これでマスクがない人たちも安全に外出できるようになるわ」と喜んだ。私はソファに横になり、スマホを見ながら、「マスクだけでなく、日本のいくつかの都市は中国の物資が不足しているところに生活必需品を送っているんですよ」と言った。母は「日本も思ったほど悪くないね」とそっと頷いた。

半年間の努力で、中国の新型コロナウイルスはついにそれほど深刻ではなくなり、みんなはマスクをしたら遊びに出かけたり、買い物をしたりすることができるようになった。しかし、お隣の日本から悪いニュースが入ってきた。彼らの状況がひどくなったらしい。私が伝えると、「どうして日本は新型コロナウイルスが深刻なったんだろう?」と母は、また厳粛になった。私は「新型コロナウイルスを抑える適切な方法を見つけらなかったんだよ。たぶん状況が悪化すると思う」と答えた。母が心配そうにしていたので、「日本が好きじゃなかったのに、どうしてそんなに彼らを気にかけているの?」と尋ねた。母は少し怒って、声も大きくなって、「この災難の前には、すべての人の命は平等だよ！　まして、私たちが最も困難な時に、助けてくれた日本のことだよ！　感謝をしないわけにはいかないでしょッ！」。その姿は、以前の母とは違う人のようだった。できることならば、日本語以外の専門に進んで欲しかった、そう思っている母はそこにはいなかった。

二〇二一年四月に入って、中国の状況は徐々に正常に戻り、新型コロナウイルスは大きな脅威ではなくなった。日本の新型コロナウイルスはまだ楽観的ではないが、日中両国民の助け合いと共同の努力の下で、きっと良くなる日が来るだろう。母もそう思っていた。以前の母にとって日中と言えば、経済や政治だった。政治や経済のことは複雑で、若い私には理解できないし、まして学歴が低い母にとっては更に理解は難しかった。本当の日本の姿を知ることはできない、と諦めていた。しかし、母は変わり始めている。しかも、他のことにも関心を持ち始めているのだ。ポストコロナは人々の考え方を変える良い時期かもしれない。日中両国は、経済や政治に限らず、国と国との友好的文化交流をもっと重視すべきだ。お互いの助け合いを通じて両国の人々にお互いをよりよく理解させることができるはずだ。心と心の交流は両国間の距離を縮めることができるはずだ。このような時流は、母のような人の「日本に対するイメージ」をも変えた。

休みの日に家に帰った時、母は「新型コロナウイルスが完全に終わったら、日本に遊び行きましょう。せっかく日本語を勉強しているんだから。一緒に日本に行ったら不便はないでしょう」と私に言った。私は泣くに泣けず笑うに笑えずと母を見て、大声で「でも私は自分の日本語に全然自信がありません」と言いたかった。

（指導教師　田中信子）

★二等賞

オンラインで一家になる

河北工業大学　王　兵

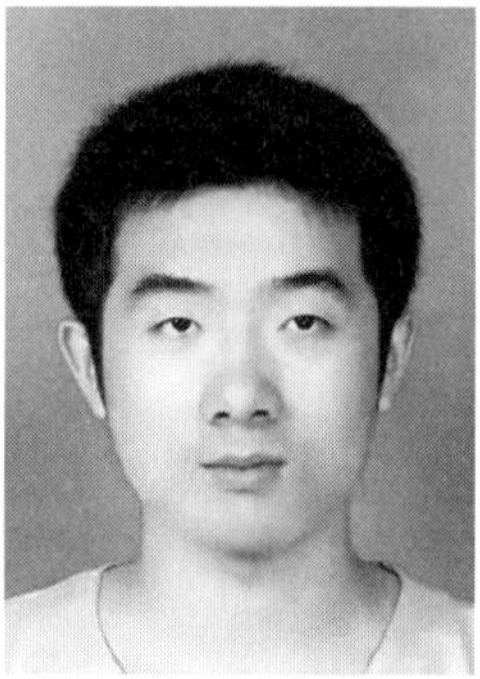

「ゴールデンウィークに日本人と交流するイベントがありますが、誰か参加したいですか」。

前ちゃんは私たちのクラスにそう言った。

実は、日本人と交流するイベントはお正月に既に行われていた。その時は、お正月の料理をずっと準備しなければいけなかったので、時間がなかった。次回のチャンスはあるだろうかと不安に思っていたが、今回チャンスを見逃したくないという思いから、すぐに申し込んだ。

このイベントは言語交流研究所が主催し、河北工業大学日本語学部と遼寧大学の学生たちが参加するオンライン中日交流会だ。主催者はゴールデンウィークのスケジュールを詳しく計画してくれて、中国の学生一人一人に、交流する日本の家庭を用意してくれた。

私の交流相手は江戸っ子の小山妙子さんだ。彼女と初めて会った時、私のために手で半分のハートをネット越しに出してくれた。それは、ハートという橋である。橋の左側は私で右は妙子さんだった。妙子さんの背景には「日中友好」と書いてあった。

「私はずっと日中協力に明るい未来を予感し、両国の友好的感情がさらに深まり、日中両国人民の友情が必ずや末永く変わらないことをより一層確信しております。私たちは普通の人ですから、大きな貢献はできません。しかし、私自身の方法で、日常生活の中の小さな出来事を通して、中国の友達に日本の情熱を感じてもらい、暖かさを感じてもらいたいです」妙子さんはこう詳しく説明してくれた。妙子さんはとても親切な人だと思った。

ただ、それに応えられる日本語能力が自分にはなかった。妙子さんは気遣ってくれ、いつもスピードを緩めて話してくれた。聞き取れない単語や文があるたびに、対応するものを探してヒントにして助けてくれた。あるいは、似ている意味の言葉を探して代用してくれた。交流は順調に進んだ。毎日の交流時間は一時間で、一日で一番速い時間だと思う。妙子さんの温かい歓迎を受け、優しい笑顔と心からの配慮は素晴らしい印象を残してくれた。

日本では主婦たちがよく家族に手作り料理を用意していると聞いた。私の印象に残っているのは、妙子さんと友達と三人で夕食について話していた時のことだ。妙子さんが紹介してくれた日本料理を聞いた時、ずっとマントウと漬物を食べて育ってきた私の両親はその話に大きな興味を示した。料理が上手な母は、妙子さんに日本料理の作り方を聞いた。私は、中国の母と日本の母の通訳者として働き、双方の意思をできる限り伝えた。日本語の単語がわからない時は、妙子さんがいつも通り丁寧に説明してくれた。方言で訳せない言葉に出会った時、私と母は全力を尽くして標準語ではなんというかを考え、次に私がそれを日本語に翻訳した。ダブル翻訳のようだった。冷や汗を何回もかきながら、どうにか交流を終えることができた。その時、妙子さんはウィーチャットグループを作ることを提案した。いつでも交流することができるからだ。母は即座に、妙子さんとご家族を私たち家族のグループに誘いたいと提案した。このようにして、私の家族と妙子さんとの家族の絆がより一層緊密になっていった。私だけの交流だと最初は思っていたが、母が参加し、家族が参加し、「家」の付き合いまでに発展した。これは、交流に参加した時には全く想像がつかなかったことである。

光陰矢の如し、時間が経つのは早い。あっという間に交流会は最終日を迎えた。この出会いに感謝しつつ、主催者側が私たちのために交流の機会をつくってくれたことにも、ここで感謝を述べたい。「人」と「人」の交流は、「家」の交流に発展できると今回の交流で気づいた。この「家」の存在が、今後のポストコロナ時代では広がっていってほしいと思う。そこに、言語の壁はあるだろうが、私たち若者がそれを乗り越え、新しい「家」を作り出していきたい。

（指導教師　前川友太、陳建）

★二等賞

人と違ってもいい

蘭州理工大学　于国澳

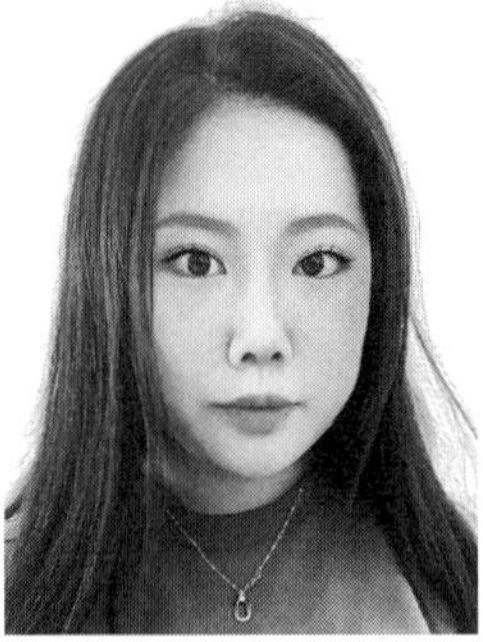

二〇一九年の夏、とても蒸し暑い実家を離れ、大学に入学した。新しい土地での生活は、何もかもが未知の世界だった。それでその時の私には期待よりも漠然とした不安の方が大きかった。なぜなら、日本語学科は私が願っていた志望ではなかったからだ。

精読の先生と出会うまで、正直言って、日本語の勉強にあまり興味を持っていなかった。今、この作文を書きながら、あの時の先生の言葉を思い出している。先生は、私にこう言った。「人と違っていることの素晴らしさを大事にしてほしい。」と。

私はクラスでやや異色を放っていた。それは、ほぼ全体が日本のアニメに興味を持ち、それを通して日本語を勉強していたのに、私は全く日本のアニメを見ていなかったからだ。高校生の頃は教室で、みんなが私の話題に興味を持っていたのに。今の大学では、教室で友だちの話に全くついていけなかった。聞き取れない日本のゲームやアニメの名前を聞けば聞くほど、内心の不安と憂鬱は大きくなっていった。「どうしよう。アニメを見ないと日本語の勉強はできないのかな」。「これ以上、無理かもしれない。」と思い悩むようになった。皆に影響され、アニメを見始めたが一週間と続かなかった。私は小説を書くのが好きだ。皆と趣味が違うだけでなく、自分の趣味は勉強とは全く関係ないとネガティブに思っていた。ある日、授業が終わった後だった。ひとり教室に残っていた私に先生が「どうしたの?」と声をかけて下さった。私は思い切って先生に胸の内を明かした。「先生、日本語を勉強し始めて半年になります。でも、私、無駄な日々を過ごしている気がするんです……。趣味違うし、日本のアニメも好きじゃないから。授業についていけない気がして。」と。すると、先生は「違っていることの素晴らしさを大事にしてね。人生には無駄な時間は、絶対にないから。日本語の小説を読んで、真似して日本語で書いてみたらどう？」と言ってくださった。その一言に励まされた。その日以来、私はすんなりとみんなの輪の中に入れるようになった。それは私が真剣に学び始めたきっかけだった。先生の言葉がなければ、私の中にもともと日本語を学ぶ力が多少あったとしても、油田や金鉱と同じで、いつまでも地中深く眠りっぱなしになっていたはずだ。先生の励ましがシャベルとなって、私のやる気を掘り起こしてくださったのだ。この一年を振り返ってみて、つくづくそのように実感している。日本語の小説を読み、それを毎日書くことが今の楽しみだ。それが同時に良い勉強になっている。アニメを知らなくてもできる日本語の勉強方法。私はとても幸せに感じている。一年が経ち、やっと、自分が人と違うという偏見から抜け出し、今では、大学院進学を目指すまでになった。

言うまでもなく、私はその先生の授業が好きになった。ネット授業を終え、学校に戻った私たちに先生は、思い切って日本語を話す機会をくださった。授業の最初十分に毎回選ばれた学生が日本の様々な話題をスピーチするようになった。「思い切って日本語で自分を表現すること。」皆はいつも元気一杯だった。私の番がきた。私は「日本のグルメ」と言うテーマでスピーチした。ワクワクした。

教室に足を踏み入れることを恐れず、不安に浸ることをやめた。小説を書くこと、トピックトークに夢中になった。私の頭の中には豊かな日本が描かれている。これからも日本を体感することを楽しみにしている。日本語は私と世界を繋ぐツールになった。

私は確信している。最初は日本語の勉強が好きになれなかったが、この先生との出会いを機に、徐々に他の先生の授業を通して日本の多方面の知識にも恵まれ、今の私になった。私の中に眠っていたものが先生によって掘り起こされたのだ。私の中の宝が。恥ずかしくて面と向かって言えないけど、私は先生にお伝えしたい。「先生と、出会えてよかった。日本語科に入ってよかった。ありがとう。」

（指導教師　所炎、李慧）

★二等賞

バーチャルから現実へ

杭州師範大学　呉雨鑫

「将来どんな人になりたいの」と子供たちに聞くと、「ユーチューバー！」という答えが帰ってくることは今や珍しくないと思う。もはや未来に美しい幻想を抱く子供ではない私にしても、それを夢想する時もある。就職しなければ、日々の出勤で地下鉄の人込みに入ったり、複雑な人間関係に悩まされたりすることもなく、働く時間も自由に調整できるのだから。しかし、カメラの前で見知らぬ視聴者に素直な自分を見せられるのか？　イメージが崩れるのは怖いし、個人情報を守ることも大変そうだ。かといって、将来の希望を聞かれても、特にない。強いて言えば、家庭教師のバイトが楽しいから、教師になろうかな。

今はやはり現実に戻って勉強しよう。そう思っていると携帯にメッセージが来た。それは「雫るる」からのライブ配信の通知だった。彼女は日本人で、中国人向けの配信をしているＶｕｐだ。このＶｕｐという言葉は、ＶＴｕｂｅｒに由来する。ＶＴｕｂｅｒは主にユーチューブでＣＧのアバターを使って動画を配信するが、Ｖｕｐは中国のビリビリ動画で行うという違いがある。彼らは、若い世代を中心に、ゲームや雑談、音楽などの分野で人気を集めている。活動前の雫るるは中国語が一切わからなかったが、配信しながら独学で中国語を学んだ。今では視聴者からのコメントにも中国語で返していて、それには頭が下がるばかりだ。

その日の配信内容はファンからの質疑応答だった。画面の中央には集めておいた質問が載っていて、右側にコメントが流れている。でも、一番注意を引くのは恐らく右下にいる銀髪の美少女のアバターだ。愛嬌のある声をしていて、まだ上手いとは言えない中国語で話したり、コメントで笑ったりしている。髪の毛も頭の動きにあわせてきれいに舞っている。そんな彼女に引きつけられ、もし自分もこういう風に活動すれば、彼女のような中国語を学んでいる日本人に教えられるかも、と思うようになった。

日本人がよく利用するユーチューブを調べてみたら、日本人向けの中国語教育に関する動画はあるが、その教え方はプロとは言えず、ネット上のフレーズを教えるものが殆どだった。しかも数回投稿をしただけで打ち切られていた。その理由は、彼らの殆どが収益化を重視し、注目を集めることしか考えていないことにあると思う。それらの動画にはコンテンツの面白さはあるが、専門性に乏しく、制作に時間もかかるので、コストからして採算が取れないのだろう。自分は大学で日本語を専門としているので、中国語の美しさや文化を日本に伝えてみたいと思った。

そのためには、中国語学習者向けのＶＴｕｂｅｒ公式チャンネルを開設し、そこで専門的な中国語授業の動画投稿をしたり、中日両国の社会や文化について配信をしたい。コメント欄でリアルタイムに意見交換すれば、ある程度の中日異文化交流もできるのではないかと考えた。

独自のＣＧキャラの公開は、視聴者からの親近感が得られると同時に、神秘的な雰囲気を感じさせつつも個人情報は守られる。また、外見に左右されず、自分でキャラをデザインできるので、中国の文化をキャラに寄せられるかとも思う。例えば、イベントでは、漢服や特色のある民族衣装の着せ替えができる。更に、低コストで配信の内容によって背景を意図的に変えられることで、より自然な学習の雰囲気が作れるだろう。それだけでなく、現実世界の人間をオンラインゲストとして招けば、バーチャル世界が現実世界と繋がり、異次元交流さえ演出できる。

そこで、まずは日本の中国語学習者に、より専門的な知識を教えられるように、「中国語教育」の専門が設けられている大学院の入試を目指すことにした。バーチャル世界にいる自分を皆さんに見せるには、現実世界でも頑張らなければならない。そうすることで、バーチャル世界の扉を通じ、画面の向こう側にいる学習者と繋がり、現実世界での知識や思想、文化の伝達ができるかと思う。

（指導教師　洪優、南和見）

★二等賞

二度と後悔することが無いように

山西師範大学　朱　敏

「会いたい！」その思いに私の心臓は押しつぶされそうだった。今でもはっきり覚えている、あの冬の汚れた空気と冷たさ。まるで私の心のようだった。

学校にいる私に突然母から電話が来た。

「すぐに一番早い切符を買って家に戻って！　おばあさんはあなたに会いたがってるの！　列車に乗るとき気をつけて。」

祖母の具合がよくないのは去年の春からだ。新型コロナの感染爆発のため人々は外出出来ず、祖母はよく窓の外を眺めながら「公園に行きたいなぁ」と言っていた。あの頃の私は、早くこの酷い状況が終わって、祖母とのんびり公園を散歩出来る日を待ち望んでいた。しかし、秋になると、私は急に学校に戻ることになり、祖母と公園に行けなくなってしまった。

いや、学校に戻ってからも、時間はあったはずなのに、学校から離れていることを言い訳にして、私は祖母に会いに行かなかった。祖母は、きっと私に会いたかったはずなのに。私は祖母との時間を大切にしなかったし、彼女に愛情を示すこともしていなかった。帰りの電車の中、後悔と不安を抱きながら、私は祖母と過ごした日々を思い出していた。

子供の頃、勉強しないで母に叱られた時、いつも泣きながら祖母の家に行った。すると、祖母はいつも私に美味しい飴を買ってくれた。そして、優しくて温かい手で私の頭を撫でながら、こう言ってくれた。

「お前はいい子だ、よく頑張ってるね。どんな挫折があっても、ばあちゃんはいつもあなたの味方だよ。健やかに成長するんだよ。」

今でもはっきり覚えている、まるで昨日のことの様に。彼女に会って私の愛を伝えたい。私は、この列車が一分一秒でも早く到着するよう願った。帰ったら祖母に伝えよう。今学期奨学金をもらったこと、成績がクラスで一番だったこと、そして、ずっと病気をせず健康だったこと。全部全部、伝えたい。そして、もらった奨学金で祖母にプレゼントを買ってあげよう。でも、間に合うだろうか。心配のあまりに涙が止まらなくなった。タクシーを降りると急いで家に駆け込んだ。

「あ……」

それ以上、私は言葉が出なかった。そこで私が目にしたのは、冷たい棺だった。祖母は既に永遠に帰らぬ人になっていた。棺の中の祖母は、目を閉じ、手は冷たかったが、触ってみると柔らかかった。

「ごめんなさい。遅くなりました。ごめんなさい……」

いくら呼びかけても返事は返ってこない。私が彼女に楽しいこと悲しいことを聞かせる機会は、永遠に失われてしまった。

なぜ多くの人は、普段から大切な人とよく話をしようとしないのか、身近にいる大切な人が、いついなくなるのかわからないのに。私を愛してくれた祖母の死は、私に大切なことを教えてくれた。身近な人をもっと大切にしよう、もっと時間を惜しもう、そして、愛する人にちゃんと感情を伝えよう、失って後悔することの無いように。

ポストコロナの時代には、人々の生活は元どおりになっているかも知れないし、元に戻れてはいないのかも知れない。しかし、状況がどうであれ、変わらないものがある。それは、交流の礎となるものだ。日中両国はお互い大切な隣国だから、交流は欠かせない。その際、家族や友人とのコミュニケーション同様、偽りの無い気持ちを包み隠さず誠意をもって伝えることが大切だ。そうすれば、より良い関係を築き上げることが出来る。

私自身も日中交流を形成する中国人の一人として、ネット上の日本人の友達と交流する時は、祖母が私にしてくれたように愛を忘れず素直に気持ちを伝えたい。そして将来日本に留学することがあれば、その時も日本の友達や先生のみでなく知らない人に対しても、届けられなかった祖母への想いを忘れることなく接していきたい。二度と後悔することが無いように。

（指導教師　木内吉幸）

★二等賞

新たな時代に輝け

～ポストコロナの日中交流～

上海交通大学　趙　鈺

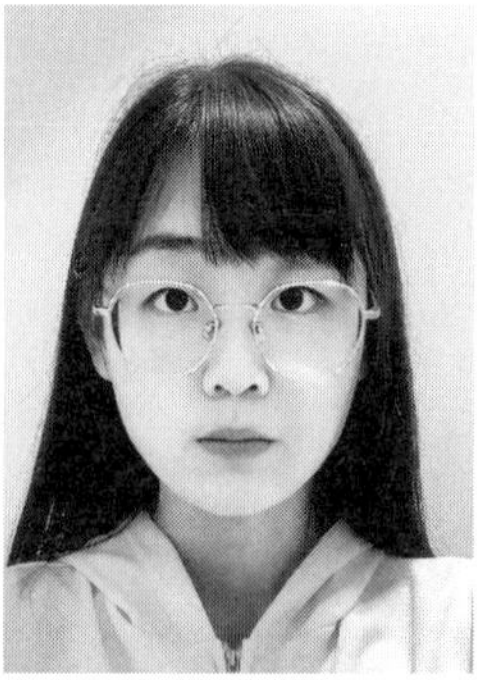

最近の中国では、新型コロナワクチンの接種が順調に行われており、私の大学の四十パーセントくらいの人が接種を受けた。日本でも二月から一定の接種順位を決めて、接種を行っているという。その中で強く実感したのは、コロナ禍の厳しさがだんだん緩和されており、人々は「ポストコロナ」の時代への希望に燃えているということだ。

二〇二〇年、新型コロナウイルスとの戦いで、日本と中国は「山川異域　風月同天」という美談を作った。また、両国は貿易や投資の協力でも積極的な進展を遂げた。「ポストコロナ」の時代でも、日中関係は更に改善し、日中交流もより頻繁になるだろう。そのためには交流の形式を最適化し、交流の目的を明確にさせることが大事だと思う。

まず、ポストコロナの日中交流の形式やスタイルについて、コロナの影響で中断した活動を回復するだけでなく、ウィズコロナの時代に発展してきた様々な交流形式も利用し続けるべきだと思う。コロナウイルスを防ぎながら交流するために、人々は空間の隔たりを超える力がある新しい交流スタイルを創造した。例えば、去年、私のクラスメートは慶應大学への交換留学のプロジェクトに参加した。日本に行くことはもちろんできなかったが、リモート授業の形で日本で行われる授業に出て、日本人の先生や学生と交流することができるようになった。そして、私もオンラインで上海交通大学・大阪大学学生フォーラムに参加した。そこでコロナ期間の生活について色々議論し、大変勉強になった。

自分の家にいても交換留学やフォーラムに出ることが

できる、このような経験は実に特別で面白いものだ。ポストコロナの時代に入って、両国の交流が元の状態に回復したあとも、色々な事情で出国できない人はまだたくさんいるだろう。この場合、リモートやオンラインでの交流は非常に便利だ。伝統的な交流形式とリモート交流の融合、これこそがポストコロナの日中交流に最適のスタイルだ。

交流の形に関すること以外に重要なのが交流の「質」、つまり内容と目的だ。これからの日中交流は文化産業を中心に、誤解を解くことを目標とすべきだと考える。コロナの影響で、ライブやコンサートの開催は控えられていて、文化産業は厳しい状況に追い込まれた。両国の文化産業を復興することもポストコロナの時代の重要な課題の一つだ。最近、中国で「創造営２０２１」というオーディション番組が放送されている。その番組に選手として参加しているのは中国人だけでなく、日本人やタイ人もいる。日本人選手の賛太くんと力丸くんが大人気になったのをきっかけに、たくさんの中国の若者が日本の文化を好きになった。しかし、それと同時に、「どうして日本人が中国の芸能界に入るの」、「中国語もうまくできないのに」という疑問の声もあって、SNSで論争になった。これは歴史的な原因があるとはいえるが、偏見や誤解が一番の原因だと思う。

文化産業の交流を発展させ、両国の文化を若者の中に伝播する、これは日中関係の改善に役立つことだと思う。誤解を解くには長い時間が必要だが、ポストコロナの時代に、賛太くんと力丸くんのように中国で活躍する芸能人たちがだんだん増えれば、日中関係の架け橋になるだろう。

「中日の交流で生じるいかなる問題についても、双方が対話と意思疎通によって理解を深めれば、相互信頼を築くことができる。」と中国外交部長の王毅氏が言った通りに、包容力のある態度を持って対話を続ければ、きっといつかわかり合えるはずだと思う。

要するに、日本と中国が両国の人々の利益、そして地域の平和と安定のために協力するに伴い、ポストコロナの日中交流は、ウィズコロナの時代に生まれた様々な交流形式をさらに発展させ、誤解を解くことを目指すべきだと思う。そうすることで、日中の友好事業はさらに実り豊かなものになり、両国の友情もこの新たな時代に輝き続けるだろう。

（指導教師　渡邉良平）

★二等賞

遠距離恋愛カップルの付き合いのコツ

南京工業大学　張欣然

ポストコロナの今の時世において、日中の交流は遠距離恋愛しているカップルみたいだ。

なぜなら、コロナ禍で、入国制限が厳しくなり、両国の人は合うことが難しく、ほとんどオンラインでしか交流できなくなった。それは遠距離恋愛のカップルの典型的な特徴だ。それに、中国と日本は千年にわたって、密切に行き来してきたので、その親しいやりとりが楽しく続く恋のように、両国は深い縁を持つとも言えよう。

遠距離恋愛は普通の恋愛よりも多難だ。日中のカップルがぶつかった困難は、主に両方の生まれた背景や経験や性格などが違って誤解が生じやすく、両方に望ましくない歴史と解かれていないわだかまりがあること、政治的意図が異なること、そして、消極的なメディアと世論の影響などからなっている。

しかし、世間には数多くのハンディを乗り越えるカップルも多くいて、実現できれば、苦しい恋はかえって貴重なものになる。

では、どうすればハッピーエンドを迎え、両方は長らく幸せに暮らせるのだろうか。最初のコツは、相手を愛し、真剣かつ大切に扱う気持ちだ。それは、一切の始まるところで、恋心でもある。

具体的に言うと、遠距離恋愛のカップルがまずやるべきことは、頻繁に相手とコミュニケーションを取り、相手の近況や考えの変化を知る事だ。遠距離だからといって、相手との連絡をおろそかにし、相手の存在感が弱くなることは、恋が終わる一番の原因だろう。この目標を実現するには、両国の政府とメディアの好意的な対応が必要で、頻繁に実状に臨んで発信し、虚偽や下心ある言論を禁じ、課題を積極的に解決する姿勢が欠かせない。もう一方で、両国の民間の交流は予想以上のポテンシャルがあると思う。有名なピンポン外交のように、民間、つまり私達一人一人の行動は、国家の友好を推進することができるはずだ。この分野では、特にウィーチャットの利用を勧めたい。

私は半年間の交換留学経験があり、そこで、日本の友人ができた。彼らは中国の主なチャットSNSはウィーチャットだと聞いて、自ら進んでダウンロードし、連絡してくれた。私が中国に戻ってからは、LINEとかの利用ができなくて、大変困ったが、そこで日本の友人と橋をかけたのはこのアプリだ。帰国してまもなく新型コロナウイルスが日本で猛威をふるったが、ウィーチャットで即時に交流できたお陰で、友人がマスクを買うすべがないと聞いて、すぐに郵送することもできた。緊急事態であっても互いにあまり心配せずにすんだ。

その後も、日本の友人との付き合いに、ウィーチャットに関連して思い出深いことが二つある。ある日、突然、海の向こうの先輩から久しぶりに連絡があった。

「スマートウォッチを買ったんだけど、説明書が中国語なので、訳してくれない？」

唐突でちょっとびっくりしたが、世話になった先輩の助けになれて、とても嬉しかった。その時、もしウィーチャットがなければ、公式なメールという連絡方式があっても、このような気軽な依頼はこなかっただろう。別の例は、最近大学院に合格した時だ。この喜びを日本の友人たちには当日ウィーチャットで知らせる事ができたが、非常に尊敬している恩師にはウィーチャットがなく、メールを書くのがついおっくうになり、結局メールを書き上げて送るまでに三日もかかってしまったのだ。

遠距離恋愛成功のコツの二つ目は、相手への責任感である。両国とも無茶なことをせず、誤解の生じやすいことや相手を裏切ることはすべきでない。例えば、コロナがまだ収束していない今、ワクチン等の対策協力分野で夫婦のように相互扶助義務があるだろう。

中国と日本は嵐のような困難を乗り越える遠距離カップルのように、まずはその二つのコツを思いに止め、深い相互理解と長期的な友好関係維持の取決めの締結という結婚の目標に目指し、互いに努力しよう。私達一人一人も、両国の交流を後押してゆこう。

（指導教師　大川常）

★二等賞

ポストコロナの明るい未来へ

蘇州大学　黄宇婷

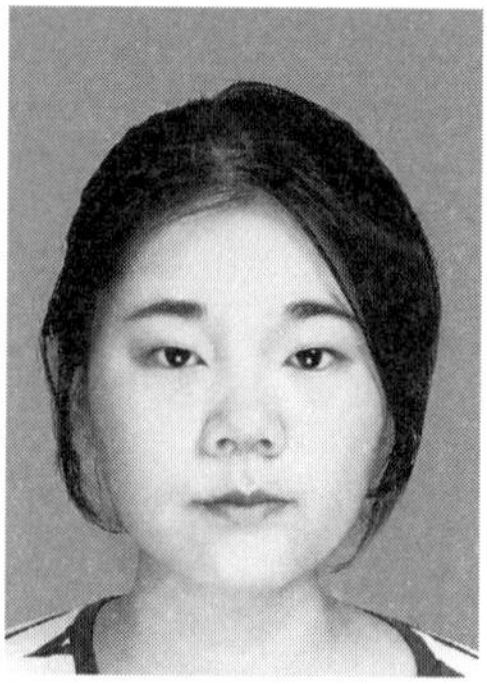

　小学校三年生で、初めて日本のアニメを見た時、私はその魅力に圧倒されました。そして、日本という国に強い興味を持ったのです。成長するにつれて、日本文化についていろんなことを学び、やっと一昨年、第一志望の日本語学科に合格しました。「ようやく好きな専門ができた。日本に見学に行くにしろ、旅行するにしろ、いい機会がきっとたくさんありますね。」と、うれしく思いました。

　しかし、二〇二〇年の初め、冬休みに計画していた日本旅行を中止せざるを得なくなりました。すぐに封鎖状態に入り、医療や一部の政治などわずかな面を除き、いろんな面での中日交流は停滞し後退することになりました。そのため留学もできないし、旅行もできないし、ずっと期待していたオリンピックもできないかもしれなくなりました。

　今はまだ日本に行くことができません。しかし、この一年間、私はコロナについてのニュースに目を向けていましたから、希望を持って新しい交流の方法を考えてみました。

　私が住む蘇州は、日本と長い友好交流史を持ち、各面で密接な関係があります。私の考えでは、蘇州はポストコロナの中日交流のモデルになると思います。

　例えば、オンライン交流。私は、毎週、日本人先生が主催する読書会に参加しています。先生は今日本にいるので、読んだ本から得た知識や面白いことを、ＺＯＯＭで教えてくださいます。現実には会えないけれど、友だちや先生との相談の中、いろんなこと学んで楽しい時間を過ごしています。オンラインの学習は素晴らしい教育の交流と思います。これをもとに範囲を広げ、もっと多くの学科の先生が加われば、オンライン大学になるかもしれません。オンライン交流はほかの面でも活用されています。例えば母の働いている日本の会社の定例会議。オンラインモードで、一糸乱れずに運行されているそうです。

コロナのような状況でも、オンラインの力で、日本との交流は一気に致命的な打撃を受けることはないのです。

国内に相手国に関する観光地を作るのもいい方法と思います。蘇州には淮海街という商業街があります。日本に行けない時、蘇州の市民たちは淮海街に行きます。日本風に改装された通りで、日本料理屋や居酒屋がたくさん並んでいます。店の料理が日本式というだけでなく、サービスも日本式です。訪れる人々は和風の服を着て、和食を食べて、日本の風情を味わって楽しんでいます。国外に出なくても日本の文化を感じることができます。

また、相手国に関する文化祭を開くのもいいことだと思います。去年十一月に日本旅行博覧会が沖縄で開催されました。その中に蘇州ブースがあり、蘇州の宣伝フィルムが放映され、いろんな資料が配布されました。日本の国民は、蘇州の文化をきっと了解したことでしょう。

姉妹都市提携というのも、いい方法かもしれません。例えば蘇州と日本の池田市は姉妹都市です。電子商取引の発展とか、一対一の旅行の推進とか、都市建設の経験の共有とか、互いに協力しあえば、質のいい交流を進むでしょう。

これらは中日交流を促進させ革新する方法の一つです。中日は共通の文化的ルーツを持っていて、多少の相違はあるものの、自国の利益からも国際責任からも、両国はアジア同士一緒に歩いていかなければなりません。

コロナ後の新しく素晴らしい交流方を、蘇州を例にとって考えてみました。地方レベルから国家レベル、コミュニケーションのやり方を一新できれば、絶対にいい効果があがるでしょう。コロナによるコミュニケーションの危機は一時的なものです。両国には長い交流友好の歴史があります。来年は中国と日本の国交樹立五十周年で、その時は中日交流がきっと新たな盛り上がりを迎えるでしょう。国民たちの生活も豊かになって、ポストコロナの中日交流も明るい未来を抱いています。

（指導教師　于穎、森岡縁）

★二等賞

中日交流を途切れさせないために

中国人民大学　傅嘉恵

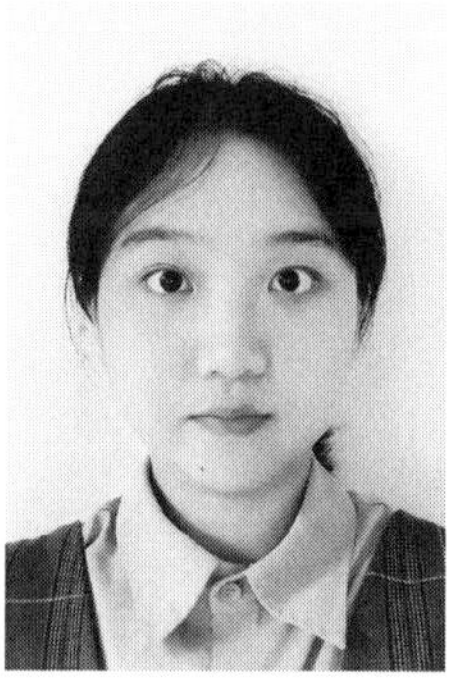

　中国と日本の交流の歴史は、遠く三国時代にまで遡る。その後千年余り、両国の関係は変化しながらも途絶えることはなかった。特に、新型コロナウイルスの感染が広がった二〇二〇年には、中日の交流もピークを迎えていた。武漢でコロナが発生した直後、日本から大量の援助物資が迅速に被災地に届けられた。一方、中国も積極的に日本の援助に応えてきた。直ちに救いの手を差し伸べて、日本が窮地を脱する手助けをしたのである。今回の互恵的で誠実な助け合いの行為は、多くの中国人や日本人から賞賛された。

　このような形での交流は、今後ずっと継続されるべきだと思う。中日友好は国民の心の声であり、両国の発展を下支えしてくれるだろう。では、将来の中日交流はどうあれば、友好関係をさらに前進させることができるのだろうか。

文化交流を基礎とする

　文化は長期間にわたって創造され受け継がれてきたものであり、民族の思想や価値観、生活様式や行動規範などが反映されている。そして、文化は多面的であり、文化交流には多くの可能性が内包されている。だから、両国の交流はまず文化交流から始めるのがいいだろう。

　交流の入り口としては、大衆の興味を引きやすい娯楽文化から始めるべきだと思う。実際に、中国人学生が日本に興味を持ったきっかけは日本のアニメであることが多い。アニメからは日本の文化や生活習慣などを知ることができる。同じように、日本人に中国を理解してもらうためには、ドラマやドキュメンタリー作品に中国の特徴的な文化を取り入れるのがいいだろう。

　両国がお互いの文化を理解することで、相手の立場に立って考えることが可能になり、文化的摩擦も避けることができるはずだ。

科学技術の交流を手段とする

科学の発展は私たちの生活の利便性を高めてきた。だから両国の交流においても科学技術は重要視されるべきだ。ネット予約などの問題でワクチン接種がなかなか進まないことからも、日本はもう特別な先進国ではないことが分かる。しかし、日本の金属製錬技術、自動車部品の製造技術などは今も世界をリードしている。

将来、中国と日本は科学技術の協力関係をより広げていくべきである。例えば、専門家を定期的に招聘して、先進技術に関するシンポジウムを行ったり、青少年に相手国の研究施設を見学させたりする。国家機密に関わらない分野では、技術に関する情報などを幅広く共有することができるはずだ。

両国はこれらの活動から互いに学び合い、短所を補い、国民がより豊かな生活を享受できるよう促すべきである。

経済交流に重点を置く

経済は国家の生産力の指標であり、国民の生活水準を決定付けるだけでなく、軍事力の基礎にもなるため、国家の社会的安定にとって非常に重要である。中日の国交樹立の歴史から見ても、両国の経済交流は、必ずしも政治リスクにさらされているとは限らない。政治関係の悪化が経済関係に一時的な影響を与えたとしても、その後急速に回復している。だから、両国の関係構築の中心に経済を据えることは合理的だと言える。

その一方で、コロナの影響で、中国と日本の経済は大きな打撃を受けた。アフターコロナの時代に、経済交流のポイントとして、例えばＲＣＥＰへの早期署名を促したり、貿易上の制限を縮小するなどの措置を行い、企業活動を幅広く支援してゆけば、両国の関係は強化され、経済は一層上向いて、互恵関係が実現するだろう。

以上は私の個人的な意見であり、中日交流の一面だけを分析したに過ぎない。しかし、これらの持続的な交流が両国の関係を友好的なものにしてきたのは間違いない。交流は誤解と偏見を打ち破る最も有効な武器だと言われている。だから私は、大多数の中国人や日本人と同じように、交流を途切れさせることなく、相互理解を進めることによってこそ、将来さらなる関係の発展が実現するはずだと信じているのである。

（指導教師　馬木浩二）

★二等賞

さらに頑丈な橋へ

大連外国語大学　王夢妍

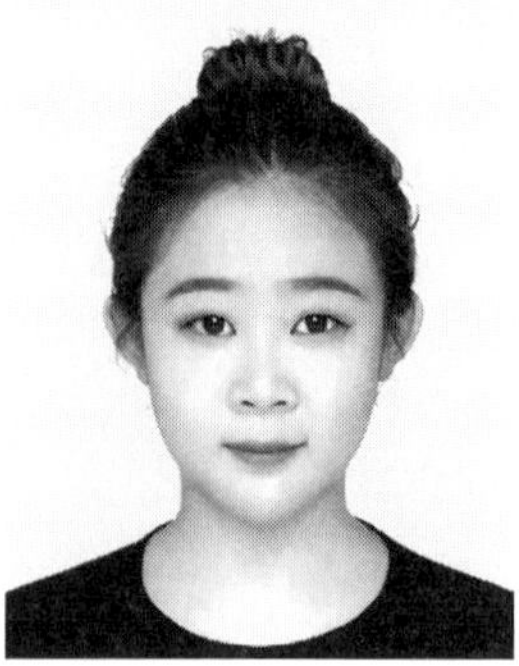

私は「日本語」と一緒に大学生活を送るとは思いもしませんでした。二年前の夏、ちょうど大学の出願時、父は「日中関係はだんだん良くなってきているから、中国に日本の企業も増えるかもしれない。これから日本語の人材が更に求められるだろう」とアドバイスしてくれました。私は将来良い就職ができるとだけ考え、日本語専攻を選びました。

大学二年生の時、日本語会話能力を上げるために、日本語学部が行う日本語コーナーに参加しました。それは、たくさんの学生が指定されたテーマについて日本人の先生と自由に会話をするという活動です。あるとき、テーマは故郷を代表する人やものについてでした。先生がクラスメイトの王さんに聞くと、王さんは顔を真っ赤にして何も言えませんでした。後で王さんに聞くと、「私の故郷の有名な人は抗日戦争の英雄なので……」と気まずそうに言いました。確かに日本語学部の学生は、いつも「日中関係」という問題を抱えています。割れた鏡が元に戻らないように、時間が経っても発生したことは埋もれません。私たちはそれを忘れるべきではないでしょう。しかし、そのような溝が存在していても、両国は友好の「橋」を建てることに力を入れています。そして、私は、新型コロナウイルスをめぐる交流の中で、その「橋」を見つけました。

新型コロナウイルスで、中国が苦境に陥った時、日本は真っ先に救助物資を送ってくれました。また、東京タワーとスカイツリーは中国を応援するために明かりを灯し続けました。日本の少女は武漢のウィルス撲滅のために募金活動を行いました。中国はたくさんの国に悪口を言われましたが、日本は中国を非難する声明への参加を断りました。そんなことはまだたくさんあります。日本は橋の半分を築いたのです。代わりに、日本の状況がひどくなった時、中国は広東省などの空港に日本を応援する横断幕を掲げました。今までの中国のワクチン発明などウィルス撲滅の経験を、日本と分かち合いました。

つまり、三日月のような美しい橋が徐々に作り上げられたのです。私も日本の友好を初めて感じました。ポストコロナにおいて、その「橋」をより堅固にするために、一生懸命日本語を勉強して、わずかな力を寄与しようと決めました。

日本語を勉強している青年として、私たちは日本語をよく勉強するのはもちろん、日本人の先生から見つけた日本人の礼儀正しさ、謙虚さ、そして日本語の美しさや日本文化の多様性、日本の先進性を伝える義務もあると思います。実は、時代が発展しているにもかかわらず、スマホやインターネットを使えない高齢者もたくさんいます。私たちはそのようなおじいちゃん、おばちゃんに、よく日中友好交流の物語を聞かせてあげることも必要です。チャンスがあれば、ぜひ一度日本に行って、文化を肌で感じ日本人の恋人を見つけることにチャレンジするのもいいと思います。

そして、一人一人の努力とともに、互いに協力して知恵を絞って、共に革新することも重要です。中国は世界第二位の経済国、日本は第三位です。両国とも国際的な地位が高く、技術力もトップです。困難に手を携えて共に窮境を克服すれば、世界に積極的な影響を与えることは間違いありません。たとえば、日中両国はウィルス撲滅について経験を交流して、より安全で効率的なワクチンや薬などの研究開発に取り組んでいます。

新型コロナウイルスへの対応を通して、日中両国はお互いの最も大切な友達を得ました。将来中国と日本で共に建設した「橋」が堅固になれば、文化など様々な分野もその「橋」を通してさらに交流することができます。その時、私たちはぜひその「橋」の上に立って、歌を歌ったり笑ったりしながら、過去を思い出したり、未来のことを考えたりできるようになると思います。

（指導教師　宮本司）

★二等賞

ネットメディアで交流する

南京信息工程大学　鄭嘉慧

新型コロナの感染爆発により、中日間の交流は影響を受けて大きく制限されています。一方両国の助け合いの場面が多くなりました。そして、それを背景にインターネットなど新しい交流方式が出てきました。新型コロナが流行している間、両国の民衆はインターネットなどの情報媒体で交流しています。そのおかげで、新型コロナの時期でも、中日交流が続いています。

私は中日交流においては、若者が主力だと思っています。中国インターネット情報センター（ＣＮＮＩＣ）によれば、中国のネットユーザー数は二〇二〇年末時点で九億人以上であり、総人口の七割ぐらいを占めています。その中で約五十五パーセントは〇～三十九歳の若者です。私が知っているところでは、クラスメートにインターネットで日本の若者と友達付き合いをしている人が結構います。中日関係なども話し合うようです。若者はインターネットで相手国の文化を理解するとともに、交流使者となって、本国の文化を広めています。例えば、中国では、若者に人気のあるビリビリ動画というサイトがあります。私は、よくそのサイトを閲覧します。最近「東京喬妹」という動画投稿者に注目しました。彼は中国人ですが、日本の東京に勤めていて、東京での生活を記録・配信しています。彼の動画を通じて日本の食文化や会社文化などがよくわかります。私は以前日本人は他人のことにはきわめて冷淡だと思っていましたが、実はそうではありませんでした。日本語を勉強し始めたとき、私は五十音がなかなか区別できませんでした。そのためインターネットで、ある日本人の女の子に日本語の勉強方法を聞きました。彼女は、熱心に五十音の覚え方を教えてくれたばかりか、日本の文化についてたくさん紹介してくれました。また、新型コロナの間日本は中国にマスクなどの物資を贈ってくれました。日本の人々は町に「武漢頑張れ！」という横断幕を掲げて、中国を応援してくれました。私はこのことで日本に対する固定観念が砕かれ、これまでとは打って変わった目で日本を見るようになりました。ビリビリ動画のような新メディアは音声や動画などの豊かな表現形式があり、文化資源を発信しやすいです。これらの新メディアはこれからも中日交流における重要な役割を果たすと思われます。

しかし、この交流方式は短所もあります。中国網（チャイナネット）の王暁輝編集長が第十一回北京―東京フォーラム会議で指摘したように、今日のメディアは複雑化しています。メディアが一方的に情報を伝えるというこれまでの状況は一変しました。情報の受け手だった民衆が、逆にメディアに影響を与えるようになりました。例を挙げると、最近の日本の福島原発汚染水問題は社会で大きな反響を呼んでいます。この汚染水は世界の海洋生態環境の安全だけでなく、各国国民の生命や健康にかかわります。そのため、中国の民衆も日本の民衆も反対の声を出しています。メディアは民衆の反響に合わせて宣伝の風向きを変えています。こうしたことがある程度日本政府に圧力を加えています。しかしインターネットでの情報が非常に多いので、こうした莫大な情報の中から、理性的な声を見つけるのは決して容易ではありません。その悪影響で民衆は短絡的な見方を持って、ネットで自分の思いつきの意見を好き勝手に発表しています。中には相手国に対して過激な言葉を用いる人がいます。そういう人たちは相手国の歴史と文化を客観視することができません。

それは中国と日本との関係を破壊する恐れがあります。また、長い目で見れば、相手国の歴史と文化を客観視する基礎を失うと、両国の経済発展、政治協力などによくありません。このため、ネットメディアの主力である若者は中日交流にあたり、二国関係に対し客観的かつ公正な立場を堅持し、責任ある態度を取らなければなりません。正確な歴史観、高い社会的責任感が求められるのです。

（指導教師　山田ゆき枝）

★二等賞

桜便り

上海大学　朱雅蘭

白桜の頼りが届いたのは、ポストコロナの言葉が生まれた頃だった。

留学先でお世話になった日本人の先生は毎年、春のご挨拶とともに、桜の写真を送ってくださる。それは、時には街並みで綺麗に咲いた染井吉野だったり、校庭ですくすくと育てられた大島桜だったりで、中国にいても日本の桜を堪能できる、春の始まりを告げる風物詩である。

去年も例年同様、卯の花が満開の頃、「白桜の頼り」が届いた。今年は白桜だと思いつつ、先生からの頼りを開けてみると、どこか見たことのある白桜の写真とともに、前回の読書会の小冊子が同封されていた。

お花見の季節になると、白桜の名所と呼ばれる東京杉並区荻窪の角川庭園で、読書会が開かれる。先生が振る舞ってくださる抹茶と和菓子を楽しみながら、留学生と日本人学生が、一冊の本をめぐり、お互いの感想を話し合う。終わった後、先生がそれぞれの感想文を校正し、記念として小冊子にまとめる。

白桜を見るたびに、角川庭園の読書会のことを思い出してしまう。頼りに染み込んだ白桜の香りが、遥々海を越えて漂ってきたような錯覚を覚え、今までただの参加者だったわたしは、今度、司会に挑戦してみたくなった。

その夜、次回の読書会で司会に立候補したい旨と、オンライン読書会の開催の可否について先生に提案した。早速、先生から快諾を得たわたしは、本の選定について参加者に尋ねたり、絵が上手な友達に読書会のポスターの作成を頼んだりして、準備は順調に進んだ。

いよいよ司会者デビューの日がやってきた。コロナでやむを得ず取り消しとなった春の読書会は、オンラインという新しい形に変わるとともに、初めて秋の開催となった。多少の緊張もしながら、読書会は着々と進んだ。

するると、初めて読書会に参加したある中国人留学生の女の子が、感想を発表する際、緊張のあまり言葉を詰まらせてしまった。どのように日本語で自分の感想を言えばいいか困っているようだった。

「大丈夫。思いついたことをそのまま話して。わからない言葉があったら中国語でも大丈夫。わたしが通訳するから。」

わたしは、彼女に応援の声を送った。それから、緊張でこわばった画面越しの彼女の表情が少し緩んだようだった。彼女はひと呼吸置くと、改めて話し始め、徐々に日本語が滑らかに口から出るようになった。

初めてのオンライン読書会は、歓声の中で無事終了した。

あれから早くも一年が過ぎ、春麗らかな日の訪れとともに、また読書会の季節になった。卒業を間近に控えたわたしは、忙しい日々に追われていた。

そんなある日、先生から「桜便り」が送られてきた。今度は、名もない桜の写真とともに、前回の読書会の小冊子が同封されていた。今までと違い、最後の部分に参加者の感想が綴られていた。わたしは、参加者一人一人の感想に目を通してみた。

「……楽しみにしていた留学生活が、外出自粛で半年間も友達ができませんでした。でも、今回のオンライン読書会で、同じく読書好きな友人が増えただけでなく、司会のおかげで、人見知りなわたしも緊張せずに発表できました……」

彼女の言葉で、初めて届いた桜便りのことを思い出した。

「これからも読書会で新しい絆が生まれ、桜便りがずっと届きますように。」

ポストコロナの今も、相変わらず渡航もできない留学生もいれば、外出自粛中の日本人学生もいる。それぞれが孤立を余儀なくされ、焦りや苛立ち、不安を抱える中で、オンラインという新たな形式は、空間を越え、孤立した多くの個を見えない線でつなぎ、絆を紡いでくれた。オンライン読書会という小さなグローバルコミュニケーションの場は、私たちにポストコロナを力強く生き延びる力と勇気を与えてくれたような気がする。

次回の読書会は夏の開催だという。今から新たな出会いを楽しみにしている。

（指導教師　王頎、林工）

★二等賞

もう一度乾杯したい

中南林業科技大学　鍾月云

「それでは皆さん、乾杯しましょう」画面の向こう側に続き、私の周りで「乾杯」と大きな声が響いた。今日は湖南省と友好関係がある滋賀県のオンライン交流会の日だ。長沙市内の文化交流館で行われている。はじめ友達に誘われた時、交流会がオンラインだと聞いて、積極的な気持ちになれなかった。

去年はコロナの影響で、オンライン授業ばかりだった。教室での授業に比べて、パソコンの画面に向かって先生の話を聞くのは何だか物足りなかった。しかたがないとはわかっているが、勉強に集中できない自分がいた。オンラインだからダメなんだ。オンラインは本物の代替物に過ぎない。私は何もかもオンラインのせいにしていた。

今年に入ってから、国内の状況はだんだん落ち着いてきて、大学の授業も普通に戻った。しかし依然としていろいろな活動が中止になったり、オンラインで行われている。

結局、今日の交流会は友達に強引に付き合わされ、オンラインなのになんで集まるのかわからないまま、文化交流館に着いた。そこにはたくさんの人が集まって座っていた。大学生もいたし、おじさんやおばさんもいた。テーブルの上に盃が並んでいるのを見て、少しびっくりしたが、みんなは自分の携帯を持って画面を見ていた。私は「なんだ。やっぱりこれか。別に新鮮なことなんて何もないんだ」と思った。

オンライン交流会が始まった。滋賀県で二百年以上の歴史がある喜多酒造の社長さんが、清酒の製造工程について詳しく紹介してくれた。お話はおもしろかったし、おいしいお酒を作る苦労もわかった。でも、画面の参加者の表情はまだ固かった。

突然、交流館のスタッフが動き出した。参加者の目の前の盃にお酒がどんどん注がれていく。その酒蔵で作られたお酒だそうだ。画面に向かって盃をあげると、滋賀の人と目が合った。急にその場の空気が盛り上がる。乾杯！　自然に大きい声が出た。

「箸、ありますか？　箸の先に塩を少しつけて舐めてから、お酒を飲んでみてください」みんな社長さんが教えた通りに口の中に箸を入れている。塩を舐めてお酒を飲むと、さっきよりも甘くて濃厚な味がした。みんな、不思議そうにしきりにうなずき、楽しそうに感想を言い始めた。

私は飲み干した自分の盃を見て、滋賀県の皆さんと同じ空間に座っているような気がした。オンライン交流会のあとの歓談の時間で、隣の席のおばさんも実際に酒蔵に行って飲んだような気がしたと言った。始まった時は傍観者だった私たちは、香りや味のおかげで臨場感を味わい、同じお酒のおかげで滋賀の皆さんと気持ちが共有できた。

今日の交流は私にオンライン活動の新たな可能性を教えてくれた。工夫次第で、オンライン交流はもっと楽しくなるはずだ。今はコロナ禍で日本に行けない人が多いが、コロナと関係なく、日本に行きたくても行けない人は大勢いる。それは経済的な原因かもしれないし、高齢や身体的な原因の人も数多くいるはずだ。

しかし、今日のようなオンラインと直接交流の利点を合わせた交流会なら、日本や日本人に出会い、心を通わせるチャンスになる。実は機会的弱者にとって、コロナの前にはほとんどなかった交流のチャンスが確実に増えている。コロナ禍が広げたオンライン交流は、確かに世の中の機会均等を進めている。

今後、コロナ禍が収束して、ポストコロナの時代になっても、このような一体化できるオンライン交流会がずっと続いていってほしいと思う。より多くの中国人が日本や日本人を知り、同時にこれまで中国にあまり興味を抱いていなかった日本の皆さんにとっても、オンライン交流ならゼロが一になる機会になる。それはもう直接交流の代替品などではないのだ

もう一度、みんなで乾杯がしたい。画面の向こう側とこちらが一つになるあの瞬間を味わいたい。私はもうそんな気持ちになっている。

（指導教師　中村紀子、夏麗蓉）

★二等賞

真実のレンズを通して心の橋を架ける

上海理工大学　孫　立

人生には意外な出来事がしばしば起きる。しかし、実際にそういう状況を目の前にしたとき、本当に冷静に、理知的に対応できる人が、いったいどのくらいいるだろうか。そして、その中から人生の新たな指針を得ることができるだろうか。

ここでつい最近、私の身の上に起こった出来事を紹介したい。去年から今まで、私の故郷の町では、外来の新型コロナ感染が断続的に発生していた。中国本土での新たな感染者はすでにほぼゼロになっている。疫病はすでに私達の町から遠ざかっていて、私は全く心配することを忘れ、ただ安穏と家と学校の間を行き来していた。

ところが、である。今年三月のある日、私の父の一言が突然この平穏な日々を打ち砕いた。

「我々には感染のリスクがあるそうだよ。」

「えっ？」

私は驚いて、父に聞き返した。家からわずか道路を数本へだてた団地で、二件の新型コロナ診断例が現れたそうだ。そのうち一人の男性が先日、近くの病院で診断を受けた。そしてその日、父はたまたまこの病院に行き、その男性と時間と場所が交錯していた。

それからというもの、私たち一家はしばらく強制的な休暇となり、隔離され、何度もPCR検査を受けた。検査結果が出るまで、私たちは家で自粛しなければならなかった。思えば一年前、全国で感染が深刻だった時には、みんなが隔離状態だった。でも、今みんなが普通に生活しているのに、自分たちだけが感染を疑われ、人々の疑惑の目にさらされていることの寂しさは、言葉で言い表せなかった。

その間、学校の先生と指導員が慰めの言葉を送ってくれた。私の心は少し暖まったが、心の底では憂鬱な感情がますます強くなった。そんな時期に、日本人の竹内亮監督によるドキュメンタリー映画『お久しぶりです。武漢』を見た。

私はネット上でこのドキュメンタリーが推薦されているのを知り、どうせつまらなくても時間つぶしにはなると思って、見はじめた。それから最後まで一気に見て、見終わった瞬間、自分の目に涙があふれていることに気づいた。

去年の六月に撮影されたそのドキュメンタリーは、二カ月前まで武漢で最悪の時期を過ごしていた人々に焦点を当てたものだった。彼らは打ちのめされそうになっても、新型コロナの脅威と勇敢に戦い、生命力を爆発させ、最も困難な日々を生き抜いた。一人一人の平凡な人がどのように恐怖や喪失感と戦い、打ち勝ったかを見せてくれた。まことに非凡なドキュメンタリーだった！

私がこんなに感動したのは、登場人物の言葉に共感した以外の理由もある。この作品が、竹内亮という日本人監督の手によるものだったからだ。新型コロナ発生以来、各国間の交流がほぼ中断し、外国人は中国に来て実態を見ることができなくなった。ネット上で誤った情報が増えるにつれ、誤解や偏見も増えていった。しかし彼は日本人として客観的に、偏見を持たず武漢の状況を伝えてくれた。なんとありがたい、と私は感じ入った！

そして思った。私も日本語専攻の学生で、将来日本に留学したいと思っている。その時、私も竹内亮監督のように、日本を客観的に見ることに努め、真実の日本をレンズに記録して、中日両国の観衆に披露しよう。それによって中日間に心の懸け橋を架けるのだ。恐ろしいウイルスが人々の交流を遮断しても、その脅威はいつか過ぎ去っていく。しかしそれより怖いのは、人の心の中の恐れ、猜疑、誤解が拡散することである。そんな際こそ、竹内亮監督のような客観的で理知的な博愛の人の存在には、かけがえのない価値がある。このドキュメンタリーを見て、私はそのような生き方への指針を得た。

その夜、私は夢を見た。カメラを持った私が、竹内亮監督のように実際の日本をレンズで記録しているところだった。翌朝目が覚めて、自分はこの夢を実現するため頑張ろうと思った。私は、真実のレンズを通して心の橋を架けることを、改めて心に誓った。

（指導教師　郭麗、福井祐介）

★二等賞

差別を乗り越えて、中日友好の橋を築き上げましょう

浙江外国語学院　黄舒晨

二〇一九の末から新型コロナウイルスが流行し始めました。得体の知れないウイルスに世界は恐れ、学校が休校になり、自由に外出が出来なくなりました。東京オリンピックが延期、当たり前だった自由や繁栄が脆く崩れ、グローバル化のリスクが露呈、経済もマイナス成長へ落ち込んでいます。この予想だにしなかった新しい時代に、国際的な交流もさらに難しくなりました。その原因の一つはもちろん新型コロナウイルスだと思いますが、ウイルスよりもっと恐ろしいもうひとつの原因、それは「コロナ差別」だと思います。

去年、海外に留学している友達李くんはコロナ禍で「中国に帰れ！」と言われました。帰国した李くんにそれを聞いたその一瞬、私は腹が立ってたまらなかった。しかし、李くんはあっさりしていて、笑いながら私にこう言いました。「傷ついたり腹を立てたりするのは当然ですけど、僕は国外にいる時にはその国の人たちから見れば中国を代表しているですから、あんまり激しい反応をすれば騒ぎがもっと大きくなります。それに、もともと外国人への誹謗中傷はありましたけどね。どの国でもいい人と悪い人がいるわけですから、そんな人を無視したほうがいいと思いますよ。」彼の言葉で私が釈然として、思わず同じように差別の問題が起きていた東日本大震災の時のことを思い出しました。

当時、地震と津波に死の淵まで追い詰められていた、特に原発事故のあった町出身の人たちが住み慣れた故郷を離れて、親しかった友たちとも離れて生活しなければ

なりませんでした。辛いことはそれだけではなくて、また、引っ越した先でも「原発避難者差別」にさらされました。「放射能がついちゃうから原発避難者に近寄らないで」というような心ない言葉に傷付いた人もいました。また、この震災のために転校しなくてはならなかった子供たちが学校でいじめられることもありました。東日本大震災と似通った今回のコロナウイルス、発生地と言われている武漢市の人たちも同じようなことをされました。また、海外の中国の人もいろいろな冷ややかな目つきをされたり、傷つくことをいわれたりして、さまざまなところで偏見や差別や誹謗中傷を受けて苦しんでいます。

新型コロナウイルスは実に怖いものです。けれども、このコロナ禍のおかげで、中国と日本は「山川異域、風月同天」という橋を築き上げました。国家間の偏見や差別を根絶することはできませんが、いまこそみんなで手を携えて協力して共に困難に立ち向かい、この状況を乗り越えていくべきだと思います。このコロナ状況下で直接的な交流は難しいものの、インターネットやアプリを通して私たちはいつでもどこでも誰とでも交流することができます。このような方法によって国や国籍を越えた交流を促進し偏見をなくすのが今の時代の一番いい方法だと思います。

私は高一の時、ネットで偶然出会った日本人の鍵谷さんと仲良くなりました。知り合ってからこの三年間もよく話し合ったり、鍵谷さんに日本語の問題を聞いたりしています。私が持っている視点だけでは簡単には見えてこなかったことも、遠い国に暮らしている鍵谷さんと話すことで新たな視点で見えるようになって、それまでの日本に対する見方もだんだん変わってきました。彼との交流を通して、それまでの自分の思い込みとは全く違う本当の日本が見えました。先日、「コロナ差別」について話をしていて、彼の言った一言が私をすごく感動させました。「私たちが戦うのはウイルスであって、人ではありません。」コロナで私たちの失ったものは数えきれませんが、手に入れたものも沢山あると思います。コロナ禍と呼ばれる時代にあっても、若い世代を中心に交流を促進し、それによって偏見や差別を防ぐこと、そしてこうした交流の意義がみんなに広まることを願っています。

（指導教師　陳新妍）

★三等賞

インターネットを使った新しい交流様式

ハルビン工業大学　趙玥彤

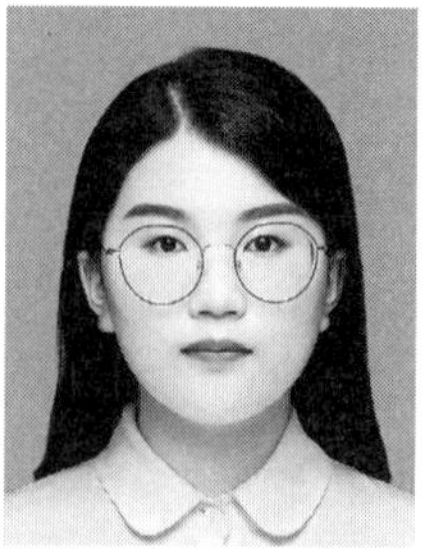

二〇二〇年は、世界が新型コロナウイルスに襲われました。新型コロナの影響で、各国はやむをえず海外旅行を中止し、また制限しました。コロナの流行状況は国によって違いますが、こうした感染拡大防止策はしばらく続くとみられています。先輩たちの中には、日本への旅行や留学を取り消さざるを得ない人も大勢いるでしょう。今では、感染が徐々に抑えられるようになってはきましたが、これからは新型コロナと共生し、新型コロナも常態化していくでしょう。中国と日本のコミュニケーションのスタイルも時代とともに変えて行くべきだと思います。

時代の発展に従って、人々の生活もだんだんネットと切っても切れない状況になってきました。将来の日中交流の中で、ネットでの交流も大きな比重を占めるでしょう。今まで、ネットワークの利便性は私たちのために多くの条件を作り出しました。しかし、今の大学生の留学ニーズを満たすことができないと思います。会話を通じて、自分の能力を向上させる必要がある学生にとって、習った知識を十分に生活に使えません。したがって、私たちはより多くの交流機会を作るために、ネットワークのプラットフォームが必要だと思います。

私たちにとって、プラットフォームよりアプリのほうが使いやすいから、もしこのようなアプリがあったら、コミュニケーションがもっと便利になるでしょう。すべての学生は初めに自分の基本的な情報、例えば自分の名前、年齢、学校及び専攻などを入力します。アプリは自動的にコミュニケーションできる学生をマッチングするようにします。相手と簡単に交流することができます。その後、相手を友達に追加してコミュニケーションを深めることができます。もちろん、この時、翻訳者の助け

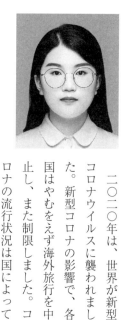

もあります。言語専攻の学生だとしたら、自分で相手とコミュニケーションできます。このようにすれば、言語がもっとうまく使えるだけでなく、自分の能力も鍛えられるでしょう。相手としばらく話してから、ビデオ通話での交流ができるようになります。時間が経ったら、アプリにお互いの郵送の申し込みをして、お互いの安全を確保した上で、故郷のお土産を送ることができます。以上は日常生活についての考えです。そのほかに、勉強についても自分の考えがあります。今の勉強生活には色々な不便があります。例えば、ネットで外国のレポートや文献を探したい時、どうしても探せないこともあります。このアプリには図書館のような機能があったらいいと思います。中にはキーワードを入力すると各国の専攻書籍や文献を分類して、検索することができます。みんなの今後の勉強や研究に便利だと思っています。もしこのようなアプリがあれば、相手の話や文化を知る時にも、自分の考えや習慣を相手に伝えることができると信じています。私たちも学習の領域をめぐって、より多くの知恵の成果を産み出すことができます。

以上が私の考えられる一つの解決策です。このようなアプリは今私たちが直面している問題を解決できるかもしれません。私はこのような話を聞いたことがあります。「新型コロナウイルスは国内外の文化と思想の交流の歩みを妨げられないし、人類運命共同体のために知恵を貢献する善意の集まりも阻止できません。」今後の科学技術の持続的な発展とともに、新型コロナの常態化によるコミュニケーション問題を解決する方法も多くなって行くでしょう。私たち若者にとって、新型コロナは災難かもしれませんが、少し考えるともう一つのチャンスではないでしょうか。新型コロナの発生は私たちが考えられるところが多いです。私たちも今回の新型コロナの中で成長しました。今回の学習と成長は将来、私たちが生きていく中できっと役に立つに違いありません。

（指導教師　楊蔭、比嘉正尚）

★三等賞

手を携えて平和へ

西南交通大学　付睿敏

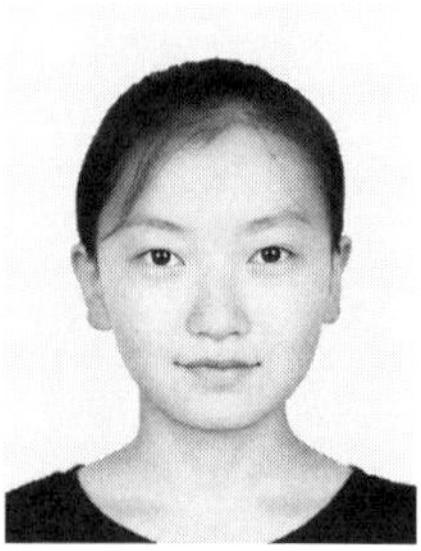

新型コロナウイルス感染症の世界への蔓延は、人々に公衆衛生上の脅威を与えるだけではなく、人の移動と接触を制限することによる経済的な打撃をも与えている。感染症による直接的なダメージのみならず二次的、三次的な影響も大きく、かつそれが世界規模で進行していることが非常に恐ろしい。日本で初めて新型コロナウイルスの感染者が確認されてから一年以上経過した。今もなお、感染は拡大し続け、社会活動、経済活動は元に戻っていない。新型コロナウイルスの感染拡大は、社会のシステム、人々の生活に大きな影響を及ぼしている。「With《ウィズ》コロナ」の時代において、あらゆることがオンラインになり、会議や打合せだけでなく、飲み会、ゴスペルの練習、高齢者向け買物サービスなど、あらゆるものが画面越しになっている。我々の身近なことともに、国際政治も経済もコロナの影響を受けて、大変化した。

どんな時でも、友好と発展が中日関係のキーワードであると思う。中国と日本は古くからの友好的な隣国同士で、交流の歴史は二千年も続いている。残念ながら、近代に入ると両国の関係は戦火によって切り崩され、その影響は今になっても消えていない。しかし、友好交流は依然として中日関係の主な旋律であり、新型コロナ発生後、日本政府は緊急にマスク、防護服、ゴーグルなど中国で不足している物資装備を調達し、チャーター機で武漢などに輸送した。東京、大分、熊本などの日本の地方政府は応急備蓄を惜しまず、直ちに中国側に緊急物資を寄付した。日本の企業、団体、民衆も続々と気前よく金を出し、中国を支援した。新型コロナ発生以来、中日双方は協力して、共に疫病と戦っていて、隣国の伝統的な友情を示した。

今年の九月から、私はまもなく日本語学科の三年生になる。最初は外国語を勉強したくて日本語学部に入ったが、この二年間、日本語と日本についての理解が深まるにつれて、私もますます日本という国が好きになった。一年生の時、日本語を勉強するために、言語学習のサイトで中国語を勉強したい日本人の友達を見つけて、お互いに相互学習のパートナーになり、彼らとの会話の中で、彼らの温かさと優しさを感じた。「日本と中国の関係は、ずっと昔から、多くの人の手によって撚り合わされてきた巨大な赤い糸のようなものだと思います。両国と関係のある人々、一人一人がその太い糸を構成する一本の細い糸で、私もその糸の一つです。」といったように、両国間の関係は、政府間の交流だけでなく、民間の人的交流も重要である。日本語専攻の学生として、もっと多くの日本語をマスターできるように努力したいものだ。機会があれば、日本に行って日本人とより多くの交流の機会を持つことができ、お互いの交流の過程でこれまでの先入観を取り除き、相互理解を深めることができると一番楽しいなと思っている。

新型コロナウイルス感染症の拡大を防ぐため、様々な場面において「新しい生活様式」を実践することなどが期待される中で、非対面・非接触での生活様式を可能とするデジタルサービスの活用への期待が高まり、その活用は急速に広まっている。また、デジタルサービスの活用は、新型コロナウイルス感染症が収束した後も継続することが予想される。確かに、今コロナが蔓延して、短時間で抑制できないかもしれないが、もし私たちが手を携えて、一緒にコロナに直面して、有効な措置を取って感染をコントロールすれば、きっとコロナに打ち勝つことができると信じている。「ポストコロナ」の時代においても、平和は中日関係の重要なテーマである。平和を守るために、両国の相互理解と支持が必要だ。このプロセスを推進するには懸け橋の役割が重要だと思う。私もこの懸け橋になって中日友好交流を進めることに力を入れようと思っている。

（指導教師　曾鴻燕）

★三等賞

「1＋1」オンラインの教え方

東華理工大学長江学院　周添文

二〇二〇年の春節、中国の武漢で新型肺炎が発生し、爆発的に全国へ広がった。疫病の拡大を防ぐために、政府はいろいろな措置を取っている。もちろん、中には学校が休校も含まれている。しかし、私達の学校は休校ではなく、オンライン授業を始めた。

オンライン授業では、以前のように教室に座って先生と向かい合って授業を受けることができない。そうすると、授業での交流が少なくなり、パソコンの画面に向かう寂しさがある。そしてほとんどの先生は授業を録音して、授業時間になったら、録画した授業をアップロードして、学生はそれを見て勉強する。しかし、私の外国人教師はこのような授業をしなかった。彼はオンライン授業でさらなる革新を行った。

教育の必要に応じるため、また私達の日本語の会話力を高めるために、先生の授業は二つの部分に分けて行われる。簡単に言えば、前半はビデオ学習だが、後半はQQ電話を使ってリアルタイムに行われるのだ。このような「1＋1」のオンライン授業のモードは非常に有効であるに違いない。授業は二つの部分に分かれているが、二者の内容は分けられていないので、前の半分の授業は後半の授業の下敷きになる。また、QQ電話の授業の時、先生は前の半分の授業の内容を質問するので、これで私達は怠けられなくなる。

会話の授業を例にとる。前半はビデオ授業で先生が手配した任務を完成する。後半は私達に会話のテーマが与えられているので、このテーマに基づいて一人ひとりが発表する。先生はまた私達の発表した内容に基づいて質問を行う。これによって私達の日本語の会話能力を高める。ある会話の授業で、先生は私達に「中国人として誇りに思う瞬間」というテーマを出した。当時私は「今の中国は急速に発展しており、国家の実力、科学技術すべて誇りに思っています」と答えた。それから先生は私に具体的にどんな技術が私に誇りを感じさせるかと質問してきた。どんな科学技術があるかは分かるが、日本語でどう表現するかは分からない。その時初めて自分の日本語はあまり上手ではないと分かった。その後、日本語を一生懸命勉強しなければならないと自分に言った。今後日本の友人に自分の国を紹介する時、余裕を持って対応できる。実は、毎回発表が終わるたびに、私はとても緊張する。先生の質問がわからないかもと心配しているからだ。しかし、考えてみると、先生のこの教え方は、私達の日本語の表現能力とリスニング力を高めるのにとても効果がある。

私達は面と向かって先生の講義を聞くことができないが、先生が私達に教えてくれるものは少しも減っていない。この「1＋1」の授業方法のおかげで、日本語の勉強がさらに促進された。先生の苦心が並大抵ではない、先生の教えに感謝している。

疫病の間、先生のこのような「1＋1」の授業形式も日中交流のいい方法だと言える。疫病は日中の対面交流を隔てているが、日中が他の新しい方式で交流するのを妨げていない。国際的には、第十六回「北京－東京フォーラム」が二〇二〇年十一月三十日に開幕し、北京と東京の両会場でオンラインビデオ形式で開催された。また、日中青年交流も疫病の影響を受けて中止されていない。訪日ビザの停止は訪日計画を調整したが、オンラインで日中交流活動を継続している。また、日本語通訳ボランティアの募集、パンフレット作成などが訪日交流のために行われている。

疫病は国境を問わず、グローバル化を背景に、孤島になれる国は一つもない。一番正しいコミュニケーションはステレオタイプのイメージを打破し、手を携えて前進する方法だと思う。今後の疫病の時代において、日中はより深い交流を行い、共に疫病からの勝利を迎えると信じている。

（指導教師　高良和麻、曽紅梅）

★三等賞

春！桜が咲く

大連東軟信息学院　雷宇彤

交流の様式は時代、科学技術の進歩に伴い、通信方法は革新を続けている。そして今、私たちが使用できる交流方法はさらに多様化している。二〇二〇年初頭に新型コロナウイルスが発生した後、感染を避けるために、大多数の人々は自宅で自主隔離するしかなかった。しかし、勉強や仕事を遅らせないために、多くの新しい交流方法が登場した。

外出が不可能なため、新しい通信方法は当然インターネットに依存している。一般的なオンライン授業、オンライン事務、オンライン会議以外に、新しい情勢のオンライン交流もますます多くなった。外食でおいしものを食べに行けないので、食事のライブ配信が現れ、とても人気になっている。買い物に出かけられないので、ライブ配信型ネット販売が現れた。様々な新しい交流方式が目まぐるしいので、インターネットの便利さに改めて驚嘆した。

コロナが流行している間、私が新しくて面白い交流方法だと思ったのはオンライン旅行だ。去年の春は、外に出られないので、いつもと変わらない環境にイライラしていた。春というと、生き生きとした感じがする。そして、日本の春というと、自然に桜を思い出す。「一度でもいいから、日本に桜を見に行きたいなあ」と、私はいつもそう思う。でも、新型コロナウイルスの影響で、日本に行って直接桜を見る機会がなく、残念でたまらないと思っている。

しかし、オンライン旅行を通じて、日本の桜を見たいという願いが叶った。二〇二〇年の四月、私が参加した日本語交流会は、「オンライン花見」という活動をした。私たちはビデオで通話して、日本に留学している先輩と対話した。先輩は「今は桜が満開です。本当に綺麗ですね。」と言いながら、カメラに桜の木を映した。その時、私は確かに見た。夢の中のシーンのように、公園の道の両側には桜が満開で、空と川もピンク色に染められた。公園には人が多いが、みんなマスクをして静かに桜の木の下に座っている。日本人だけでなく桜の美しさに浸り、スクリーンの外で私も陶酔していた。

このような交流方式はとても斬新だと思う。疫病の影響で日本に桜を見に行けなかったが、現代の科学技術のおかげで国際間距離が短くなった。中国でも日本の桜が見られる。先輩の紹介に加えて、花見ができないという残念さを補うだけでなく、日本に対する理解も深まった。

オンライン旅行は今や新しいトレンドになっている。パソコンや携帯電話を使えば、さまざまな場所の風景を楽しんだり、異なる習慣を感じたりすることができる。伝統的な観光方法と比べて、オンライン旅行ではスクリーンからしか景色を楽しむことができない。しかし、道路で過ごす時間を節約し、より多くのお金を節約し、天気を心配する必要はない。言い換えれば、心配する必要がなくなる。そのため、旅行が困難なコロナ流行の間で、オンライン旅行はリラックスの絶好の方法の一つだ。

そして、オンライン旅行はもう一つの利点がある。生放送者との交流を通じて、観光地に対する理解を深めることができる。例えば、オンラインで桜を見る活動の中で、先輩の紹介を通じて、日本人は教科書に書かれたまじめさと厳格さのほかに、親切に困っている人を助ける。疫病の前には、中国、日本、そして世界の他の国々がウイルスを徹底的に除去するために努力していることが分かった。先輩からの紹介がなければ、桜の美しさを感じるだけで、根深いものは思い浮かばなかっただろう。同時に、先輩は桜についての知識も紹介した。たとえば、日本の国花は桜ではなく菊だ。日本気象観測所は、全日本での桜の開花時期の予測表を公開する。日本語で「桜前線」と呼ばれる。この新しい交流のおかげで、桜を楽しむだけでなく、知識も増えた。

コロナウイルスが消えた後も、オンライン旅行は存在し続けると思う。皆さんにもぜひ試してもらいたい。カメラを通して、違った角度で観光したら、必ず新しい認識と体験をもたらすだろう。

（指導教師　周瑛英、近藤千文）

★三等賞

ポストコロナ時代に　かけ橋になりたい

北京第二外国語学院　王雅捷

二〇二〇新型コロナウイルスの発生当初から現在までの一年半の間に、中日を含めた世界各地がウイルスと戦い、中国と各国は物資面で助け合ったのみならず、対策の技術支援や経験共有も積極的に実施してきた。現在に至るまで、コロナウイルスの状況は大分安定しているが、不確定要素も多いし、地域的な感染拡大と反復が出てくる可能もある。未来には、人類と新型コロナウイルスと「共存」する時代、即ち「ポストコロナ」時代を迎えるだろうと言えよう。

来年は、中日国交正常化五十周年という重要な年であり、新型コロナウイルスという状況にあって、相互に行き来することができないので、「ポストコロナ」時代における中日交流をさらに幅広い分野で積極的に展開しようとすると、改めて考えなければならない。お互いに理解を深めるには、客観的に両国のありのままの様子を伝えるためのかけ橋の役割を果たす人材が不可欠であろう。その意味では、二〇二〇年、中日両国で大きな話題となったドキュメンタリーの日本人の監督竹内亮こそそのような人物ではないかと思う。

コロナウイルスが拡大してから、最初に集団感染が確認された武漢ひいては中国までも西側で差別され、多くの罵声を浴びてきた。その際、竹内監督が制作したドキュメンタリー動画「緊急ルポ 新規感染者ゼロの街 新型コロナ封じ込め徹底する中国・南京を歩く」は、どこへ行っても検温を受け、マスクを着けなくてはいけないという中国における人々の日常生活の様子と防疫に払われた努力を世界に伝え、日本でも大きな反響を呼んでいた。その後、六月に発表された「お久しぶりです、武漢」では、竹内監督は武漢を訪問し、地元の人々にインタビューし、武漢封鎖から封鎖解除までのエピソードと現在回復の状況をカメラに収めた。中には、数月の休業後、営業を再開した居酒屋のオーナー、速やかに築き上げられた雷神山医院、新型コロナウイルスを感染して亡くなった人の家族、感染防止・治療の最前線で勇敢に立ち向かって、感染患者を励ました看護士が次々と登場した。「武漢の現状を世界に紹介するのは一番の目的で、中国の人々だけでなく、世界の人々に見てもらいたい」と竹内監督が語った。竹内氏は、自分の目で見たまま、耳で聞いたまま中国の様子を映像で如実に描き、中国の人々が新型コロナウイルスと戦った物語を語った。さらに、そのドキュメンタリーの日本語版も製作され、動画共有サイトのYouTubeで配信されているが、その再生回数は数十万回に達した、という。

竹内氏は南京大学で中国語を学び、その後ずっと中国で暮らしているので、中国語と中国文化に精通している。長年にわたり、中日友好交流に取り組んでいる。在中日本人の身のためか、彼が作ったドキュメンタリーは、日本人が納得しやすいし、人々の心を感動させずにはいられない。相互理解を深めるには、一方では、竹内氏のような在中日本人の客観的な意見が極めて重要な役割を果たしているのは言うまでもない。他方では、在日中国人の見解もおろそかにしてはならない。現在、日本では、多くの留学生や華僑は自分の生活・仕事の様子を動画ブログなどの形式で記録し、中国の動画サイト「bilibili」で人々と共有することが盛んになっている。数分でもよければ、何時間でもいいという自由な形で、知らず知らずのうちに日本文化が伝わってくる。

相互往来が難しくなったポストコロナ時代に、中日両国の未来を担っている若者としての我々は、彼らのようにドキュメンタリとブログなどトレンドとなった道具を活用させ、映像で異国の風景を同胞に見せることを通じ、人的・文化的交流を促すことができる違いあるまい中日交流のかけ橋となり、自分が見た日本または中国の姿をそのままで自国の人々に伝えていこうではないか。

（指導教師　馬駿）

★三等賞

食べながら、交流しましょう！

江西財経大学　肖　培

「肖培様、一月に肖さんと交わした約束、まだ覚えていますか。夏休みに肖さんの故郷へヤギ肉を食べに行くという約束です。今年は、コロナの影響で中国に行けそうにありません。とても残念です。」

去年の七月、突然日本人の友達からこんなメッセージが届いた。その友達は先生の友人で、南昌に遊びに来た時に先生の紹介で知り合った。メッセージを読みながら、半年間忘れていた約束を思い出した。

それは、二〇二〇年一月のことだった。春節が近づいて、新年を迎えるために、父は一年間飼い育てたヤギ達を売りに出し、一頭だけ残して家族で食べることにした。「小年」の夜、故郷を離れて外地で仕事したり、勉強したりしている家族、親戚が全員我が家に集まった。そして、みんなが手分けをして、バーベキューの準備をし、陽が沈む頃、盛大なヤギ肉食事会が始まった。私達は一年間の様々なことを話し合いながら、お腹いっぱいヤギ肉を食べた。

その食事会の暖かい模様を写真に撮り、ウィチャットのモーメンツに発表した。すると、その友達が「いいね！　家族団欒と美味しい料理、羨ましい、一緒に食べたいな！」とコメントをくれた。それを見た私は、「家族一同で大歓迎しますので、夏休みに必ずヤギ肉を食べに来てくださいね。」というメッセージを送って、再会を約束した。

しかし、春節を迎える楽しさは長く続かなくて、新型コロナウィルスが発生し、武漢封鎖のニュースが飛び込んできた。その後、多くの都市が封鎖され、年始回りも集会も禁止、外出まで制限された。冬休みだというのに、春節の行事はおろか、友達と遊んだり、家族と食事会をすることすらできなくなってしまった。毎日の当たり前の生活が当たり前でなくなってしまい、本当に寂しかった。

春になり、状況が少しよくなり、仕事に復帰してもいいという政策が打ち出された。こんな時期に田舎ではお金が稼げないので、親戚達はリスクを冒して出稼ぎに出た。両親も一緒に出稼ぎに出た。五月、私も大学に戻った。今度、いつ家族全員が集まって、母の手料理を食べられるのだろうか、そんなことを考えていた。そして、日本人の友達との約束はすっかり忘れてしまっていた。

今、中国では、公共交通機関などはマスク着用だが、普段の生活は、ほぼ以前と変わらないようになってきた。しかし、日本をはじめ、海外の様子は違う。以前のように外国人が気軽に中国に来ることは難しい。でも、ポストコロナ時代が始まったら、まず友達との約束を果たしたい。友達に私の故郷を見てもらい、母の手料理を食べてもらいたい。それと同時にテレビでしか日本人を見たことのない故郷の人達に本物の日本人の友達を紹介したい。そして、一番やりたいことはみんなで大きな円卓を囲んでヤギ肉食事会をすること。

なぜ中国の箸は日本のより長いのか、なぜ中国人は動物の脚や脳が好きなのか、また、日本人はどうして「いただきます」「ごちそうさま」を言うのか、円卓でみんなで話し合いながら、お腹いっぱい食べたい。もしかしたら、いつもは静かな友達もみんなにつられて大きな声で話し始めるかもしれない。故郷の人々も口髭をはやし「馬鹿野郎！」と怒鳴る抗日ドラマの日本人のイメージを払拭するかもしれない。その光景を考えるだけでわくわくしてくる。

コロナのせいで、ごく普通の食事会がとても貴重なものになり、食事会のような人と人との当たり前の気楽な交流の機会も少なくなった。今、私は平穏な中国でただ世界中のコロナウィルスが早く消えて、以前のように、みんなで集まって食事をしたり、おしゃべりをしたりする、当たり前だけど、とても贅沢な交流の機会が戻ってくるのを祈るばかりだ。更に、ポストコロナ時代が、中日両国、ひいては世界各国の人々が色眼鏡を捨てて同じ食卓につき、おいしいものを食べながら、語り合い、笑い合える、そんな時代になることを願ってやまない。

（指導教師　八木典夫）

★三等賞

コロナウイルスがもたらした新しい交流型式

貴州大学　周　淼

新型コロナウイルスといえば、誰もが多少とも少し嫌な感じがします。新型コロナウイルスが流行っている今日、誰もが外出する際にマスクを着用しなければならず、高速鉄道や飛行機で少し離れた場所に出かける際には、コロナに感染するのではないかと常に心配しています。マスクは人々の距離を遠くするようになりました。それなのに、中日両国の人々の心理的な距離を遠くしたことはなく、一部分の人は交流のために自分なりの努力を尽くしています。

二〇二〇年九月中旬に、山東省貿易促進委員会は静岡県にある世界緑茶協会、中日共創センターとオンラインで中日茶文化交流商談会を開催しました。静岡県は地理的に恵まれており、茶の品質が非常に高いです。日本で一番茶の産地の静岡県と交流して、相手の茶産業の情況をもっと理解してほしいと思っています。中国の高級茶が日本市場に進出し、日本の茶農家が中国で抹茶を生産するなど、具体的な茶産業の発展と交流が以前より増えていることが多いです。これまでこのような交流会を開催した場合、往復の交通費が高額になっていましたが、今回は事前協議を含めてすべてオンラインのＺｏｏｍミーティングで解決しました。コロナの流行は大きな災難をもたらしましたが、その一方で、これまで考えられなかったオンライン商談会も順調に開催され、「予算ゼロ」で非常に順調に成し遂げました。コロナでこれまでの長距離移動の手間を省き、より効率的なコミュニケーションを可能にしました。

新型コロナウイルスは人と人との付き合い方を変えさせ、授業や科学研究のやり方も変えさせました。現代の科学研究は学術思想の交流と衝突に極度に依存しています。感染症の期間中 、中日両国の科学者はオンライン会議を通じて交流するしかなく、その効果は向かい合って交流するほどではないに違いありません。オンライン会議は講演者にとって試練であり、コンピュータの画面に向かって数十分間、フィードバックや聴衆とのインタラクションなしに話す必要があります。聴衆からの質問を受けることができますが、時間が限られ、現場会議より効果が弱いです。オフライン会議の利点は、みんなで議論する機会が多いこと、そして議論の多くが事前に予定されていないことで、意外な効果が生じることです。そのため、現在感染症が安定している段階で、多くのオフライン会議が再開され、科学者たちも積極的に参加しています。

オンライン会議の交流効果は限られていますが、遠距離という交流の大きな障害を克服し、科学者が家を出なくても国内外の同業者と交流できるようにすると同時に、時差ぼけが生活にもたらす不便を大幅に低減することができます。それで、世界的な感染症が完全に収束した後でも、オンラインとオフラインの会議を組み合わせた方式は科学交流の新常態になるかもしれないと私は感じています。関心のある分野の学者と対面して深く交流したい場合はオフラインの会議を選択しますが、会議会場まで遠いところへ旅行しなければならない場合は、オンラインの会議が今の段階でより適しています。要するに、若い科学者たちが感染症のために同業者と交流する頻度を下げるのではなく、新しい情勢の下で多様な形式を利用して学術思想と成果を交流し、感染症が科学研究に与える影響を最小限に抑えてほしいと考えています。オンラインとオフラインの会議を結合する方式は科学交流の新常態になり、新しい協力を促進するかもしれません。

ポストコロナの期間に、日中両国の正しいコミュニケーション方式は、ステレオタイプを打ち砕き、手を携えて前進する最善の方法だと思います。我々が強い意識を持って感染症と戦うなら、これまで以上に強くなるだろう。

（指導教師　須崎孝子）

★三等賞

「話したい」気持ちは変わらない

天津外国語大学　張可悦

「もっと話したいな」「いい方法はないかな」私たちは考えていました。世界が疫病に凍え始めた冬の日、私は一人。しかし、孤独ではありませんでした。蒼い海原の向こう、部屋の窓から見える青い空の先。私は、明日の友人と言葉を交わしていたのです。

　秋から日本語学科の学生になる私は、その夏、日本旅行を決意しました。「旅をきっかけに日本人の友達ができるといいな」と、他の国の人と会話ができる匿名のアプリケーションに登録をしました。賑やかな東京、情熱的な大阪、古き良き京都などを訪れ、新鮮さ溢れる毎日を過ごしました。アプリでは旅行中に英語や翻訳機で何人かと会話しました。中国語の上手な日本人も居り、感動したことを覚えています。私も日本語を「話したい」と感じました。

　帰国後、私は大学生になり、日本語に囲まれた穏やかな生活を送っていました。日本語学習は難しかったけれど、目標に少しずつでも近づくやりがいを感じていました。

　一学期が終わった途端、世界は一変しました。新型コロナウイルスという悪夢のような疫病の蔓延。尊い命が奪われて行く日々。自由に外出することが出来なくなりました。私も、半年近く自宅で講義を受けることになったのです。

　そんなある日、突然、旅行中に会話をした人からメッセージが来ました。私は嬉しくなりすぐに返信しました。勇気が出ず話しかけられなかったこと、相手と「話したい」と思っていたことを学びたての日本語で伝えました。楽しかった旅行、コロナ後の生活の話なども。相手も、ゆっくりと、たくさん話をしてくれました。

　私達は時間があれば話すようになり、連絡先を交換することにしました。しかし、私達は相手の国でよく使われているサービスのアカウントを持っていません。「あきらめたくない、どうしてもこの人と本当の友人になりたい」どこからこんな勇気が湧いてくるのか、お互いに相手の国のサービスに登録をしました。私たちは本当の友人になることができたのです。

この経験から、気付いたことがあります。一期一会の心、「話したい」気持ちの持つ可能性です。コロナは世界に大きな傷を与えています。しかし、人との距離が隔てられ、遠ざかっていく状況だからこそ、会話の機会の大切さを改めて実感できるのです。会話への欲求がますます強くなるのです。同じ時代に生まれ、偶然めぐり逢い会話をする機会を持った奇跡を、その相手を、深く慈しむことができるのです。

最近登場した、「ポストコロナ時代」という言葉。「コロナで多くのものが変わってしまった時代」という意味も含む言葉です。私たちは「在宅勤務」、「テレワーク」、「オンライン授業」などの言葉に囲まれ、新時代を生きています。その最中でも、私たちの「話したい」という気持ちは決して変わりません。

かつて私たちは、海があれば船を作って海を渡り、言葉が通じなければ、お互いの言葉を学び合い、手紙が届かなければ、電話を発明しました。何時の時代でも、障害があっても、私たちは常に他人との心の触れ合いを求めています。千里遠い国のあの人も、異なる民族のあの子もきっと。私たちの持つ心の衝動が、人類の文明の進歩を促してきました。コロナ禍の日中交流においても、「伝えたい」「話したい」「コミュニケーションを取りたい」という気持ちをお互いに持ち続けることが一番大切です。想いが重なれば、手を取り合い越えられるのです。例えば、私たちのようなオンラインでの交流。国際交流というと壮大で難しく感じますが、実は身近で簡単なのです。そして、皆さんの生活に、私が日本旅行で感じたような新鮮さと彩りを加えてくれるはずです。

「話したい」という気持ちこそが、両国をより良い未来へと導いていくと私は信じています。皆さん、一緒に話しませんか。相手の国について知らないこと、知りたいこと、自分から伝えたいこと、そのすべてを海の向こうに伝えましょう。

（指導教師　菊池明日香）

★三等賞

中日交流は時代とともに前進している

泰山学院　崔鈺穎

　新年の初めの「新型コロナ」の流行は、急速に発展している中国を災難の危機に置かせました。前例のない厳しい試練に直面して、国を挙げて党中央の号令の下で迅速に疫病に立ち向かう戦いに入りました。数万人の白衣の天使が最も危険な一線に赴き、あるものはすでに命を捧げました。多くの企業と個人が気前よく金を出して無私に援助しました。さらに多くの普通の人が彼らの職場、団地、生活のあらゆる空間にいます。黙々と自分のほんの少しずつの貢献をしています。

　このような危険な状況に直面している時、他人の困難に乗じて打撃を与える者はもちろん多くいましたが、様々な形で民間や官公庁を通じて中国に救援の手を差し伸べてきた国もたくさんあります。「山川異域、風月同日」から「無衣どころか、子供と同じ服」まで、さまざまな標語を貼った物資が日本から続々と中国に送られてきました。中日各友好都市はほとんどポイントの支持を形成しました。多くの街や多くの商店は「武漢頑張れ」というスローガンを掲げて。武漢のために寄付金を寄付します。メディアの宣伝を通じて、これらのことは中国での世論に非常に積極的な影響を与えています。多くの中国のネットユーザーは「困った時の友人は、日本ですか?」と驚きさえしています。

　その後、情勢が次第に好転し、日本が新たな新型コロナウイルスの脅威にさらされるようになった時、中国政府と民間は多くのルートから日本に援助を提供しました。華人の女の子が東京の街頭で「武漢からの恩返し」と書かれた箱を抱いて歩行者に無料でマスクを配っている時、日本の民衆も同様に温かみと感動を感じました。両国の民衆の間にはこのような対話があり、かつて会ったことがあるようでありながら、久しぶりに会ったように貴重なものだと感じています。

今回の疫病は両国の関係に対する影響は全体的に肯定的です。つまり両国民間の友好的なインタラクションは積極的な世論の影響を形成しています。これは両国民の相互認識を大いに改善し、両国の民意の基礎をしっかりと固めました。

中日国交樹立の際、中日の文化交流は学者と政府関係者及び一部の民間組織に限定されていましたが交流範囲の拡大に伴い、中日青年の文化交流は徐々に観光システムに組み込まれ、重要な観光プロジェクトとして開発されました。日本の青年の中国での足跡は更に東部の沿海から中国の内陸にまで広がって、映画とテレビ、科学技術、スポーツ、学術研究などの活動も豊かになりました。

当面の国際情勢、文化交流形式と経済往来状況を総合してみると、中日青年文化交流の展開は主に両国に以下の影響を与えています。

(一)文化交流を利用して政治交流の条件を提供し、文化交流の効果的な展開を通じて、両国の民間認識の通路が一層開通され、政治面での相互交流の条件が提供され、両国の友好関係の展開について合意が得られ、世界平和への影響を最小限に抑えることができます。

(二)文化交流の展開は両国が先進的な文化と文明を吸収することを助けます。例えば、中 国は日本文化の中の古典文化の伝承及び新型の科学技術の開発及び映画産業の発展を吸収することができます。日本も中国の五千年の文化蓄積の中から自国の発展に必要な思想の内容を理解することができます。

(三)中国青年文化交流の実現は両国の経済協力の効果的な展開を保証することができます。日本と中国は一衣帯水の隣国として、青年文化交流を利用して観光産業の発展を促進し、新たな経済促進空間を探し、経済利益の創造に基礎と保障を提供します。

新しい発展時期において、中日文化交流の影響をよりよく高めるために、青年文化交流を媒介とし、青年旅行を手段として、新しい観光思想と活動を開発し、絶えず深化させ、ひいては両国の平和局面の長期的な展開を促進します。

(指導教師　井田輝幸)

★三等賞

オリンピックを盛り上げるオンラインスポーツ交流

浙江師範大学　李彦潼

新型コロナウイルスの衝撃から落ち着きを取り戻し、二〇二一年はポストコロナ時代に突入した。夏には日本で東京オリンピックを、そのおよそ半年後には北京オリンピックを迎える。中日両国のスポーツ交流が深まるのは明らかだが、私はオンラインでのスポーツ交流が積極的になると予想する。なぜなら、一年前のコロナ禍にオンラインでの体育授業を経験したからだ。

一年前の春学期、全ての授業が在宅のまま、オンライン授業となった。体育の剣道の授業までオンラインだと聞いたときには想像もできなかったが、実際に始まってみると、想像以上にスムーズに馴染めた。ビデオ通話を活用していたから、どんな環境にも影響されずに直感的に授業を受けることができた。最初の授業は剣道の礼節や心構えについてオンラインレッスンを受け、その後、対面での立ち姿での礼や蹲踞での礼、正座などをネット越しに学んだ。オンラインとはいえ、ビデオ通話なので、授業中に姿勢について質問をしたら、すぐに先生から返事が返ってきた。ネット越しの体育授業はオフラインだったときのように手取り足取り、何から何まで目が行き届いていたわけではなかったが、教えてもらったり、質問に答えてもらったりするには不足も不満もなかった。

週を追うごとに剣道の知識と基本動作はどんどん増えていき、オンラインだけにも関わらず、私はすっかり剣道の魅力に引き込まれていった。例えば、送り足、開き足、継ぎ足といった細かな違いも、ビデオ通話で見える先生の動きと私の動きを同期させて一緒に動き、横目でチェックした先生がリアルタイムで私の間違いを修正してくれた。さらには、一緒に受講していた友達とネットで繋いで一対一で動きや力の配分を確認し合う時間もあった。このように細やかな指摘と指導が受けられるように、オンラインの受講生は八人に限定されていたが、逆に言えば、通常のオフラインの大人数授業よりも、幸運だったとさえ言えた。竹刀の構え方を学ぶときも、上段、中段、下段、八相の構え、脇構えと多彩だったが、思い返せば、ビデオ通話越しに先生の教えを理解しようとしたから、私の集中力がアップしていたように感じる。オフラインの大人数授業なら、チラッと見ただけでパッと真似をしてわかったつもりになっていただろう。ただ、小手を打つ練習をしていたときは、独りでのオンラインにはもの寂しさがあった。独りでは、どんなに真似をしても、打つ感触が得られない。それでも私は前向きに考え、コロナ禍を乗り越えた後、友だちとオフラインで会ったときに竹刀ではなく指で小手を打つ感触が味わえる日をずっと楽しみに練習していた。

このように私も友だちもオンライン授業ではあったが、剣道の基礎の所作を学び、剣道を行う上での心構えや礼節を学ぶことができた。剣道に魅力を感じ、その知識を深めていく楽しさを味わうことができた。このことからわかるように、オンラインでも、国境を隔てていても、飛行機に乗れなくてもスポーツの交流は可能なのだ。ネット越しでも、スポーツの交流を通じて、動きを同調させたり確認し合ったり、うまくできないところを質問し合ったり指摘し合ったりできるのだ。スポーツの魅力と楽しさを直感的に感じ、自分の体で表現し、ときには、そのパフォーマンス向上のために時間外でウオーミングアップやストレッチを自主的に鍛錬することも可能なのだ。交流人数が増えたときにはフィードバックが不足したり、試合形式の実践ができないというオンラインの欠点は確かに存在するが、だからと言って、楽しさを全否定する必要なないのだ。

以上のように、私はポストコロナ時代には、中日両国の若者が積極的にオンラインスポーツ交流を楽しむことを提言したい。たとえ、オンラインでも交流とコミュニケーションがあるからこそ、お互いに尊重し合い、お互いの理解を深め、友情を促進することができるのだから。

（指導教師　濱田亮輔、金稀玉）

★三等賞

飛べ！ タンポポ作戦

大連外国語大学ソフトウェア学院　何鑫淼

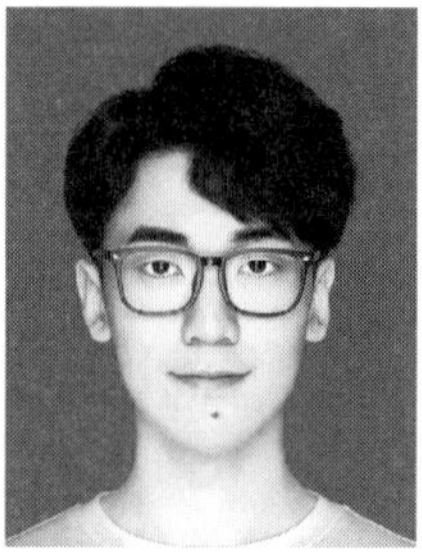

ビデオチャットの接続が成功した瞬間、その場にいた全員が興奮して、意味のない言葉を発してしまいました。私は深呼吸をして、日本語と中国語で双方を紹介しました。

「この人は啓太さんです。そして、こちらの子供たちは私が教えている子供たちです。みんなで挨拶しましょう！」

子供たちと啓太さんの幸せに満ちた笑顔を見て、私は心の底から喜びが湧き上がってきました。

この心温まる場面は、私が懸け橋となり、インターネットで中国の山奥に住む子どもたちと日本人の友人とを繋いだ時の様子です。新型コロナウイルスによって交流が困難な中、子どもたちに日本人とコミュニケーションを取ってもらう方法を模索していました。そして、孤軍奮闘の末、ついに達成したのです。

昨年の教育支援活動に参加した時、中国の山奥には教育資源が十分にないことを知りました。その一方、外国に興味津々な子どもたちがいるのも事実です。私は勉強意欲があり日本語に興味がある子どもたちに、学ぶチャンスを与えたいと強く思いました。ところが、今年は新型コロナウイルスの影響で遠くへは行けません。悩みながらオンライン授業を受けていて、思いつきました。それが「遠隔教育支援」です。タンポポが種を遠くに飛ばすように日本語の知識を山の子供達に伝えたい――「タンポポ作戦」と名付けた計画の始動です。

私は早速山奥にある小学校に「インターネットを使って子どもたちに日本語を教えたい」というメッセージを送りました。校長はとても協力的で、子どもたちを集め、クラス全員の子どもたちと話すことができるようにしてくれました。私は日本人の友人である啓太さんを招きました。彼の話す日本語を子供たちはあまり理解していませんでしたが、私が懸け橋となり、お互いに文化や生活の逸話について話し合いました。

中国の子供たちが好きなアニメは「ドラえもん」で、子供たちは啓太さんに中国のアニメ映画「大魚」を勧めました。啓太さんが「中国料理の『小籠包』が大好きだ」と言うと、中国の子供たちに「日本料理を教えてほしい」と言われ、天ぷらの作り方を説明していました。子供たちは山の湧き水のように澄んだ目を輝かせながら、好奇心を抑えることなく、質問を投げかけていきます。啓太さんもそれに笑顔で答えます。彼らの知識欲と互いの国への好奇心は、スクリーンから溢れ出るようです。このような交流こそ、私たち若い世代が率先して作っていくべきだと私は考えています。

新型コロナウイルスによって閉じ込められている間、私たちは「何もできない」と勝手に思い込んでいませんでしたか。私はコロナのきっかけがあったからこそ、あのアイディアが思い付き、行動に移すことができました。この不自由な時間があったからこそ、子供たちは日本人と直接コミュニケーションを取る機会を得ることができました。ちょっとのアイディアと行動力さえあれば、実現できることなのです。

現在、私は大学に通っているため、毎日ビデオチャットで子どもたちと話すことはできませんが、休日には子どもたちと連絡を取っています。自分が学んだ日本語を子どもたちに教え、日本人とのコミュニケーションの機会を作るようにしています。レッスンを終えるたびに、「今日もやったぞ」という満足感が湧いてきます。いつかこの結ばれた縁が確かなものになっていけば、私はこの上なく幸せです。

おそらく近い将来、コロナの危機も去るでしょう。私は教育支援に再び参加し、いつか実際に学校訪問をしたいと思っています。そして、日本の友人と教室でのビデオチャットを再開することで、子どもたちがより身近に日本と触れ合える機会を増やしたいと考えています。今の技術があれば、タンポポのように、風に乗り海山越えて、日本にまでも交流の種を届かせることができるのです。種がどこまでも飛んでいき、多くの場所で美しい花を咲かせてほしいと願っています。

（指導教師　永田隼也）

★三等賞

日中交流のあり方を変える可能性

大連外国語大学　何　琛

新型コロナウイルスの流行で今学期が始まってから、私の大学では外国人教員と留学生の不足がますます深刻化しています。しかし、このような困難に直面しても、学校も私たち学生も、中日友好交流を促進するいかなる機会も放棄しませんでした。私の大学は日本語コーナーや茶道会を毎週開催しているだけでなく、日中の大学間の交流プログラムも積極的に行っています。

二〇一九年に、私の大学はアジア大学と共同で「アジアの夢」という交流プロジェクトを開催する予定でした。その活動では中国人学生と日本人留学生が寮に一緒に住み、日本人留学生には中国の生活を体験してもらい、中国人学生は日本語の会話力を鍛えることができます。今年は、コロナウイルスのために、オンライン交流の形に変わりました。残念ですが、この変化は必ずしも悪いことばかりではないと思います。

私は「アジアの夢」に参加する前に、多くのオフライン交流活動に参加したことがあります。星海懇親会を例にとると、そのイベントに参加した中国人の数は日本人をはるかに上回っていました。グループディスカッションで、一つのグループが十数人なのに日本人は一人しかいませんでした。私は結局、イベントが終わるまで日本人の参加者に話しかけることができませんでした。それ以外にも、日本人の参加者が困ってしまうような、さまざまなハプニングがありました。例えば、

「中：富士山に行ったことがないなんてきっと日本人じゃありません！

日：私は本当に日本人ですが、富士山に行ったことがありません。

中：なぜ日本人なのに富士山に行ったことがないんですか……。

日：日本人全員が富士山に行ったことがあるわけでは

ないのです。中国人全員が北京に行ったことがないように……」。

その時私は「こんなぎこちないオフライン活動には二度と参加しない」と思いました。だから、今学期はオンラインコミュニケーションに目を向けました。

先月、期待する気持ちで今回のオンライン活動を迎えました。長い感染症の後、このような交流の機会は貴重なものとなりました。活動中、私が一番印象に残ったのは、日本語、英語、フランス語が話せるヨシズさんという女の子でした。ヨシズさんは中国に留学に来ることをとても楽しみにしているので、疫病が中国という新しい国を知ることを妨げないことを望んでいると言いました。短い交流したが、私は彼女が大声で笑いながらお辞儀をしたりすることが好きだということを発見しました。日本人の羞恥心と西洋人の奔放を同時に備えているのがとても魅力的でした。ヨシズさんが言った日本の雇用情勢についての意見に、多くの人が賛成でしたが、別の見方もありました。しかし反対者は静かに話の邪魔をしないように、自分の意見を掲示板にタイピングして、彼女の発言が終わった後、全員でこの問題について議論してみました。誰もがルールを守ったので、楽しく有意義な時間を過ごすことができたと思います。このようなオンライン活動では、色々な違うタイプの人と知り合えたり、さまざまな意見を聞けたりするところに中日交流の裾野を広げることができる可能性を感じました。

「アジアの夢」というオンライン活動に参加して、中日友好を実現するためには、中日両国の人々による自発的な非公式の民間交流が鍵であると確信しました。交流のスタイルにはさまざまな限界もありますが、見方を変えれば困難は新しい可能性に満ちています。そのように考えると、今回のオンライン授業期間は、私にとって新たな交流の方法やその可能性を考え直す貴重な機会だったと思います。私たちはただ目の前の困難に対して不平不満を言うだけではなく、今こそ、新たな中日交流の可能性を追求する姿勢を持つべきではないでしょうか。

（指導教師　川内浩一）

★三等賞

日中交流に乗り越えた壁は、やがて自分の盾となる

上海市徐匯区董恒甫高級中学　顧　駿

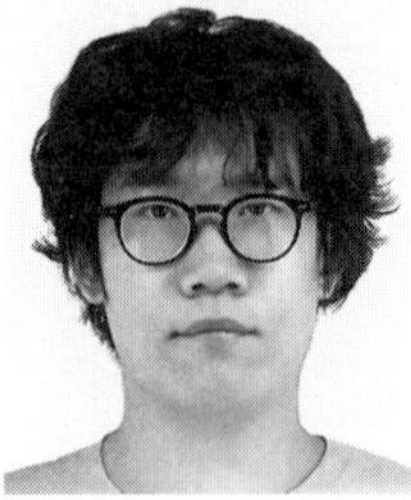

コロナの流行は、現在の国家関係、ひいては国際秩序の変動に影響を及ぼす重大な要因となっています。この流行の範囲、管理の難しさ、被害の深さは前例のないものでした。その結果、中国と日本の交流が変わってきました。以下は、私の視点から見た、ポストコロナの日中交流についてです。

二〇二〇年二月にコロナが世界的に流行して以来、世界中で様々な経済的・社会的影響が出ています。コロナの流行は、潜在的な社会問題を浮き彫りにする「拡大鏡」の役割を果たすと同時に、社会の変化のスピードを速める「加速器」の役割も果たしています。それと同時に、日中交流の方法やスタイルも変わってきました。

私が住んでいる上海は、あらゆる文化や外国人を受け入れる街です。さらに、コロナの発生にも優れた対応をしています。中国での流行の終息が発表された直後、上海では夏の間にアニメに関する四つの大規模なイベントを開催することが決まりました。日本のアニメ文化は今や中国だけでなく、世界中で大人気であることを知っておく必要があります。ですから、コロナが世界的に大流行している中で、このような規模のイベントを開催できたことは、とても嬉しかったです。このほかにも、ソニー傘下のアニプレックスと一緒にこのようなイベントに携われることも非常に嬉しいに思っています。また、日本のアニメ文化を愛する現代の若者たちが、ポストコロナの日中交流についてどう考えているのかを知る機会にもなりました。

アニプレックスのような日本のアニメ界のトップ企業にとって、優れた企画と素晴らしいアニメは、若い人たちが日本のアニメを好きになる理由なのです。例えば、コロナの大流行の中で、人々の心を癒し、希望を与えてくれるアニメがあります。オタクと仲間とイベントに参

加して、日本のアニメについて語り合うことが、イベントの目的であり、日本と中国の文化の交流を生み出すことになります。日本では発表しにくい新情報を、中国でデビューさせるきっかけにします。また、日本のアニメ会社の中には、緊急事態宣言の時に仕事が回らず、中国のアニメ会社にアニメーションを委託しているところもあります。ところで、これは技術だけでなく、日中のアニメ産業の交流のでもありました。しかし、これらはすべて、最終的には中国でコロナの流行が収まってから行われます。

この予想外の新時代において、私個人のマクロ的な視点では、コロナは、世界に衝撃を与えたものの、同時に世界のデジタルトランスフォーメーションと改革の発展を進め、日本と中国の間のさまざまな技術交流を促進しました。古くから切っても切れない関係にある日本と中国は、文化交流により精神的なコミュニケーションが良好になっています。

昨年、日中友好の証として、唐招提寺の貴重な文化財が初めて日本国外の展示されることになりました。日中友好の証である唐招提寺の貴重な文化財が初めて上海博物館に展示されました。上海博物館の展示室入口にある大きなポスターには、「山川異域，風月同天」という言葉が印刷されています。この句は、鑑真の東征の物語を描いた「唐大和上東征伝」の中のものです。コロナが流行した後、日本から中国に寄贈された物資の中に、この唐人の詩が入っており、中国では多くの人が感動しました。同じ空の下で、異なる地域や国籍の人々が同じ心を共有し、助け合うことは、唐の時代に鑑真があらゆる困難を乗り越えて日本に渡った重要な理由であり、今日の私たちを感動させる真の苦難の愛でもあります。

ポストコロナの時代背景の中で、日中両国が過去の交流をベースに緊密に連携し、困難を乗り越えていくべきだと考えています。既存の技術を利用して、中国と日本の間に新たな可能性を生み出します。新しい交流の方法には違和感もあるかもしれないが、そこから新たな発見があるかもしれません。

（指導教師　盧影）

★三等賞

口から出さない心の言葉

南京郵電大学　楊彬彬

桜が風に乗って舞い上がる様子を見た時、素直に「まあ、きれい！」と褒めるより、みんな何も言わずに春を感じて静かな雰囲気の中で互いの気持ちをそっと打ち明けるほうが感動する。何も言わなくても、みんなの顔から、伝わるものがある。それは口から出さない心の言葉である。

子供の頃から人間には心の言葉があるということは分かっていた。母親の妹、即ち私のおばさんは生まれつき聾唖であった。おばさんは質朴な女性で、いつも微笑んでいた。世界の声が聞こえないにもかかわらず、彼女は恨み言を言わず、和やかに過ごしていた。そして私がお婆さんの家に泊まった時、私の世話をよくしてくれた。手話ができなかった私は彼女と交流することはほとんどなかったが、彼女からの愛を感じた。寝かしつける時は、小さな私を抱きしめて頭を撫で、母に会いたくて泣いていた私の涙を優しく拭き取った。日に焼けた彼女の黒い顔から心の言葉を感じ取った。「良い子、泣かないで、おばちゃんがいるから。」、「すくすく育ってね。おばさんは嬉しいよ。」などの声は無声でありながら私の心に届いた。

ポストコロナ時代、みんなにもぜひこのような心の言葉を聞かせたいと思う。言葉が違っても無声で思いを伝える方法があるから、互いの気持ちを理解できるように頑張りましょう。

私がこのようなことを考えるきっかけとなったのは、竹内亮さんが監督したドキュメンタリー「南京の防疫日記」と「久しぶり！　武漢」である。この動画の中で、マンションの出入りの管理、マクドナルドの無接触サービス、学校のオンライン授業、地下鉄の乗車記録、ネット予約車の防疫設備など南京で行われた防疫対策が紹介された。世界各国でこの動画が見られ、南京は高く評価された。それから、封鎖されていた武漢が解除されて、再び賑やかな街並みに戻った様子を見て人々は感動した。竹内亮さんは自分で動画を作って日本や世界に中国の防疫現場を紹介し、まだ新型コロナウイルスの対策に迷っていた国に中国の感染予防対策を伝えた。ドキュメンタリーは美化せずにただ実生活を記録したものだが、言葉が聞き取れなくても、この二つのビデオから力をもらった人は多かった。「日本語が全然わからないけど、なんとなく心が温かくなった。」とか「中国人の話は全くわからないが、中国の対策は本当にすごいと思うね。」などのコメントが書き込まれた。

では、なぜ言葉が分からなくても気持ちがよく通じ合ったのか。それは心の言葉が伝わったからだ。南京の人々がそれぞれの場で防疫にこつこつと取り組んでいた姿や武漢の人々が困難を乗り切った後の笑顔を見れば、一言も言わなくても心の底から力が湧いてくる。

実は、誰もが心の言葉を身につけている。けれども世界があまりにも喧しいから、人々は自分の心の声が聞こえなくなった。例えば、「木の葉は何の色ですか」と質問されたら、数多くの人は「緑」と答える。しかし、子供なら「普通の木は緑、楓なら赤、そして枯れ木なら黄色」と答えてくれる場合が多い。だから、子供のように物事を素直に感じ取り、他人の話を聞くだけではなく、自分で見て判断しなければならない。そして、自分と世界を繋げていけば、どこへも通じる橋が見えてくるだろう。心の言葉は形もなく音もないが、世界を見極めるのに役立っている。たとえ光が見えなくなっても、声が聞こえなくなっても、心の言葉は私たちに最も美しい風景を見せて、最もさわやかな音を聞かせてくれるのだ。

ポストコロナ時代、心の言葉で日中交流すべきだ。コロナウイルスを機にして、この地球に住んでいる皆が運命共同体であることに気づいたであろう。そのことを忘れず、お互いの理解を促すものを作ろう。カメラのレンズで記録してもいい、マイクで歌ってもいい、筆をとって書き出してもいい。全ての偏見に惑わされず、ただ心の言葉を伝えよう。

（指導教師　小椋学）

★三等賞

優しい人になれるように

青島大学　趙雪嬈

「人と付き合うのが面倒くさい。」私はいつもそう思いながら、周りの人を無視して暮らしてきた。

去年、中国国内でコロナが収められた後、久しぶりに学校に戻り、クラスメートとうれしく再会できたが、たった三日間で飽きてしまった。これ以上みんなと一緒にいるのが煩わしく感じ、家に帰りたくなった。

とうとう冬休みを迎え、家に戻れた。ある日、担任の先生からある中日オンライン交流会に参加しなさいという指示が来た。本当は参加したくなかったが、先生の指示だし、日本語力を伸ばせるチャンスだから、参加してみた。

その交流会にいつも来ていただいた日本人――山村さんがとても印象的だった。なぜかというと、山村さんは中国のある大学で日本語を教えたことがあるからだ。その山村さんにこんなことを聞かれました。「趙さんの大学には日本人教師向けの助っ人などがいますか。」「さあ……」と曖昧に私が答えた。実は私は日本人教師のことについて何も知らなかった。その後、山村先生がこのような話を教えてくれた。

山村さんは中国に来たばかりの時、急に体調が崩れ、病院にいかないといけなかった。中国語はまだできない先生は、中国人先生に迷惑をかけたくないから、一人で病院に行ってみた。なかなか言葉が通じないし、途方にくれたその時、偶然教え子に会ったという。まだ日本語の初心者である学生さんのおかげで、助かったと言ったのだ。「もし、日本人教師向けの助っ人がいてくれれば……」スクリーン越しで見た先生は微笑んでいたが、微笑みの中にどこか辛そうな気持ちが込められていたようだ。自分よりずっと年下の学生に面倒をかけるなんて、山村さんはきっと恥ずかしかっただろう。

「もし、私がいれば、必ず助けに走っていきますよ」とすぐ言ってしまった。しかし、人とあまりしゃべろうとしない私なら、きっと山村さんが困っていることすら知らなかっただろう。人を助けようなんて思ったことは一回もなかったのではないか。「本当に冷たい人だ」と恥ずかしくなり、今まで「一人でよければ、すべてよし」という生き方に猛反省したのだった。

なんとか、変えたい。と思いながら、新学期が始まり、日本人先生の最初の授業を迎えてきた。勇気を出して、先生に話しかけてみた。あまりにも突然なのだったのか、先生がびっくりしたようだった。先生はすぐいつもと同じように私と話をしてくださったが、最後に、「話し掛けてくれて、本当にありがとうございます。」といってくださったのだった。この一言で、以前の私は他人への無関心、冷たさにもう一度気づかれた。

「強い人より優しい人になれるように頑張ろう」。初めてこの言葉を耳にしたとき、良い人のふりをするなんて、気持ちが悪いと思った。しかし、今は、あんなふうに思った私の方こそ卑しかったと恥ずかしい。一体、いつそのようなエゴの強い人になってしまったかは、知らなかった。しかし、この冬のオンライン交流会のおかげで、その欠点を見つけて本当によかった。

人と交流することは別に面倒くさいことではない。さまざまな人と交流することを通じ、自分のよくないところを見つけては直し、成長することができる。このことは、学校での勉強よりずっと意義があることだと私は思う。今はコロナで人と人の交流が減っているといわれているが、私はそうは思わない。私が参加していたオンライン交流会は一例で、インターネットを通しても、今まで以上に交流でき、人々はもっと優しくなれると信じている。私はそうやって変わっているから。これからも、日本語専攻の学生として、私はそのオンライン交流会に参加し続けたい。周りの人に優しい人になりたい。そのおかげで、日本語を勉強する意欲や中日両国友好の架け橋になろうという考えが以前より強くなってきたのであった。

（指導教師　杜雪麗）

★三等賞

桜に込められた変わらぬ思い

長安大学　張馨雨

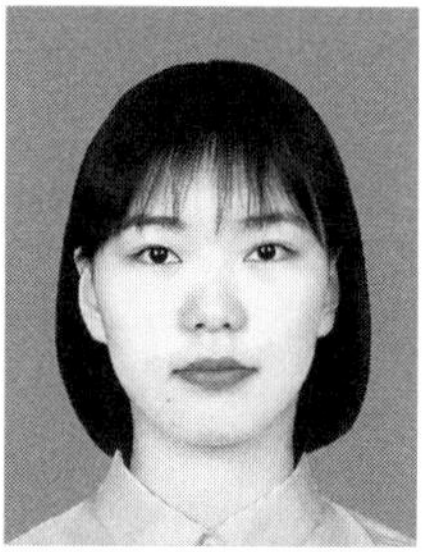

中国、日本を含め全世界において、昨年はコロナウイルスの影響により筆舌に尽くしがたいほど大変な一年であった。このような環境下で、日中交流をどの様にすべきかを考えてみたい。

大学一年生のある日、先生が私たちに西安にある青龍寺の桜を紹介してくれた。その後、どうしても青龍寺の桜のことが気になり、ルームメートと一緒に青龍寺の桜を見に行くことにした。春が訪れたことで気温も上がり、木にはびっしりと花が咲き乱れ、ピンク色の桜の花は恥ずかしげもなく人目を引いていた。ただ残念なことに、私が見た桜はまだ満開ではなかったらしくピークの美しさを見ることは出来なかった。おそらく、桜が満開になればさらに大勢の観光客が訪れその美しさに魅了されることだろう。

これらの美しい桜と日本は、実は深い縁で結ばれていたのだった。数千年前、日本の空海和上が中国に訪れて多くのことを学び、日本と中国との架け橋になってくれたことを記念し、一九八二年青龍寺に空海和上の記念碑が建てられた。そしてその四年後、日本から桜の苗木が西安に寄贈されたことで、両国の友好的交流が始まったのだ。現在でもその効果からなのか、コロナウイルスで大変な時期にも関わらず、多くの観光客で賑わっていた。

ここを訪れた人たちは、桜の美しさを見に来ただけではなく、様々な日中関係の背景を感じるために訪れているのではないかと思った。千年以上の時を超え、交通手段、人の考え方も少しずつ変わるなか、日中間の交流の仕方も今回のコロナにより変わってきたのではないかと思う。それは、荷物を抱え日本で桜を鑑賞するのではなく、自国において日本を感じることも風情があり、直接ではないにしろ間接的な交流になっているのではないだろうか。これは長い年月を経て繋がった絆がもたらしてくれた恩恵であり、言葉を交わすことはないが、これもまた、素晴らしい異文化コミュニケーションの一つだろう。

周知の通り、漢の時代から日中間の友好的交流が始まり、唐の時代に何度も遭難しそうになったが、ようやく日本へ辿り着くことのできた鑑真和上の話が有名である。その鑑真和上が、薬学や建築技術、仏教などを伝えてくれたおかげで、二千年余り経った今でもなお、日中は引き続き交流を続けられているのではないだろうか。

その交流の延長にあるのが今回のコロナでの、日本と中国の物資援助による助け合いである。言葉や生活習慣も異なる国が相手のことを思い、互いが自分のことのように考え行動したことに対し、感謝という思いのほかに心の奥底からくる温かさが感じられた。

現代の日中間には様々な障壁があることも事実だが、その障壁を打ち破るくらい強い絆もあると思う。そして、その絆は一朝一夕にしてできたものではなく、いかなる困難が来ようとも日中交流を妨げることは出来ないのである。ただ、その交流方法については、その時代に即した形に変化することがあるかもしれない。だが、その根底にある思いは常に変わらず、千三百年前に鑑真和上を日本に導いた漢詩「山川異域　風月同天　寄諸仏子　共結来縁」が全てを物語っているのではないだろうか。

最後に今回のコロナにより多くの人が犠牲になり、そして心に深い傷を負ったに違いない。だがその一方で、数千年前から受け継がれてきた日本と中国の絆を再確認することができたのではないだろうか。従って、今回のコロナを機に、今後も両国は互いに支え合い、そして相手のことを思いやることで、数千年先までより良い日中関係を継続させることができるに違いないと思う。

桜の木のように美しい思いを後世に伝え、そして見る場所は異なったとしても、満開の花を共に見ようではないか。

（指導教師　郭亜軍、岩下伸）

★三等賞

コロナ時代を映す！　先生と学生の姿

山東大学（威海）　李本曦

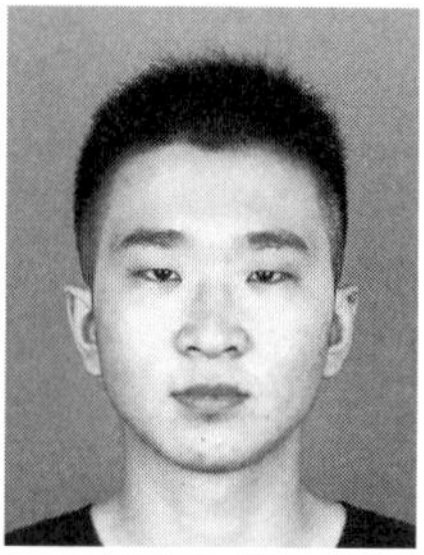

　二〇二〇年、私は昨年の冬休みは新型コロナのせいで鬱屈していた。事態がこじれないようそれぞれの村長は各々の村へ通じる全ての出入り口を封鎖した。一家庭につき、一人だけ外への生活必需品の買い出しが許された。春節なのにうちへ帰れない数知れない人達。新学期寸前までも事態が深刻だった。それが原因で、我々は学校へ戻ることができなかった。どう授業するか学校や先生方は決断を迫られていた。

　いろいろ考えた結果、先生の方々はほとんど、ｚｏｏｍのような会議アプリを選んだ。直接にＰＰＴ、ＶＩＤＥＯを見ることができ、いつでもすぐ授業を開始できる便利なものだった。ｋ先生はいつも授業が終わった後に宿題をだした。その宿題は、授業時間外を利用してオンラインで学生の宿題をみてくれたのでとてもありがたかった。ｆ先生は愛想が良くて、学生たちに思いやりのある先生だ。以前は大学の教室で時々学生に面白いゲームパーティーを行っていた。けれど、内気な性格の私は面と向かって人と話すのは苦手だった。しかし、オンライン授業になると面と向かって人と話す必要はないので私は普段と違って、自然に友人や先生に話しかけたりすることができた。そして、私が一番好きな先生は体育課の先生でとても面白い先生である。彼はいつも学生たちに話すときは、身振り手振りが多く、その身振りを見ているだけで笑えるのだ。オンライン授業では、画面越しに先生が立っている姿が見えた。先生が足を上げて敵を攻撃する姿を学生たちに見せようとした途端、突然画面が真っ暗になり最初の説明が長すぎたのが原因だったかもしれない。結局授業は中断となり、私たちは家でストレッチを強いられた。

　オンライン授業も至難の業だ。アプリで授業するのは確かに便利だが、時には中断してしまったり、雑音が入ったり、障害が生じる。時は金なりで学生たちにとってはなおさらだ。先生が大切な授業内容を説明しているのにネットに障害が生じたため、聞き落してまったことがいくらでもあった。それに、教室で授業するときは、手を挙げることで先生に質問することが容易にできるのに対して、オンライン授業では出来ない。インターネット状況の良し悪しによって授業は左右される。それに、ネットでは顔が確認できないので時にはサボる学生もいた。自慢ではないが、私はどんな時もサボることはしない。なぜなら私は、人よりも忍耐力があり絶対になまけない性格だからだ。ネット授業でも毎朝、授業に遅れないように、そして健康のためにもいつも七時頃に起きて一階に下り（家で私の部屋は二階にある）、朝食を取りながら授業用教材を用意していた。家での授業は、ただでさえ勉強の効率があまり高くないのに加え、隣近所が家に訪れてくるとか、隣近所がインテリアで工事中とかで思いがけぬ邪魔が入るから、授業中、メモをたくさん取らなければならなかった。おかげで、私は手帳を三冊書き尽くしている。

「遠きみやこにかへらばや」と言った人がいる。確かに、勉強するには学校が最高なものだ。いまだ世界中で新型コロナが猛威を振るう中、中国では抑えつけに成功していたため、私達は幸い学校に戻ることができた。

中国のある作家がこう言う。

「誰でもごく平凡な人であるが、人生と名乗る舞台でちゃんと自分の役を演じれば、聴衆から拍手が起こる」

私は自分自身には限界があると分かっている。でも、それでも私は私の役を演じてこの上ない演技力を見せたい。地に足をつけて一歩ずつ進むに越したことはない。大きな目標をいくつかの小さな目標に切り分けてひとつずつ達成していくことが大切である。私は立派な翻訳者を志している。そして、中日、日中翻訳によって、両国国民がお互いに理解し、協力できるよう手助けできる人になりたい。今は日中の間に一線が画されているが、精神面での交流が両国の心の壁を崩してくれるに違いない。そう信じて、私は日本語の勉強に励み続ける。

（指導教師　舩江淳世）

★三等賞

ポストコロナの日中交流

湖北大学　陳傲雪

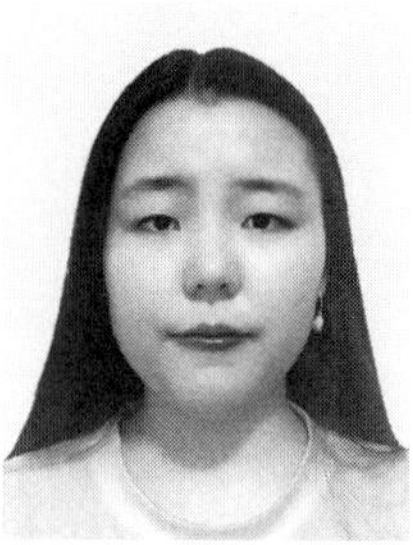

二〇二〇年、コロナウイルスは世界各地に急速に広がった。多くの人は家にいる以外どこにもいけない経験があっただろう。以前ごく当たり前の日常であったが、今の生活からずいぶん遠のいてしまった。国内旅行さえできないのだから、まして海外旅行など望むべくもない。学校の中日交流のプロジェクトも正常に行うことができなくなり、先輩達の日本へ留学する予定も狂った。日本との交流のルートを失ったことには、非常に残念に思う。ポストコロナ時代、日中両国はどうやって友好的に交流を続けていけばいいのだろう。

新型肺炎が一番ひどい時、家にいた時の経験は私にヒントを与えた。一年前、私たち学生はオンライン教育を受け、社会人はオンラインで仕事を進めた。家に引きこもった状態が二、三カ月も続いてやっと終わった。隔離されている間、暇な時間が多く、ネットを通じて人と交流する時間がたくさんあった。私もウェイボで日本から来た女の子と知り合った。彼女が私にツイッターとLineの使い方を教えてくれたかわりに、私もWeChatの使い方を教えてあげた。言葉の問題、特にインターネット流行語についても互いに教え合った。このようなことは教科書から学べない。

ある日、日本人のSNSのハンドルネームの後に「低浮上」という漢字がついていることに気付いた。私の質問を聞いて、彼女は「日本語の中には漢字が多いので、見るだけで意味がわかるでしょう。当ててみてください。」と言った。ネットを海に譬え、魚が水面から顔を出すように、人はネットに現れるということだ。つまり、「低浮上」は人々が現実生活で忙しいので、ネットで活躍できなくなったという意味を表している。しかし、単なる字面から単語の意味を当てる方法は役に立たない時もあった。あるラブラブな中国夫婦のことを話していた時に、私は「なんて羨ましい愛人」と感嘆したところ、相手は驚いていた。日本語の「愛人」は中国語でいうと「情人」のことなのだ。少し恥ずかしい経験だが、同じ漢字を使っていても、意味が違う場合もあることが分かった。しばらくの間の交流を通して、私たち二人の外国語は大いに進歩した。他の交流のルートがすべて閉じられていた特殊な時期において、インターネットだけは常時つながっていたので、私たちは融通無碍に交流できた。ポストコロナの時代には、インターネットは中日間の友好交流を続けていくにもいい方法と考える。

実は、中日交流において、インターネットを通じて交流を行う先例もあった。三月に日本僑報社が開催した「ポストコロナウイルス時代の青年交流」と題した日中ユースフォラームを例に取ると、中日両国の青年達はインターネットのプラットフォームを借りて、国境を超えて、新型肺炎に影響されることなく、両国間の橋を架けた。このフォーラムによって、中日両国の青年はお互いの国に対してより真実かつ完全な認識を持つようになった。また、二〇二〇年度の「忘れられない旅華物語」に選ばれた山野井咲耶さんと池松俊哉さんもその代表格だ。彼らはネットで「最初は中国に憂慮を抱いていたが、自分が中国に旅行に行った体験を通して、中国の真実の状況を直観的に見た。そのことで、最終的に偏見をなくした。」という考えを世界各地の人に伝えた。

「グローバル化の今、どの国も孤島になることはできない」という通り、歴史の流れを阻むことができないので、中日両国は一衣帯水の隣邦としてさらに助け合うことが必要である。ここ数年、両国の交流もますます増えている。しかし、昔と異なり、インターネットを通じての交流は多くなった。今多くの若者は強い自主意識を持っており、マスコミの報道などの古い情報で世界を認識し、他国を知ることに満足していない。自分の実践を通して、理性的かつ客観的に世界を感知し、自分の気持ちや意見を素直に表す傾向がある。インターネットのような便利な交流方法を持っているのだから、一方的な主張にとどまらず、相手の意見を多く聞いてみるべきだ。ネット上の友好交流を出発点とし、中日両国の友好交流を促進するための道に戻ってくる。やはり友好交流こそ両国の調和と共同発展を促進するには長期の道だ。

（指導教師　横山敏秀、劉霞）

★三等賞

アフターコロナのきらめく日本語学習

南陽理工学院　楊笑格

二〇二〇年一月に武漢で新型コロナウイルスの感染爆発が起き、瞬く間に中国全土に感染が広がりました。冬休み期間中で実家に帰郷していた私たち大学生は外出と移動制限のため、新学期が始まった二月に大学に戻ることができませんでした。そのため、自宅にてオンライン授業を受けることになりましたが、私たちは時間割で指定された時刻にパソコンやスマートフォンの前に座り、学習アプリを使って同じ時間に一斉に授業を受けることになりました。ただ、私たちの会話の授業を担当する日本人の先生は急遽、故郷の札幌へ帰ってしまったため、私たちは会話の授業を国境の向こう側から受けることになりました。

そして、札幌の先生は一斉授業を行わずに、なんとクラス一人一人に電話をかけて会話の授業を始めたのです！　しかし、よく考えてみると教室で授業を行っていたときは、学生がじっくりと先生と話す機会は少なかったので、これは日本語で会話ができるいい機会となりました。一方で電話での日本語会話は情報が音声のみに限られてしまうので、慣れるまでが大変でしたが、結果的に私たちは「日本語電話対応」のトレーニングを、定期的に自然な形で行うことができました。また、好きな時間に授業を受けられるというのも、コロナ禍という特殊な状況下では大いに助かりました。

夏が過ぎ、私たち学生は九月に大学に戻ることができました。しかし、渡航制限のため先生は札幌から中国に戻ることができず、九月から始まった教室での授業は、引き続き札幌から行われることになりました。まず、先生はクラスをグループに分けて、課題に対して学生同士が相談できるようにしました。そして、日替わりで一人づつ司会を担当することになりました。この司会者が主に先生との応対を担当し、課題を全員に伝えたり、クラスや大学の状況を先生に報告したりしました。そして、課題の答えはグループの代表者がみんなの前で発表しましたが、授業中に発表できる学生はその日の発表者に限られたので、別途出された課題を解き、先生に送れば国際通話にて、どの学生も会話練習を兼ねた直接指導を受けることができました。

教室で日本人教師の授業を直接受けることができないというのは残念なことでしたが、オンラインの授業はさまざまな学習の可能性を考えるきっかけとなりました。まず、グループで話し合うことにより、自分とは違う友達の考えを聞いたり、ネットで学習に役立つサイトや動画を見つけて友達とシェアしたりと、一人での学習では得られない知識や情報を入手することができるようになりました。また、先生は一年を通じて札幌から大通公園といった観光名所や街の様子、そして桜の写真等を私たちに届けてくれました。また、中国日本で起きたニュースや、コロナウイルスの状況などもリアルタイムで教えてくれたので、日本に対する理解が深まり、関心も高まりました。

私が日本からのオンラインの授業を受けて感じたことは、対面授業より積極性が重要になる、ということでした。私は内向的な性格だったので、語学学習には向いていないのではないかと思っていましたが、電話を通して日本語で話すことに抵抗がなくなると、友達と会話するような感覚で先生と話しができるようになり、気付いたら一年以上の月日が流れ、私の日本語能力は著しく向上しました。先生が中国に戻ることができなかったのは残念でしたが、「人間万事塞翁が馬」の格言通りになりました。

オンライン授業は、ネットワークや設備の不具合などの問題がないわけではありません。しかし中国には「弁法総比困難多」という言葉があります。これは「困難よりも多くの解決策がある」という意味です。このような状況でも外国語の勉強ができる環境と、なにより先生の努力には感謝の言葉もありません。私はウイルスは必ず収束し、また先生と中国で再会できると信じています。

（指導教師　丸島暁）

★三等賞

深まった絆

北京科技大学　呉　憂

中国では、「遠くの親戚より近くの他人」という諺があります。急難がある時、遠い親戚は近くの隣人のようにすぐに助けられないという意味です。なぜ私がこの諺を出したかというと、まず私にとって、中国と日本は近くに住んでいる隣人のように感じられるからです。そして、新型コロナウイルスが厳しい状況の中、二つの国が互いに助け合い、支え合って難局を乗り切りました。新型コロナウイルスが徐々に終息しつつある今、お互いの大切さを知った二つの国は、更に理解し合うようになったからです。

小さい頃、私は日本についての印象は全てがアニメを通してのものでした。学校に入ってからは、歴史の教科書の中で、中国と日本は海を隔てながらも、衝突したり協力したりする過去があることを知りました。大学生になった私は、日本語を専門的に勉強し始めました。日本語学科の学生なんだから、日本に対して詳しいのかというと、実は、私は周りの学生と同じように日本と日本人に対して、ずっと深い距離感を持っていました。新型コロナウイルスという共に経験した試練は、私にとってこの距離感を破る最高の機会になったと言えます。

私は今でも新型コロナウイルスの初期に武漢で経験した災難が記憶に新しいですが、鮮明に心に残っているのは、日本がくれた温かい援助です。日本人の自発的なマスクの寄付活動や両国が協力する姿勢は、困難の中で最も貴重なものでした。真の友達とは、いい時も悪い時も横で助けてくれる人です。言葉は違いますが、共に新型コロナウイルスに対抗する決意を持っている両国は、お互いに支え合い、難関を突破してきました。日中両国の国民は共に一つの災難を乗り越えてきた友達です。私たちは国の正しい指導を忠実に守り、国民の自覚意識、並びにお互いを助けることによって、ゆっくりと困難を乗り越えました。この困難を一緒に経験しただけに、相手の大切さを実感でき、今後の日中関係もより一層発展するに違いありません。

ここで述べる日中関係は国民間の共感だけではなく、両国間の文化、経済、政治など様々な面も含まれています。まず、文化面では、コロナ禍で延期された留学が再開され、両国の優秀な人材交流も期待できます。文化交流はどの国にとっても重要なものです。日中両国の関係の発展につれて、異なる文化背景を持つ両国は今後の異文化交流に新たな突破が期待できるのではないでしょうか。そして、経済面では、両国の国民がより友好的になったら、お互い更に信頼しあえるようになるのではないでしょうか。この信頼こそが両国間の貿易発展を促進させ、経済関係を強めていくことができると考えられます。貿易摩擦が頻繁に発生する現代において、この信頼は日中交流の中で貴重な切り札になります。日中両国の一般国民にとって、政治上の問題は遠く、日常生活の中で触れることはあまりありませんが、私たち国民が政治の参加者であることには間違いありません。

両国が共に過ごした千百年の間に、衝突と矛盾の歴史はありますが、困難に直面する時に私たちはいつも協力してきました。日中両国の友好交流、平和共存、政治面での交流を強化し続ければ、必ず両国の国民に幸せをもたらすはずです。

苦難が人の意志を鍛える一番大切なものだとすれば、苦難を共にすることは互いの感情を増進するために不可欠なものではないでしょうか。しかし私たちはこの苦難に感謝することはなく、感謝すべきなのは苦難の中で共に助け合った友人です。新型コロナウイルスという試練を共に経験した二つの国は、目に見えない友情が芽生えたに違いないと私は思います。ポストコロナの二つの国は、絆が深まり、更なる共同発展を成し遂げるでしょう。今後の交流の新たなステージに期待しています。

（指導教師　奥本順子）

★三等賞

今後の中日の多様な交流

湖南大学　潘路路

二〇二〇年の新春の初めに、新型コロナは新年の平穏を破った。急速に世界を襲い、人々の命を脅かしている。世界各国で新型コロナの感染者が増えつつあるので、今でも胸を締めつけるような思いをしている。今年、私たちは困難な年を乗り越え、希望に満ちた未来を期待している。二〇二〇年を振り返ってみると、ウイルスは恐ろしいが、ウイルスの前に国境なき愛は最も大切な存在だと思い知らされた。

中日両国は新型コロナ対抗戦において、人類運命共同体の意味を十分に示していると思う。日本の政府機構や国民から送られてきた支援物資を見たとたんに、遠く離れていても、私たちはお互いのそばにいるような気がした。今後も、両国の友好関係を継続し、人々により多くの喜びをもたらすべきだと思う。

ポストコロナの中日交流について、私はこう考えている。

まず、学術上の中日交流がもっと多様化になるべきだと思う。私は今年の十月に日本へ留学する予定である。日本語を専攻している学生にとって、留学は貴重な経験になることは言うまでもない。日本の多くの大学は長年、中国人留学生を支援するために、多くの留学プログラムを開設している。しかし、中国では日本人留学生はそれほど多くいないようである。従って、中国の大学が留学交流対策をもっと強化すべきだと思う。中日交換留学を通じて、人材の流通を促進し、学術上の協力を行うことができるに違いない。

また、中日交流も一層インテリジェントになると思う。現に私たちの日本人の先生は日本にいながら、インターネットで授業をしてくれた。疫病で登校できなくなった間、中国全土の大学生は自宅でインターネットを通じて授業を受けていた。中日両国のオンライン交流もめっきり増えている。新型コロナと共存・共生していく中で、私たちがクラウド技術の便利さを一層実感することができた。また、インターネットという目に見えないツールを利用して、中日両国人民の間の距離をさらに縮めることになるだろう。例えば、大学で中日両国のオンラインコース、オンライン講座を開設したりして、学生は時間と空間の限界を超えて、いつでもどこでもコミュニケーションを取れるようになるだろう。

もちろん、中日両国の文化交流も絶えず深まっていくだろう。最近、中国のアニメ映画はだいぶ進歩し、高く評価されている。日本はアニメ王国として、中国アニメ業界の学習と参考に値するところが大いにあるだろう。中日両国は文化上の協力の強化を通して、世界経済の回復を促進できる思う。

ここ数年、中国では漢服ブームが起こっている。唐朝には漢服文化が日本に伝わり、人々に愛されていた。その後、漢服は日本で進化を続け、日本独特の着物文化を形成した。着物は中日文化交流の産物だといえる。古典東洋の衣装として、漢服と和服を融合させて、東洋女性の服装の美しさを表現できると思う。漢服と和服のぶつかり合いの交流は、中日両国人民が互いの国の服飾文化に対する認識を深めるのに役立つだろう。

もう一つ見逃せない点は、中日のパンダ外交はこれからも続けていくべきだということである。二頭のパンダは中国人民の友好使者として、武則天から日本の天武天皇に贈られたそうである。その後、中国は日本にパンダを送り続けている。日本人はパンダが大好きだと言われている。新型コロナの影響で、上野動物園で生まれた三歳のジャイアントパンダ「シャンシャン」の中国返還を今年の五月三十一日から十二月三十一日に延期することになったそうである。シャンシャンが中国に返還されることを知った人々は、歓送式でシャンシャンにさようならを言った。パンダは中日両国人民の一衣帯水の友好的な友情の証であり、千年にも及ぶ友好交流史の立会人である。

ポストコロナという新しい時代を生きる若者の一人として、今後の多様な中日交流を期待しながら、中日文化交流の架け橋となり、両国の友好のために力を尽くしたいと思う。

（指導教師　張春艶、楊蕊寧）

★三等賞

閃光の極致の教え方

中国人民大学、延安大学　林飛燕

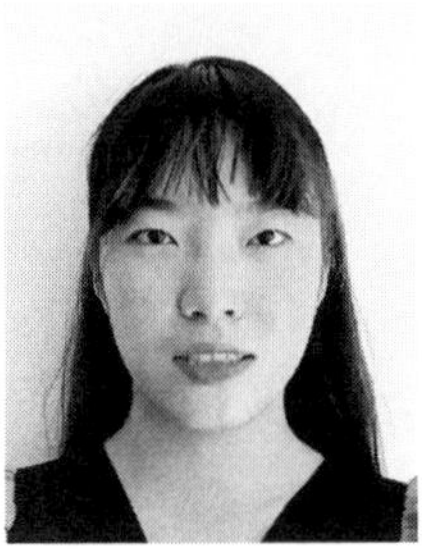

　コロナのために、二〇二〇年の一月から三月まで、私はずっと家族と自宅にいた。四月に入ってからも、厳しい状況は続いていたので、オンライン授業が実施されるようになった。

　オンライン授業に対して、期待する人もいるし、懐疑を抱く人も多い。あるアンケート調査によると、学校に行かなくてもよく、家にいながら快適に学習活動が続けられると考えた人が多かったようだ。しかし、チョークで黒板に書くことには慣れていても、パソコンを扱うのが不得手な教師たちは、ネットを使いこなすこと自体が大きなチャレンジだった。私の日本語の先生、田中先生は、最初のうち、緊張と不慣れで音声がオフのままだったり学生を全員ミュートしたりしていた。ある日、先生は出席をとって、三人の名前を点呼したが、返事はこなかった。きっと授業をサボっただろうと思い込んで、先生は怒った。四月の蒸し暑くなってきた狭い部屋で、先生の怒りは募るばかりだった。すると、担任の先生に連絡しようとしてようやく、全員をミュートにしていたことに気付き、ふと笑い出した。

　四月中旬に暑くなって、梅も花から実となった。セミはうるさく鳴き始め、車は騒々しくクラクションを鳴らし、道では主婦たちがおしゃべりをする。先生のオンライン授業が上達した頃、私たちは興味を失っていた。長時間スクリーンを見て、目が痛くなるし、クラスメートの顔も見れず、寂しく感じる。なにより、授業効果が低いのは小テストの成績から明らかにわかった。とうとう、寝坊して授業をさぼる人が現れると、他の学生の気持ちも緩んできた。時間が来るぎりぎりで準備をしない人が大多数になってしまった。私もあまりオンライン授業を受けたくなくなったのである。

ある日、いやいやながらオンライン授業の画面を開いたら、先生が大きなガラスにマーカーペンで字を書いていた。まるで教室の黒板に字を書いているように。「みんなよく見えますか？　うちのトイレのガラス戸を利用して、これに書いて説明するとわかりやすいでしょう？」と、興奮した様子でおっしゃった。「いいね！」「すごい！」と、コメント欄にこのような言葉が次々と出てきた。その日、授業が終わって、田中先生の「黒板」がクラスメートの間に大きな話題になった。みんな思う存分に受講の時間を楽しんでいた。

翌日、期待しながら授業の画面を開いたら、先生は平日と全く違う格好であった。先生は「少年少女のみなさん、これらの単語を覚えてきてね、いいね？　約束だよ。この文法は本当に最高！　きっと小テストに出るよ」という調子だ。ライブ感覚を生かして授業して、まるで毎日夜八時に買い物のプロモーション現場にタイムスリップしたようだ。先生はプロモーションアナウンサーのように、「商品」を一つずつ「販売」していた。使われた言葉は中国で最も有名なライブコマース王子、李佳琦さんの口癖を真似た。私達みんな興味津々に授業を聞いて、大変面白かったのである。その後、毎日田中先生の授業を楽しみにして、元気に先生に挨拶して、勉強する意欲も大いに湧いてきた。

一番刺激的なのは先生の説明が終わるとすぐに画面にランダムな質問が表示させる工夫もしてくれた。スクリーンの番号が変わり続けていて、ボタンを押して、当たった番号の学生が答えるゲーム形式だ。「僕でしょう」「ドキドキするね」「あ、私の番号を見た」「えっ、林さんが当選した」とみんな楽しみながら授業の時間を過ごした。これは楽しい試みで授業にも集中できる一石二鳥の方法だと思う。

一緒に参加して、エンジョーイして、毎日収穫がいっぱいだった。私たちはこれを「閃光の極致の教え方」と呼んでいた。

アイデア光る！　「閃光の極致の教え方」は私の先生の教え方だ。

（指導教師　徐園、馬木浩二）

★三等賞

スピーチやディベート

四川師範大学　郝祥怡

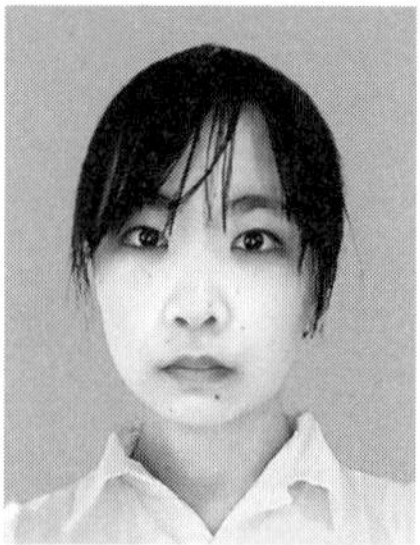

多くの学生と同じように、私の高校生活には、「点数のため」以外にほとんど何もなかったと言えます。そうは言っても、大変ながらも充実していました。記憶に残っているのは幸せの実感です。振り返ってみると、それは国語の先生のおかげです。

その頃、国語の授業は、それぞれのタイプの文章作成法をめぐって行われました。その講義は、スピーチ原稿についてだったと、今でもはっきり覚えています。そうなる予定でした。

けれど、授業が始まると先生は質問しました。「スピーチ原稿って、一体どんなものでしょうか。説得するための作り物、それとも何か」「そうですね、いままで考えたこともないし、一体どんなものか？」

みんなは興味深そうに意見を出し合っていました。するとその授業では、ディベートが行われました。みんなは何も準備をしていなかったにもかかわらず、見事な出来栄えでした。

「スピーチは、自分なりの意見を聞き手にきちんと伝えるためのものではありませんか」とか、みんなから出てきたさまざまな感想は、相手の特徴や長所のほうに目が行くと思われました。例えば、スピーチは意見を伝えることだと考える人は、普段から自己意識が強いことがわかります。スピーチは人と意見交換するための練習する絶好のチャンスだと考える人は、いつも社交家とされています。当時私は「そういうのは根気強い性格というのだろう」とふと頭に思い浮かべました。授業の終わりに「次の授業もスピーチについてディベートを行いますから、自分の意見をまとめて原稿にしてください」と聞いてびっくりしました。

前回の授業を経て、みんな興味深く、積極的に精一杯頑張って立派な原稿を出しました。その結果、二回目のディベートははるかに素晴らしく、より豊かな視点を持っていました。その時やりたいことがあって、元気いっぱいだったことを今でも覚えています。

それから月日がずいぶん経ちました。その講義がスピーチ原稿について説明する予定だったことを、みんなはほとんど忘れていました。そんな時、クラス内スピーチコンテストがあり、そのため、嬉しいことに試験が一回減りました。予選テーマは、「ディベートの真義について」。逆にちゃんと覚えています。決勝戦テーマは自由。自分で決めるのでした。みんなどきどきしていながらもすらすら行きました。シェアしてくれたストーリーや考えはまちまちですが、普段普通に見える女の子のスピーチが印象的でした。始まりに祖母と抱いた孫の顔も同じように皮膚がしわだらけだった様子を描いていきいきしていました。ちょうど晩秋で至る所物寂しい光景は幼い頃彼女にショックを与え、人生に対する考えを引き起こしました。

人生晴れの日もあれば雨の日もあります。人間は何であれ、晴れの日より雨に目が行きがちになるようです。長所より生まれつきの短所に目が行くようになります。実際にはこれらの苦痛を振り返ってみても大したことはありません。多少欠点があっても長所が抜きんでる人はさぞ人気があるでしょう。大体そういうことです。

終了後、夜の自習授業で先生はクラス全員を連れて運動場に星空を見に行きました。後でわかってきたんですが、スピーチやディベートとは何か、スピーチで一番大事なのは何を伝えたいのか。ディベートで一番大事なのは筋のいいことだということを、先生は自覚してほしかったのです。だからこそ、原稿を作った後のディベートは素晴らしくなり、テーマが自由のほうが前よりずっとおもしろかったです。

大変な高校生活でしたが、クラスメイトとスピーチやディベートをする機会があったのは、なんと貴重だったことでしょうか。それが教育でしょう。点数だけでなく、「人生」、「生活」のためにもあるのです。

今考えて見ると、先生が言いたかったのは「どんなに忙しくても、きちんと生きることを忘れてはいけません。」ではないでしょうか。

（指導教師　赤松忠男）

★三等賞

「危」から「機」へ——化学《カガク》するオンライン授業

同済大学　劉鹿宸

昨春、新型コロナの影響で大学ではじめてオンライン授業が導入された。ウイルスを含め、科学の未知の世界を知りたいと思い、「真相解明」というちょっと名の変わった教養科目を受講した。講師は化学学部の朱先生であった。

ところが、講義が始まると、朱先生はやや戸惑い気味。学生にソフトの使い方を聞いたり、授業中に突然オフラインになったり、ハプニング続出だった。しかし慣れるやいなや、先生はたちまち授業に「化学変化」を起したのだった。

化学には実験が欠かせないが、オンラインの場合、試薬や道具がなく、実験はほぼ不可能だと言ってよい。そこへ朱先生がまず考案したのは、どの家庭にもある日用品や調味料を使う方法であった。三回目の授業の時だった。画面に現れた先生はにやにやしながら、無色の溶液の入ったガラス瓶を見せてくれた。「皆さんにマジックをお見せしよう」と、先生は瓶を少し左右に振ると、液体が急に青に変った。それから瓶を机に静かに置き、しばらくすると、溶液は再び無色に戻った。「どうしてこの現象が起きたのか、答えを考えてみよう」と問いかけた。それまで沈黙を保っていた私達は急いでマイクをオンにし、われさきにと答えを出した。

「酸化還元反応だと思います」、「酸・塩基の中和反応でしょう」と、授業はしだいに熱気に包まれていく。先生はゆっくりと謎解きをはじめた。メチレンブルーを含む観賞魚用の薬に、ブドウ糖、苛性ソーダを加えると、青い色素であるメチレンブルーはブドウ糖によって還元され、無色になる。瓶を振ると、空気中の酸素で青に戻るが、しばらく放置すると再び無色に変わるのだという。

授業の最後、朱先生から「皆さんも家にある食材や調味料を使って、今日の実験を再現しよう」との宿題が出された。さっそく家のなかを物色し、漢方薬の枸杞《クコ》を見つけた。枸杞を水につけると、色素が水に溶け出してくる。それにアルカリ性の洗剤を少し加えたら、溶液がたちまち青色に変わった。さらに、酸性の酢を入れると、溶液はまた無色に戻ったのではないか!

その晩、授業参加者のチャットグループには、つぎつぎと動画が投稿された。ブドウ、紫芋、カレーなど、手元にある材料を巧みに利用した実験ばかりである。いつの間にかオンライン授業の輪が広がり、「課内」から「課外」へと見事な「化学反応」が起きたのであった。

しかし、化学実験を一般の家庭で行うには限界があった。そこで、朱先生はアニメなどを活用することにした。「補色残像」の授業の時、先生は「名探偵コナンシリーズ」の「赤い壁」の冒頭部分を流し、「みんなで犯人探しをしよう」と呼びかけた。「補色残像」とはある色を見つめたあと、急に白い物を見ると、その補色が目に浮かぶ現象である。先生は真っ赤なスライドを共有したあと、いきなり白の画面に切りかえた。すると、一瞬、目の前が緑色に見えた。赤の補色は緑だからである。その日のチャットグループはまた、赤以外の「補色残像」の再現で盛り上がった。

授業もいよいよ最終日。最後に、先生は「三十七年間も化学を教えてきて、オンラインははじめてだ。教師人生にとって最大の危機とも言える。しかし、おかげで「危」を「機」に置き換える発想ができた。今回を機に、ぜひ化学の魅力を知ってほしい」と締めくくった。

夏休みになり、念願の広告会社のインターンシップに採用されたが、配属先は希望の部署ではなかった。いろいろ迷ったあげく、朱先生の言葉を思い出した。従来の知識を生かし、柔軟に対応していけば、きっと何か「化学変化」が起きるはずだ。そう考えているうちに、今まで体験したことのない職種にしだいに魅力を感じるようになった。「危」には「機」が必ず潜んでいる。朱先生の教えどおりに恐れずに「危」を見越し、ポストコロナの時代の「機」を見つけていこうではないか。

(指導教師　李宇玲)

★三等賞

道案内をしてくれる灯台

恵州学院　頼海燕

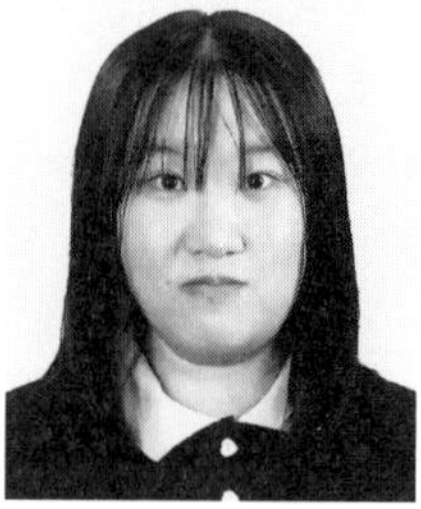

私の人生の最初の挫折は、大学入試での失敗だった。「負けてなるものか」と、私は浪人を選び頑張ったが、神は私の望みを冗談と思ったようで、私は二回目の大学入試もやはり失敗した。当然のように、私の家族は私の二回目の浪人を応援してはくれなかった。私は、なんとか合格できた恵州学院に入学することにした。当時、私は大学で財務管理を勉強しようと思っていた。しかし、ここでも試験の点数が足りなかったので、日本語学科の学生になってしまった。家族は私の将来を心配してくれ、私自身もとても迷っていた。

そんな不安と悔しさを抱え、好きでもない大学に入って、全く興味のない日本語の勉強を始めた。私の人生は終わりを告げたような気がした。

大学の初日、最初に私の目の前に現れた先生は、予想していた年配の先生ではなく、若い女性の先生だった。私のクラス担任の何木鳳先生だ。何先生は、颯爽とクラスに入ってくると、明るい笑顔で、「みなさん、おはようございます」と言った。それから、何先生は私たちに日本の独特な桜の文化や、日本文化の中国への影響を紹介した。私は日本のことをよく知らないので、未知のものを恐れたが、何先生の紹介で、私は今まで接したことのない日本への恐怖がなくなったようで、日本語に少し興味を持つことができるようになった。

一学期が過ぎた頃、専攻を変えられるという話を聞いた。私が最初から志望していた財務管理を勉強できるチャンスだと思った。そのことを何先生に相談すると、転科の仕方を具体的に、そして熱心に説明してくれた。そして、「自分の心に従って、自分のやりたいことをすることが大切です」と言ってくれた。私は感動し、転科に挑戦する決心をした。

そこで、大学一年の夏休みに、私は財務管理の勉強に励み、編入試験の準備をした。

しかし、ちょうど新型コロナウイルスの流行時期と重なって、編入試験の準備のための授業を受けられなかった。なんとかネットでレッスンを受け、自分でも一生懸命勉強したが、もともと数学が苦手な私は、やはり上手く勉強できなかった。結果として、私は数学の試験に失敗した。そして、転科試験にも合格できなかった。私は失敗した人間だと思った。

私が落ち込んでいると、何先生が大切なことを教えてくれた。「人間は何をするにしても、一つのことをまじめに着実にやっていけば、それが成功だ」。それから、何先生は私に日本語を真剣に勉強するように勧め、そうすることで「自分が敗者ではないことを証明してください。あなたならきっとそれができるはずです。そう信じています」と言ってくれた。私は深く感動した。

それ以来、私は日本語の勉強に専念している。日本語の単語が不慣れで覚えにくいが、覚えるまで繰り返し勉強し、また日本語の文法は複雑なので、例文を書き写して問題を解くようにしている。私の大学では、日本人教師は日本語で授業を行うのだが、徐々に私は彼らが授業中に言っていることを理解できるようになり、質問に答えることもできるようになった。今の私の日本語はまだとても上手ではないが、先生の心のこもった教えの下で、私はゆっくりとこの言語に精通できると信じている。

去年、日本語のスピーチコンテストにも参加した。コンテストではあまり良い結果は得られなかったが、その経験は日本語という専門に対するより高いアイデンティティーを与えてくれた。

新型コロナウイルスの出現は、教育にとっては新たな困難とチャンスを与えている。しかし、変わらないこともある。インターネットだけでは、人を育てることは不可能だ。私は何木鳳先生に出会えて、とても幸せだ。彼女は単に知識を教えるだけでなくて、私にどのようにこの人生の道を歩いていくかを教えてくれた。絶望感しか持てなかった私に、再び希望を与えてくれた。今、私は日本語を専攻していると、自信をもって言うことができる。


（指導教師　宍倉正也、何木鳳）

★三等賞

優しく熱心な私の師範

通化師範学院　銭文潔

私が大学に入学したばかりの頃、先輩から鈴木先生という日本人の先生が大学にいらっしゃるのを聞いた。鈴木先生は熱心で厳しいが、優しい先生という評判だった。私は外国人と話したことなどなかったので、どんな先生か期待し、鈴木先生の授業が始まるのを楽しみにしていた。そして一年生の後期に、ようやく鈴木先生の授業が始まった。

最初の授業は「会話」だった。鈴木先生は、中国語を話さずに日本語だけで授業を進めたので、授業についていくのは、なかなか難しかった。なぜかと言うと、聞くにしても、話すにしても、こちらの能力がまだ備わっていなかったからだ。それに非常に緊張していたので、頭の中が完全に空っぽになってしまっていたからだ。それで鈴木先生とのコミュニケーションは挨拶だけにとどまっていた。しかも、学校ですれ違った時など気持ちの準備ができていないので、その挨拶さえもうまくできなかった。しかし、授業が進むにつれ日本語への頭のスイッチの切り替えができるようになっていった。そのうえ、授業で鈴木先生はいつもニコニコしており、日本語をうまくしゃべれない私たちに対して、いつも親切に手を取るように接してくれたのだった。そして、時間が経てば経つほど親しみが深まり、日本語で話すことが怖くなくなった。それどころか、むしろ日本語でコミュニケーションすることが好きになっていった。

会話が流暢かどうかは重要なことだが、それが理由で日本語を話すことを拒み、口を開くことを恐れてはいけない。下手でもいいから勇気を出して口を開き、日本語で話すべきなのだ。私は三年生の冬にインターンシップで日本へ行ったが、その三カ月間に積極的に日本人と交流することができた。私の日本語能力は日常会話レベルに達することができたが、私に日本語で話す勇気をくれたきっかけは鈴木先生のおかげだと思っている。というのは、私たちの日常会話の能力を高めるために、「大陸くんの日本留学日記」という八話からなる脚本を書いてくれたのだ。この会話シリーズを勉強することを通じて、日本の若者たちが普段使っている会話が学べるだけでなく、自然な日本語表現も多く学べるのだ。私は最初、この脚本は私たちの会話能力を高めるために探してきた学習教材だろうと思っていた。しかし、先生が自分で書いたと知った時、私は先生は本当にすごいなと思うとともに、心から先生のことを尊敬した。それで、この脚本の情景をわかりやすくするための動画製作に私も主役の王大陸の役で参加したのだ。今後、この動画はこれから日本語を勉強する下級生たちのお手本になるそうなので、恥ずかしくもあるが、誇らしくもある。それはさておき、先生は授業中はもちろん、目に見えない努力をいろいろしてくれた。私は本当に先生の教学姿勢に感動したのである。本当に素晴らしい先生だと思う。

最後に言いたいの鈴木先生の笑顔のことだ。先生はいつもニコニコして、授業をしている。先生の笑顔を見ると、私も元気になる。授業をもっと真剣に聞いたり、もっと熱心に勉強したりすることができる。笑顔はまるで魔法みたいなもので、不思議な力を持っている。なぜかというと、笑顔はほかの人に感染し、私たちの心を癒すことができるからだ。それで、いつも先生の授業を受けるたびに、私は楽しく、元気になり、始めから最後までずっと笑っていられるのだ。

鈴木先生には心から感謝している。それは、日本語能力を向上させてくれただけではなく、将来の目標も見つけられたからだ。私は先生から優しさと、まじめさと、笑顔を教えられた。そして日本語の教師になるという目標を見出すことができた。私は今後大学院に進み、教師になり、鈴木先生のように素晴らしい先生になることを決心した。将来、私は生徒に優しく接し、笑顔で授業ができるようになりたい。

（指導教師　鈴木朗、崔美玉）

★三等賞

魅力的な授業

電子科技大学　厳雲昀

「一月に冬休みで家に帰った。再び学校に戻る時はもう九月だった。」これは不思議なことのように聞こえるかもしれませんが、二〇二〇年の中国で実際にあった出来事です。新型コロナウイルスのため、二〇二〇年二月の新学期が始まる時、にぎやかなはずのキャンパスは静かでした。学生たちは学校に戻らないで、家にいて、先生と一緒にオンライン授業をして、「休校しても授業はやめない」という方針を貫徹しました。オンライン授業は、先生にとっても学生にとっても、慣れないものでした。でも、先生たちの努力と学生たちの協力のおかげで、全国の学校でオンライン授業が順調に進みました。

オンライン授業といえば、日本語の先生について話さなければなりません。私の日本語の先生は優しくて注意深い人です。オンライン授業の弊害は明らかだという人がいます。「スクリーンを隔てて、教師と学生の間には銀河があるようだ」と言っています。しかし、先生の授業では、このような問題はまったくありませんでした。先生はその美しい声で授業を生き生きと面白くし、とても魅力があります。いつの間にか学生は知識の海に浸ってしまいます。

先生は教育に対してとてもまじめで、責任感があります。先生はＱＱグループを通して宿題を出し、私達に完成するように要求します。先生は私たちが宿題を提出した当日に採点してフィードバックします。先生は授業を教科書の範囲に限定しません。知識を説明しながら、私達に日本文化について紹介してくれます。すばらしいところで終わらせて、私達に日本文化への興味をそそらせて、自分から進んで関連知識を理解するようにしてくれます。

大学の生活は多彩ですが、先生の授業もそうです。家でオンライン授業を受けていても、先生の授業の魅力を隠すことができません。先生が私たちに出した宿題は、書き言葉や話し言葉の練習だけではなく、面白いものもたくさんあります。例えば、ある時、授業内容は肉じゃがの話題でした。みんなはこの料理に興味を持っていました。ですから、先生はこの料理のレシピをＱＱグループに送り、その日の宿題を出しました。それは、この料理を作って写真を撮ってＱＱグループにアップロードする、というものでした。私は料理を作ったことがなかったので、これは私にとってよく分からない、難しいものでした。私はこの料理を作り上げましたが、見た目がよくなくて、ＱＱグループの中に写真をアップロードした時、少し恥ずかしいと思いました。味はともかく、先生はこの料理が上手かどうかを写真でしか判断できません。でも、私の作った「暗黒料理」に対しても、先生は「すごいよ」と褒めてくれました。先生は本当に優しい人です。私はこの料理を食べて、おいしいと感じました。食事の後、私はお腹だけでなく、心も満足しました。

先生は勉強の手助けをしてくれるだけでなく、人生の道も教えてくれます。私にとって先生は先生であり、友人でもあります。一年間勉強した後、自分の日本語能力が高まっただけではなく、昔は知らなかった日本の文化をたくさん知りました。たこ焼きの作り方やお茶の点て方などのスキルも身につけました。自分でもびっくりしました。以前の私はよく現実逃避をしていましたが、先生と仲良くなってから、「世間に困難はない」ということを感じました。先生の影響で、これからの生活の中で、私のできる限りのことをして、困難に立ち向かえると信じることができるようになりました。

良い師を得ることは、幸運なことで、万水千山を探すことにまさります。先生は私の人生の灯火のように、私に暖かさと希望を与えてくれ、小さな私に広い世界を見せてくれました。そのような時にいつも、私は日本語が下手だと感じます。考えてはみましたが、「ありがとうございます」よりもっといい言葉が思い浮かびません。

（指導教師　池田健太郎）

★三等賞

ネットが架け橋の日中交流

大連民族大学　楊海燕

「あなたは中国人ですが、私に親切です。多くの中国人は日本人を嫌っていると思います。どうしてそんなに私を尊重してくれるのですか。」携帯電話の画面に送られてくるメッセージを見て、私は深く考え込んだ。

メールを送ってきたのは、私が先生以外で初めて知り合った日本人の友人だ。中国語を勉強している彼と日本語を勉強している私は、インターネットで不慣れな外国語で交流した後、連絡先を交換して友達になった。彼は中国のゲームが大好きで、中国が好きになって以来ずっと中国語を勉強している。中国の文化や食べ物にも興味を持っていて、何を食べたのか、どうやって作ったのか、よく聞かれる。個人情報は保護するためにあまり聞かず、一度も会ったことがなく、顔も名前も知らない二人の外国人が、語学や趣味の会話だけで友達になるのは不思議なことだろう。日本語が下手な私は、日本語で表現できないと中国語を書いて、いつも間違いだらけの文章を彼に送る。会話のたびに長い時間がかかっても、彼はいつも辛抱強く待ってくれる。そして、私が送った文の一つ一つを直してくれる。食べ物や景色などを、写真で相手に伝えることもある。こうして私たちの友情は、ネットワークという架け橋によって深まり、中国と日本との距離が縮まったような気がする。しかし、中国が大好きで、中国のことをとてもよく理解しているはずの友人が、日本人を嫌っている中国人が多くいると思っていて、これは、私に驚きと疑問を与えた。

近年の世論調査によると、八十五パーセント近くの日本人が、中国によくない印象を持っているそうだ。この数字を見たとき、私はびっくりして悲しくなった。一衣帯水の隣国なのに、相手国に全く好感を持たないのは残念だ。これは日本人の友人が、日本人を好きではない中国人が多いと思っているのとは正反対の見方だ。いったいなぜそうなったのか。中日両国は、お互いをよく知らないまま、双方とも既存の観点を持ち慎重に交流しているから、本当に心を開いて、お互いの関係を知ることが難しいのではないかと思う。なんとなく相手に嫌われているような気がすると、自分も相手に嫌悪感を持ちやすいのではないだろうか。本来、中国人と日本人が交流する貴重な機会も、互いの心の中に壁を築いたことで失われてしまい、お互いにうまく話をすることも、相手の国の魅力を実感することもできない。

今はポストコロナ時代に入って、交換留学やサマーキャンプなどの活動の多くがキャンセルさせられている。中日交流に興味のある人がたくさんいても、ルートがわからないので、コミュニケーションの楽しさを感じることができなくなった。時代がどう変わっても、国同士の交流は、人同士の交流に依存していると思う。いくらニュースを読んでも、本を読んでも、文化交流セミナーに参加しても、相手国の人ときちんと話さなければ、本当の交流にはならないだろう。ネットやメディアで聞く情報は、一方通行の受動的な情報であって、先入観から完全に脱却して相手の国をよく知ることはできない。人と人とのコミュニケーションが一番大切なのだと思う。

ポストコロナの時代には、日中交流はインターネットと科学技術を媒介にして、興味を軸に、両国国民の交流をより重視すべきだと思う。ネットを架け橋に、教育資源の共有の実現を期待している。日中交流に関心のある全ての人々が集まれる、より広大な影響力のあるネットワークプラットフォームを構築すべきだ。そうすれば将来、中国と日本の人々は、誰でもインターネットを通じて友達になり、お互いの生活を分かち合い、技術を通じてお互いの国の生活スタイル、文化習慣を体験することができるだろう。

（指導教官　蘇和美穂子）

★三等賞

新しい交流様式を活かして、今を生きる

大連外国語大学　王子琳

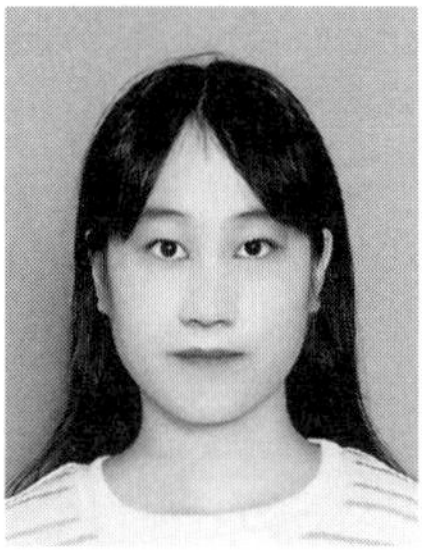

コロナ禍により、顔を合わせてコミュニケーションできないという背景のもとで、人とのつながりを求めたいという思いから、新しい交流様式が次々と生まれている。そのおかげで、人との絆が弱まるどころか、むしろ強まってくることもある。

冬休みの間、急激な感染拡大が発生し、春節休暇が延長された。そのため、家で家族と付き添う時間が長くなった。二年間の寮生活にすっかり慣れてきた私は、普段、家族とビデオ通話で話しているので、この久しぶりの対面コミュニケーションは、私にとって新しい交流様式だといえる。家族と長い間にわたって一緒にいるのは飽きっぽくなりがちだと思いきや、実は家族はみんなこの得難い機会を大切にしており、和やかな雰囲気が家に充ち満ちていた。家族と心置きなく気軽に話せた。やはり人間は親しい人の前でしか本当の自分を語れない。そして、お母さんの指示のもとに、初めてスナック菓子を作ってみた。料理の初体験は失敗してしまったが、作る過程において、やはりお母さんとの触れ合いこそが一番大事である。何度も試行錯誤した後、やっと少し上達した。小さなスキルを身に付けたのみならず、家族との交流を一層深めた。要するに、それらの日には、まるで子供の時に戻ったようであった。親の行き届いた世話を受けていただけではなく、私もあらためて何もかも両親に打ち明けるようになった。成長するにつれて、自分の中にこもりがちになり、親との交流回数はますます減ってきたが、自粛をきっかけに、家族間の関係も深まった。親は相変わらず愛してくれていることも分かった。

また、隣人との交流様式も変わった。以前は、隣人とは挨拶を交わす顔なじみだけで、ほとんど交流しなかった。しかし、ある日、ベランダで花に水をやっている時、ちょうどお隣さんはベランダでタバコを吸っていた。す

ると、私たちはどんどん話の花を咲かせた。学業から将来の進路まで、いろいろと喋った。そして、ショートビデオからベランダで小型コンサートを行い、音楽を通じて交流する光景も見た。こういう形で巣ごもり生活による寂しさが解消できるし、気分も盛り上げられるし、周りの人に馴染んでいける。人間関係は奇妙である。普段は赤の他人なのに、逆に人と人の絆を強めることができた。

そして、友達とほとんど会えないが、繋がりも失っていない。ビデオ通話を通じて、日常生活をシェアしたり、お互いに冗談を言い合ったりして、幸せが漂っていた。彼女たちはずっとそばにいてくれるという気がした。また、日本人の友達と「クラウド花見」や「クラウドピクニック」などを行い、日中それぞれの風景を楽しみ、なかなか興味深かった。

交流は必ずしも人だけとの繋がりを作るとは限らない。私はわずかながら日本文化との交流を行ったつもりである。なぜかといえば、日本の茶道に由来した「一期一会」の意味をより深く理解しているからである。コロナの影響で、クラスメートや友人はもちろん、家族とさえ会いかねることもある。したがって、再び彼らと会える時期を大切にしなければならない。一度しか会えないという気持ちで周りの人に配慮して、最高のおもてなしをするべきである。また、コロナウイルスも私達にとって、一生にただ一度に起きた事件にすぎないのかもしれない。たしかにウイルスは私達の命や健康に脅威を与え、さまざまな不便ももたらしたが、人間万事塞翁が馬である。コロナ禍だからこそ、「山川域を異にすれども、風月天を同じうす」という日中両国の連携や、「どこかに困難があれば四方八方から支援が来る」という人と人との助け合いなどの重要性が理解できるのではないだろうか。

したがって、新型コロナウイルスと共存する時代に生きているからには、この時期を惜しみながら、新しい交流様式を活かして、柔軟に生きていくべきである。つまり、今をよりよく生きることが一番大事なのである。

（指導教師　金戸幸子）

★三等賞

新たな教え方

淮陰師範学院　鄭可心

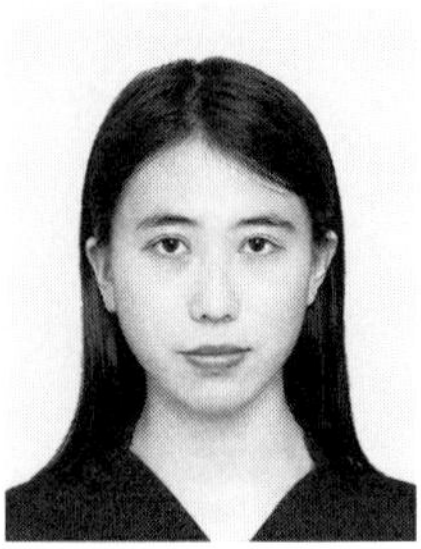

新型コロナウイルスのパンデミックは世界の国々と人々に大きな影響を与えた。教育の分野において、学校が休校になり、オンライン授業が展開されている。それに伴って、先生たちもしきりに教え方を革新している。教室で行う通常の授業であれ、インターネットを利用したオンライン授業であれ、われわれ学生としてしっかり勉強すべきである。教え側の先生たちも授業効果をあげるため、新たな教え方を試みた。

このパンデミックの間、私の先生はオンライン授業を行い、新しい教え方で授業を行った。授業の流れとして、先生はまず、授業の前に、新型コロナウイルが拡散する間に、日中両国で起きたことについての資料を読ませたり、ニュースを見させたりした。そして、発表の課題を配った。授業の時、「テンセントQQ」というSNSの「ボイスコミュニケーション」機能を利用し、オンライン授業を行った。私たちは発表し、課題について討論した後、先生はコメントをした。授業後、私たちに授業の振り返りを書かせた。個人の感想であるが、この教え方は学生に知識だけを身につけさせるだけでなく、授業の参加度と活発度も促し、学習の雰囲気も醸すことができると感じた。さらに、学生はこのような授業を通して、新型コロナの期間中、日中両国で起きたことやリアルタイムのニュースをよく知り、その上、考え力をつけることもできる。

このような授業を受け、一番感心したところを以下の三点にまとめた。一つ目は、ある知識構造を理解しやすくするには、先生はいつもパワーポイントとビデオを組み合わせて説明したことである。オンライン授業ではやり取りには制限があるので、学生の集中力が著しく低下していた。授業が単調にならないように、先生は授業の内容を調整し、「リアルタイムの点呼」、「早押しクイズ」、「アンケート」、「オンライン投票」などの方法を使い、学生の学習意欲を引き出した。そして、学生の注意力も高められ、いい授業効果を収めた。

二つ目は授業の終わり、先生は学習項目をまとめ、画面シェアの機能で私たちに展示した。このことは、私たちの授業後の振り返りに大きな便利を与えた。それに、分からないところを何回繰り返し見られるメリットもある。

三つ目は授業内容に相応した宿題を出した。実は、学生にとって、宿題を真剣に仕上げ、ネットで指定の期日までに提出することから生まれた達成感と満足感は、言葉ではいい表せないほどのものである。また、オンライン授業の方式では、先生は「テンセントQQ」を利用し、リアルタイムで学生とやりとりをした。このようなSNSを利用した交流方法は、時間と空間の制限を乗り越え、いろいろなメリットを見せてくれると考える。

新型コロナウイルスに関する制限が大幅に緩和された今、私たちは以前のように教室に入り、向かい合って勉強するようになった。先生はオンライン授業から新しい教育経験を積み、伝統的な教育方法を最適化している。オンライン授業と同じ、授業前の準備活動は続けて行われている。その上、対面できるという長所を活用することで、授業の効果をさらに高めさせた。授業中、先生はまたマルチメディアの使用頻度を増やすことで、学生の学習のイニシアチブを持たせる。そのため、学生が知識ポイントについての理解も深められる。授業後、先生もSNSのグループチャットで私達の質問に答え、学習のビデオをシェアしてくれる。

この先生の教え方は中国の現在の大学教育の実態を反映している。中国語のことわざを借りれば、まさに「授人以魚不如授人以漁」（魚をあげるよりも釣り方を教えた方がいい）と言えるだろう。このようなクリエイティブな教え方は学生のニーズに合い、学習意欲を高め、自主学習を促すことができると信じている。

（指導教師　茹勉、張淑婷）

★三等賞

「非接触」の中日交流

嘉興学院　楊偉奇

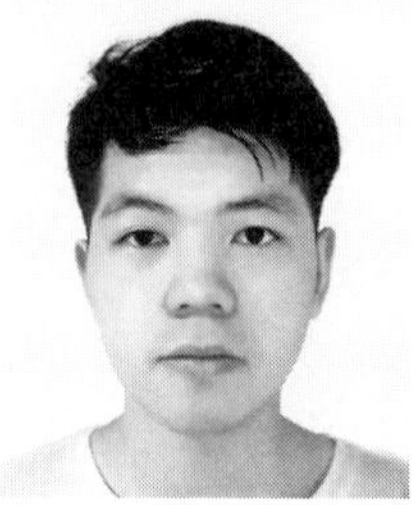

二〇二〇年の初めから、突如に現れた新型コロナウイルスが次第に全世界に広がっていました。世界各国が疫病への対策がそれぞれです。それだけではなくて、疫病侵害に当たった社会生活に対する対策も異なっています。現在、「ポストコロナ」時代に入った我々にとって、「我々はどうやって中日関係を促進するか」という課題が生み出されました。「中日関係の正常な軌道に戻るに伴い、全体として安定に向かうという基本的な方向は変わらない」と中国新聞網が指摘しました。中国にしても日本にしても、「新型コロナ」という試練を越えて、経済を着々と成長させるという共通の目標があります。「ポストコロナ」時代の現在、新しい発展の流れを見極めて機会をしっかり掴むのが大事です。

新型コロナに感染する可能性を減少させるためには、公衆の場所で適当な距離を保つことはとても重要です。これは中国だけではなく、日本を含めた諸国も意識しています。二〇二〇年日本流行語大賞トップ三十に、「三密」（三つの密）の言葉が見られます。それは去年東京都知事小池百合子が指摘していた「密閉」「密集」「密接」のことです。できるだけこの「三密」を防いで、ソーシャルディスタンスを保つことは、感染拡大のリスクを減少させるには効果的です。したがって、近距離の顔合わせや交流といったことを避けないといけない現在、「非接触」という概念が次第に人々に重視されてきました。

新型コロナがやってくる前に、国と国の間の貿易や技術交流などはほとんど直接対面して行われていましたが、今回の新型コロナの衝撃が来た後で、中国をはじめ、インターネットによって情報の流通と交流がまた動き始めました。教育界ではリモート授業で、ビジネス界ではリモートワークと、政界ではオンライン会議などが行われるようになりました。それに、「非接触」は人々の間の接触回避だけでなく、人々は身の回りの物との接触も控えるべきです。例えば、感染者に握られたドアノブに残ったコロナウイルスにより感染されることを防ぐためには、普通のドアを赤外線センサーや顔識別システムが備わった自動ドアに入れ替える必要があります。また中国のホテルで隔離している間に、食品はホテルスタッフから配るのではありません。そのかわりに、ロボットを用いて各部屋に送るそうです。

そのほか、医療や介護に関する「非接触」も重要視されるようになりました。日本は、約四十年前から高齢化社会という難しい課題を抱えてきました。NECはITの側面から日本の介護保険制度を支えるさまざまなプロジェクトに参画し、経験や技術を蓄積してきました。一方、中国も高齢化社会になっています。今は中国の六十五歳以上の高齢者数は約一億七千万人になり、日本の全人口約一億二千万人を上回っています。二〇五〇年には、倍以上の三億七千万人の規模になることが予想されています。共有の課題があるからこそ、互いに経験や技術をシェアし、協力し合うのは問題解決に効率的です。去年十一月第三回中国国際輸入博覧会で、アシックスの展示ブースは常に長い行列ができていました。それは、NECがアシックスと協力して開発した「歩行姿勢測定システム」を使い、歩行姿勢を計測する機能を体験を待つ行列でした。計測を受ける人は六メートル離れたところから手をあげ、開始の合図が出てから検査システムの前まで歩行します。それから年齢、性別データを入力すると、QRコードが表示されます。それをスマートフォンで読み取ると、計測データや歩行改善アドバイスがすぐにスマホに表示されます。これは情報技術とヘルスケアの結合でシナジーの効果が実現させる革新です。

最後に、ポストコロナの時代には、「非接触」という方法で、互いに最新技術と管理方式を積極的にシェアし、経済回復を促進し、地域の挑戦と共に対応し、中日両国関係の発展に向上させる新たな活力を注ぎ込もうと願っています。

（指導教師　周艶君、金崎藍子）

★三等賞

心に響いたチリンチリン

瀋陽航空航天大学　馬俊宇

チリンチリン。静かな部屋にメッセージの着信音が響きわたった。大学の先生からだとわかったとたん、冬休み気分が消し飛んでしまった。

「初めまして、今学期の日本旅行通訳という授業を担当する張です。今学期はリモートで授業を実施します。今日は最初の宿題の連絡です。自己紹介の映像を録画して必ず三月一日までに私へ送ってください。」

窓の外は鬱蒼とした霧で、ただ真っ白だった。リモート授業という得体の知れないものに直面し、世界に見捨てられたかのような圧迫感に包まれていた。「何なんだ。いくら初対面だからって、何も映像で自己紹介させることはないだろう。恥ずかしいよ。」「リモート授業なんて誰もやったことがないんだから、最初はゆるく始めようよ。なんで授業が始まる前から、こんなに真面目な宿題を出すの?」「選択科目なんだから、こっちのことも考えてよ。あぁ、面倒くさい。」と、次から次へと独り言が口からこぼれ落ちてきた。

二〇二〇年の春学期。コロナのため、大学には戻れない。それでも、いや、だからこそ、オンラインでの開講が決まった。張先生からは今まで教わったことがない。会ったこともないのに、その初めての挨拶が、この宿題通知だ。正直、気分が悪い。しかも、先生の顔も授業スタイルもわからないのにいきなりリモート授業だなんて……。

案ずるより産むが易し。やるしかない。自己紹介なんて一年生のときから飽きるほど繰り返してきたのだが、映像では意外と難しいことに気づき始めた。何度も何度も撮り直し、ようやくこの宿題を終わらせた。そういう苦労があったから、この課題の狙いが理解できた。まず、映像なので、自分の顔をアップで人に見せなければいけなかった。映像を確認する作業で気づいたが、アップだからこそ表情や視線が重要になる。言葉を思い出すだけの表情や自信のない表情、つまらなそうな表情は自分が見ても嫌で撮り直したくなる。最終映像は不思議なほど、誠意や情熱が伝わるものになった。また、先生の立場を想像すれば、授業中にライブ発信で自己紹介をすれば、こんなに良い作品はできなかっただろうし、ネット状況による通信トラブルも起こったかもしれない。何より、授業時間を節約できて、たくさんの授業内容を教えることができる。嫌がらせのような宿題ではなく、ちゃんと役立つ宿題だったことに、リモート授業も悪くないかもしれないなと思い始めていた。

チリンチリン。数日後、またベルが鳴った。張先生からだ。次の宿題かと慌てたが、なんと前回の自己紹介映像への指摘だった。先生は私たち全員のビデオを見た後、一人一人の自己紹介の問題点を一つ一つ抜き出して、正しい表現を書いて返信してくれたのだった。いったい先生は何時間自己紹介ばかりを繰り返して見たのだろうか。まだ顔も知らない張先生を心からすごいと感心し、これからの授業への期待で胸を膨らませた。

チリンチリン。授業前のベルが鳴る。「釘釘」のビデオ会議形式だから、リモートでも、みんなの顔がお互いに見える。ネット越しの先生はいつも優しく微笑んでいた。先生のおかげで、雄大な富士山、古刹の金閣寺、賑やかな銀座の魅力が理解できた。

二〇二〇年の秋学期。ようやくキャンパスに戻ることができた。霧が晴れ、明るい日差しが降り注ぐキャンパスを久しぶりに歩き回っていた。チリンチリン。静寂を破ったのはやはり張先生からの授業前通知。導かれるように教室に入ったら、あのときと同じ張先生の笑顔が迎えてくれた。オフラインでは今日が初対面なのに、一年生から教わっていたかのような不思議な感覚に包まれていた。

チリンチリン。今はこの着信音が心地よい。コロナ期間にリモート授業をしてくれた全ての先生方へ感謝の気持ちで心がいっぱいになる。コロナが終わったら、あの授業の観光地を実際に訪れて、日本の美しさを味わいたいと願っている。

（指導教師　尹鳳先、張璇）

★三等賞

団結し、見守る

武漢理工大学　陳子怡

窓の外は冷たい風が吹いていて、雨が降った約一週間後にようやく晴れました。この日は早起きして、角の日本料理店で最初に作られた新鮮な寿司を買いました。

自然の隅々は幻想的な詩であり、冬の太陽は最も美しい詩です。冬の暖かい日に向けて店が開き、ドアのそばの晴れた人形がさわやかな音を立てます。店主との挨拶の後、私は窓側の席を選びました。おいしそうな寿司がすぐにテーブルの上に置かれます。私の目はすぐに皿の上の二人のかわいい小さな男の子に惹かれました。着物を着た小さな男の子と漢服を着た小さな男の子が手をつないで、無邪気な笑顔を浮かべていたのです。かわいい小さな子供を見た時、私の心は徐々に千五百年前の唐時代へと漂っていきました。日本は唐に大量の遣唐使を送り、日本からの贈り物をもたらし、唐からも優れた中国文化と優れた技術、そして唐王朝の美しい品々が日本に伝わりました。この間、中国と日本は頻繁に友好的な交流を行い、唐王朝の繁栄と日本の発展を促進し、清朝初期まで続く中日友好交流のための強固な基盤を築いたのです。そして、清朝末期のアヘン戦争が始まり、新中国が建国されてから数十年が経ち、中国と日本の関係は熱い段階に入りました。幸いなことに、一九七二年九月二十九日、中国と日本は正式に外交関係を樹立し、中日関係は緩和期に入ります。ここ数十年、中国と日本の頻繁な友好的な交流は、両国の発展を促進する重要な推進力の一つとなっています。

目の前の寿司の形がはっきりしてくる中、私の意識は徐々に現実に戻りました。店の他の客をちらっと見た時、去年新型コロナウイルスが猛威をふるったシーンを思い浮かべました。二〇二〇年初頭、武漢でアウトブレークが勃発し、急速に全国を席巻し、医療器材の不足、医療施設の不足、医療スタッフの不足という困難な状況に直面しました。このような危機的な状況の中、世界の国々は中国に手を差し伸べ、大量の医療物資が国内に出荷され、エリート医療チームが中国を支援し、すべての中国人を感動させました。私が最も影響を受けたのは日本の友人から届いた医療用物質の箱に書かれた言葉で、「山と川は異なるが風月は同じ」、「力を合わせ、互いに助け合っていこう」です。これらの言葉は、日本が中国に対して行った友好の象徴であるだけでなく、中日の長い交流の証でもあります。

ポストコロナ時代である現在、新しいパターンの構築は、長く、曲がりくねった探査プロセスになります。新しい時代の若者として、我々は中日友好交流を継続し、新たな段階に発展させる歴史的使命を担っています。新しい歴史的条件の下で、中国と日本はどのようにうまくやっていくのか。日本の若者はこう答えました。「先人たちは私たちのために日中友好の道を切り開いてくれました。戦争について何も知らない私たちが、それを狭くするわけにはいきません。この友好の道を広げるためにたゆまぬ努力を続けなければなりません」と。今の中日関係は、多くの先輩たちのたゆまぬ努力の成果なのです。関係をさらに発展させるには、まず互いの国の実情を知る必要があります。まだまだ多くの問題があるとはいえ、国交正常化の時に比べれば、今ある問題ははるかに少ないと言えます。私は互いに譲歩できるという考え方が必要だと思っています。政府だけでなく、一般市民も両国の歴史と現状を明確に理解すべきです。

「どうしてうろたえてるの？」寿司屋のオーナーの声が、私を現実へと引き戻してくれました。私は彼女に微笑み、「今年は流行が深刻だったから、商売はあまりよくないでしょう」と言うと、彼女は私に明るい笑顔を浮かべました。人々の共同の努力により、悪いものは常に消え、太陽は再び世界を覆うことでしょう。寿司を食べ、店主に挨拶した後、私はドアを押しました。店外の太陽はまだ明るく、暖かく、人類の明るい未来を予感させます。

（指導教師　神田英敬）

★三等賞

アニメがポストコロナに示す道

広東外語外貿大学南国商学院　梁子丹

二〇二〇年初頭、想像もしなかった災難が足音を立てずに迫ってきた。コロナウイルスが突然現れ、多くの人が亡くなり、世界が混乱に陥った。だが、人々は一心同体となってコロナと戦い、現在、中国の状況は改善した。この一年間、世界各国はコロナを防ぐため、開かれていたドアを閉じざるを得なかった。中日交流も目に見えない壁に邪魔されている。幸いなのは、現代はインターネットの時代であるということだ。直接会うのは難しくても、ネットさえあればパソコンや携帯で交流ができる。さらに、多様なＳＮＳを通して外国のニュースを知ることもできる。アニメも同じだ。日本で放送されたアニメが同時配信されたり、すぐに翻訳されたりして、タイムラグなしに見ることができるようになった。

小さい頃、テレビでアニメを見ながら感じたわくわくは、今でも忘れることができない。大学生になった私もわくわくを感じながらアニメを見ている。アニメは子供にとっても大人にとっても、想像を無限に広げることができる存在だ。

だが、こんな悲しいこともあった。外出自粛期に自分の部屋でアニメを見ていた私のところに、突然父が現れて、こんなことを言った。

「アニメは子供だけが見るものだ。もう大人になったんだから、そんな子供っぽいことはやめろ！」

実はこんな言葉を聞くのは初めてではなかった。私はアニメは年齢と関係なく、老若男女問わず楽しむことができる唯一無二のメディアだと考えているが、多くの人々はそうではないのだ。

二〇二一年二月、中国のＣＣＴＶで「はたらく細胞」という日本のアニメを輸入し、放送を始めた。「はたらく細胞」は人体の細胞を擬人化し、細胞たちが体の中でどのように働くのかをいきいきと表現することで、健康の大切さを伝える作品である。本質的に見れば、これは科学普及の番組だとも言える。そして、この作品を通じて、アニメを見ている多くの人々に自身の健康について考えさせることができるのだ。これはコロナの感染予防にも繋げることができる。コロナのドキュメンタリーやニュースは、子供にとって少々理解しにくいかもしれないが、アニメなら、子供も大人もどちらも分かりやすく理解できるのである。このウィズコロナの時代にも日本のアニメから、多くの知識を学ぶことができるだろう。

「はたらく細胞」は洗練されたシナリオと優秀な脚本が何よりも重要ということを日本人だけでなく中国人にも教えてくれた。アニメは時代の産物であり、ニュースやドラマなどのメディアと同等だと考える。そのうえ、「はたらく細胞」は中日両国の人々の健康にも影響を与え、中日交流のために新しい道を切り開いている。

この道は、子供や大人、中国人や日本人といった壁を壊し、共に健康について話し合い、感染予防の大切さを深く知ることができるものである。作品の中でウイルスに関する内容を扱い、両国の視聴者がこの作品を見ることで、健康に対する意識を育てることもできる。さらに、アニメの内容について、お互いに感想などを交換することができたら、とても意味があると考える。

アニメはニュースやドラマよりわかりやすく、より想像力を駆り立てるものだ。いいアニメは、正しい観念を伝え、子供の成長の役に立てるだろう。中国は今までアニメを重視して来なかったが、「はたらく細胞」の輸入を通して、アニメから学ぶものが多いことに気付き、中国でアニメを促進することが可能になるだろう。

交流の意味はただ漠然と会って会話をすることではなく、イデオロギーをメディアを通じて広めるということにもあると考える。ポストコロナの中日交流は以前と比べ、困難が多いかもしれないが、優秀なアニメ作品を中国に輸入すること、そしてそこから人々に内容の持つ素晴らしさを伝えていくことも交流の一つだと考える。コロナ期の子供が大人になった後も、きっと「はたらく細胞」がもたらした意味は心に刻まれているだろう。

（指導教師　木村あずさ）

★三等賞

あえて手紙を書く

安徽師範大学　孫博洋

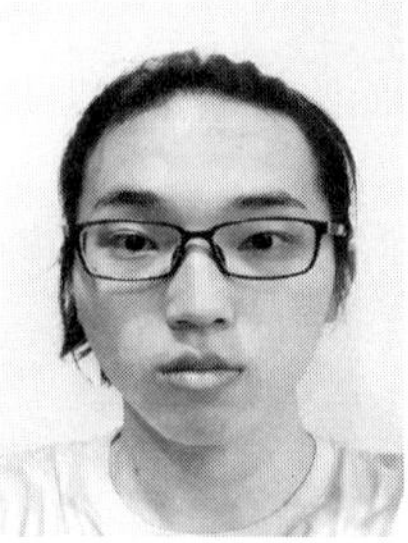

　先生が突然「ポストコロナ時代の作文を書け」と言うので、僕は「ポストコロナ」って何だろうと考えました。あ、そうだ。この前見た日本のアニメに、「お化けのポスト」がでてきたな。きっと、コロナウィルスの郵便に違いないと思って、「先生、日本のコロナウィルスは、郵便で感染するのですか?」と聞きました。先生はきょとんとした表情をしましたが、僕の質問の意味に気付いて「ハハハ、そのポストじゃないよ。えっとね……」と、本当の意味を教えてくれました。なるほど、そうだったのか。ポストコロナの意味はわかりましたけれども、だからといって作文が書けるわけではありません。僕は、ボールペンを鼻と上唇の間に挟んで、考え込んでしまいました。

　コロナウィルスのせいで、人と人とが直接会ったり、大勢の人が集まる場所には行けなくなったり、不便なことがたくさんあります。だから、インターネットやテレビ電話なんかで交流しましょうという風潮が強くなりました。だから、この作文はきっとたくさんの人がその内容を書くと思います。でも、僕は思う。そんなのは、直接交流ができないから仕方なくそうしているだけで、顔と顔を合わせて交流した方がいいに決まってるじゃないか。「ポストコロナ時代」なんて言うけれども、どんなに凄い宇宙食でも新鮮な野菜には叶わないよ。僕は先生にそう言いました。先生は宇宙人のような笑顔で「たしかにそうだね。でもさ、コロナっていう運命を、逆に利用する方法はないのかな?」と、僕から取り上げたボールペンを指の上でくるくる回しながら言いました。

　コロナのせいで、いろんなことが不便になった今、その逆境を利用する方法?　そんなこと、なかなか思いつきません。インターネットもテレビ電話も、確かに便利ではあるけれど、それらをどう利用したところで直接交流にはかなわない。だから、僕は、だったらもっと不便にしてみようと考えて、手紙を書くことにしました。手紙なんて、今まで一度も書いたことがありません。まず、文具店に行って便箋を買いました。それからインターネットで日本の手紙の書き方を調べて、先生に手紙を書きました。

「大滝先生、お元気ですか。私は元気です。土曜日に食べたザリガニは美味しかったですね。先生は辛い辛いと言いましたが、大丈夫ですか?食べている時、先生はビールを飲みながら源義経の話をしました。とても面白かったです。こんどは織田信長の話をしてください。では、さようなら。ひろしより」

この手紙を受け取った先生は「毎日会っているのに、お元気ですかはないだろう」と大笑いしました。たしかにそうですね。ちょっと恥ずかしいです。でも僕には、ひとつだけわかったことがあります。それは、手紙を書くのは面白いということです。メールを打つのとは全然違います。わからない字は自動変換できないので、自分で調べます。間違ったことを書いていないか、何度も何度も読みなおします。便箋のスベスベの感じも、ボールペンの青い字も、かっこ悪いかもしれないけど、ちょっと誇らしいです。

次の日の授業が終わった後、先生はある日本人の名前と住所を書いた紙を私にくれました。彼女は三年前に中国に留学していた教え子だそうです。僕は、勇気を出して手紙を書きました。こんなこと、「実践レポート」というには、あまりにもしょぼいかもしれません。でも、僕の手紙が彼女の家のポストに届くと思ったら、なんだかドキドキします。返事をくれるかどうかはわかりませんけれど、ゆっくりゆっくり待っています。メールの返事がたった一日来なかっただけでイライラしていた自分が嘘のようです。もし手紙の返事が返ってきたら、また返事を書いてみよう。他の人にも手紙を書きたいな。ポストコロナ時代に、あえて不便なことをする。それが僕の挑戦です。

（指導教師　趙月娥、奚晨）

★三等賞

命の光

天津科技大学　陳思汗

春の気配が徐々に薄れてゆくキャンパスの中を散策している時、ふっとあの先生のことを思い出した。先生とはこの人生における長い旅の途中で出会い、私に大切なものを教えてくださった。共に過ごした年月は短かったにもかかわらず、先生から頂いたものは今でも私の心にずっとある。その先生は私の高校の担任の先生だった。

あの日、あの場所で、先生がそう言ってくださらなかったら……。

あれは高校三年生の時の出来事だった。高校生活はあと僅か三カ月に過ぎなかった。ほぼすべての生徒は受験に負けたくないと、最後の力を振り絞ったり、やる気のネジを巻き直したりしてがんばっていた。死ぬ気で張り切っている人がたくさんいるかと思えば、やる気がなかなか出なくて、気を抜く人もいた。それは私であった。模擬テストに落ちて、後悔と憎しみに次第に耽ってゆく当時の私は勇気が減る一方だった。そんなある日、担任から、「佘山へ見物に行くことになった」という話が耳に入った。それはどんな山か。美しいのか、ここから遠いのか。こういう疑問でさえどうでもよく思え、私の中で長続きしなかった。

バスから降りて、いくつかのグループを組んだクラスメートたちを見ると、仲間外れにされたような気と煩わしさが混じり、憂鬱でたまらなかった。私は何となく頭を上げると、山を見つめていた。どうせやることはないし、一人で時間潰しとして山にでも登ろうか。それで、とうとう一人で石段を登り始めた。いつとなく、山腹まで登り、そこで亭を見つけた。足が棒になっていた私は、そこで腰を下ろして、休憩をとることにした。その時、どこから聞き覚えのある声が私の耳元に入った。

「やあ！　気分はどう？　ここまでたどり着いた気分は……？」

声を辿ると、そこに佇んでいるのは担任であった。

「どうして先生、こんな所に……。」

私は驚きのあまりに、しばらく何も言えなかった。

「びっくりしただろう。私がこんな所にいて……。」と言いながら彼の目線は始終遠くにあるどこかを見つめている。

「信じていたんだ。君なら、きっとこの山に登って、ここに辿り着くって。」

「どうして、先生はそう言い切れるんですか。」

先生に対して不満そうな態度で、こう尋ねた。

「君のことだから、そう言い切れるんだ……。それより、ここに来て。君に見せたいものがあるんだ。」

小さな疑問を抱きつつも、先生のところへ足を運んだ。私の目の前に映っていたのは、あまりにも不思議な光景であった。麓にある活き活きとした森のパノラマが一面に広がっていた。青空から日差しが差し込む森は、初夏の風でゆらゆらしていて、いかにも今ここで生きていることを私たちに示しているような振る舞いであった。

「綺麗……。」と不意に口から漏らしたと同時に、心の中はいつの間にか、その風景で溢れていて、先程の煩わしさや虚無感もどんどん消えていった。

「ここは奇跡の山だ。」

先生は話し始めた。

「この山も、森も、私たちと同じ生命を持つものだ。決して私たちより逞しくて、強いわけではない。が、どんな雨にも、どんな風にも、どんな暑さにも彼らは恐れることも無く、精一杯自分の命を尽くし、光らせている。その結果、私たちはこのような光景を心に収められるのだ。激しい嵐だって、彼らにとって長い生命の旅の一部に過ぎない。よく見ろ！あの平凡な野草だって、暴風雨に揉まれてからでないと、成長できないんだろう。生きている限り、命を光らせるべきだ……。」

その話を聞いた後、私はどうなったのか、今も思い出せない。だが、一つ覚えているのは、その後、私と先生はより上へ目指して、登って行ったということだけだ。

あの日、私は確実に先生から何かを貰った。一種懐かしくて、愛おしくて、そして時には強くて、固い何かを心にしっかりと刻んだ。先生からもらった命の光を込めた響きは、今でも私の心の水面で往来している。


（指導教師　李敏）

★三等賞

コロナでの新しい交流様式実践レポート

東北財経大学　陳政営

二〇二〇年の春節は、中国人はもちろん、世界中の人々にとっても印象深いものだったかもしれない。中国における春節とは、忙しい仕事を一旦止めて家族団欒を楽しむものである。ところが、新型コロナウイルスが突如中国に現れ、その後世界中に拡大していった。新型コロナは流行性が高いので、各地で厳しい防疫対策が取られ、その結果、人々のライフスタイルやコミュニケーションの方法は大きく変わった。家を離れず、マスクをしてソーシャルディスタンスを保つようになった。サラリーマンはすべての仕事が在宅勤務によって行われ、学生たちは家でオンライン授業を受けるようになった。

新型コロナウイルスの影響を受け、携帯電話とパソコンの重要性がいっそう高まり、それに伴い、在宅勤務、リアルタイム通信、テレワーク、ネットショッピング、オンラインデリバリー、オンラインゲームなどの社会における需要度も増えた。

「停課不停教、停課不停学（授業は停止しても、教えることと勉強することは停止しない）」というスローガンが提唱され、緊急措置としてオンライン教育が行われた。私自身も家で半年にわたるオンライン授業と試験を体験した。教師と学生は、「学習通、白果雲、テンセント会議、ＭＯＯＣ、釘釘、ＱＱ、ＷｅＣｈａｔ」などのソフトウェアツールとオンライン教育プラットフォームを総合的に活用した。ライブ授業、ビデオ授業などの形式だけではなく、学生が先生から送られた資料を使って自習することもあった。

コインに裏と表があるように、物事にも二つの顔があり、オンライン授業にも長所と短所があると思う。長所について言えば、空間面でオンライン授業は従来の空間制限を破り、家で隔離されていても授業に参加できる。時間面では、授業内容が理解できない、用事で授業に参加できないなどの場合でも、録画されたビデオを利用すればいつでも学ぶことができる。

その一方で、オンライン教育では先生と学生との直接的な対話ができない。学生は教室にいる時のように質問ができず、先生も学生たちの授業中の様子を直接見ることができず、学習状況を効果的に把握することが困難である。そのため、オンラインでは授業の相互作用の効率が低下する恐れがある。

いずれにせよ、私にとってオンライン授業はとても新鮮な体験であった。目の前に立って授業をしていた先生はスクリーン越しになった。最初は慣れなかったが、だんだん慣れてくると、自分の勉強方法を見つけることができた。ある専門家はコロナ流行時のオンライン教育を「直接教育、フリップ学習、自律学習」の三つのモデルにまとめたが、確かにオンライン授業では学生たちの自律性が重視される。したがって、もし学生が自律性を持って学ぶことができなければ、オンライン授業の意義もなくなってしまうだろう。

新型コロナウイルスの影響によるものとはいえ、オンライン授業は教育改革の重要な機会であると言える。ポストコロナでは、従来の講義とオンライン授業が互いに結びつく必要がある。それだけではなく、今後はメールやＷｅＣｈａｔなどのＳＮＳを通じて海外の友人と交流し、様々なインターネットのプラットフォームを活用して留学生のリモート教育やテレビ会議を行うことも多くなっていくだろう。さらに、このようなインターネットを活用した教育を受けた経験は、国際ビジネスなど将来の仕事の場面でもきっと役に立つはずだ。

ポストコロナでは、国内であれ国外であれ、インターネット上での交流がさらに重要になっていくだろう。これは新型コロナウイルスがもたらした正の側面であり、私たちは十分に受け取って利用したほうがいい。ポストコロナでは、各国が絶えず自国なりの方式で研究開発を行い、国際交流を促進し、新たな交流方法を創造していくことが求められると私は考える。

（指導教師　高見洋平）

★三等賞

ドキュメンタリーが私に与えた考え

大連海事大学　呂艶青

先日、私はインターネットで「おさしぶりです、武漢」を見ました。これは微博やBilibili（ビリビリ）などの動画配信サイトで配信が始まりました。竹内監督は今回、「お久しぶりです、武漢」を通して、日本のネットユーザーに、ロックダウン解除後の湖北省武漢市を紹介しています。たくさんの日本のネットユーザーが、「このドキュメンタリーを見て、武漢に行きたくなりました」との声を寄せ、また映し出されている武漢の庶民の生活を映像で見て、「素晴らしいドキュメンタリーです！　涙が何度もこぼれました。武漢の今を見せてくれてありがとうございました。」との声も寄せられています。

竹内監督は人民網の取材に対して、「このドキュメンタリーを制作して、日本の人々に伝えたかったメッセージはただ一つ、今の本当の武漢、リアルな武漢を知ってほしい、それだけ。視聴者がこれを見終わると、自然と自分の見解を持つようになるが、映像を見てどう思うかは見る人が決めることで、僕が決めることではない。でも、僕ができることは、日本人の皆さんにできる限り、客観的でリアルな武漢を見てもらうことだ。みんなの偏見を取り除き、現状を理解してもらいたい。」と話しました。私はその話を聞いて、とても感動しました。

これはいつの時代にあっても日中交流の大切なことだと思います。未来に向けて、長期的計画を立てる中で時代の課題に対処し、「中日関係の世界的意義」を考え、共通認識を掘り起こし、相互信頼を強化し、溝を解消して、中日友好を世々代々伝えていく必要があります。

今回の新型コロナウイルスは人々の生活、仕事のやり方なども大きく変化しました。国際情勢の社会不安が著しく高まっています。また竹内監督の新作「中国アフターコロナの時代」では、なぜ中国はコロナがほぼ出ないのかを明らかにしています。中国はコロナウイルスの時代に経済成長を遂げた唯一の国です。なぜなら、時代に合わせて、中国では新たな技術がどんどん登場しているからです。例えば、アリババの物流倉庫には多くのロボットが使われています。アリババは商品の仕分けや出荷だけでなく、最終段階でも無人化を進めています。この新作のドキュメンタリーは、私にたくさんの考えを与えてくれました。この点で日本は中国から学ぶことができると言えるでしょう。

日本政府は新しい時代を考慮し「第二次自転車活用推進計画」を決定しました。国民が自転車を利用して通勤したり、宅配便を配達したりするなど自転車の需要が増えているので新しい法整備を整えています。また中国のバイドゥは五月から同社の自動運転のタクシーサービス「ロボタクシー」のビジネス運営をスタートし、一般の消費者への利用も開始しました。これは人との接触が減り、コロナの感染拡大を大幅に減らすことができます。中日双方は互いに学ぶべきだと思います。コロナの感染対策にＩＴの技術の活用は欠かせないです。日本のＩＴ技術は先進的なレベルにあり、アウトブレイクの後、中国は日本を学ぼうとしています。しかし、日本企業は協力したい半面、技術流出などの懸念もあります。もし日本のインターネット技術が中国で認められれば、日本企業は中国市場での販売にプラスになります。企業も国を超えてお互いに協力することが必要です。

ポストコロナ時代にふさわしい中日関係の構築を積極的に推進し、時代の潮流に順応し、地域と世界に目を向け、人類文明の進歩と発展に共に助力し、人類運命共同体構築のために絶えざる努力をするべきです。日中双方がこれからもより多く交流と協力をすることを願っています。

（指導教師　陶金）

★三等賞

新しい交流様式――インターネット交流

河南師範大学　宋　偉

中日両国間の交流についてはかなり長い歴史がある。その中でも、最初に記載されている例は約二千二百年前、中国秦の時代の「徐福伝説」と言えるであろう。『史記』には、秦始皇帝の時代に徐福という方士が、五穀と百工及び三千人の童男童女を連れて東海の蓬莱国へ不老不死の仙薬を求めていき、平原広沢で王となったという記述がある。この徐福東渡伝説は考古学の進展、伝承地の発展や国交関係など多くの分野に対して、大きな影響を与えた。近代では、様々な日本の先進的な理念や文化などが中国に伝わってきた。あの時の中国と日本は、同じように西洋列強の圧迫と搾取を受けていた。そのため、両国は富国強兵を実現するための一連の改革を展開していたのだ。現在、中日交流は言葉で表現できないほど、社会及び生活の各方面にまで至っている。しかし、新型コロナの影響により、各国、地域で海外渡航の中止、普段のコミュニケーションの多くが阻害されている。このような時代の中日交流の鍵はインターネットだと思う。

インターネットによって、他の国の情報をすばやく受け取ることができる。中日両国の有名な学者が海外で活動するには、どれぐらいの時間がかかるだろうか。すべての行程を計算すると、一カ月以上はかかる。それだけでなく、活動期間中にかかる膨大な出費は、重い負担だろう。参加者にとっても様々に不便なことがある。参加者は自分のスケジュールを合理的に調整したうえで、学術会議に参加するのはとても面倒だろう。ところが、インターネットを通じてのオンライン学術会議を開催するには、たった数日間の準備期間があれば良い。参加者も家にいながら会議に参加できる。それだけではなく、インターネットさえあれば、世界のどこにいても参加できる。しかもコストもかなり低い。つまり、文化交流という面において、中日交流はかえって速く発展することができる。

上にも述べたように、新型コロナの影響は世界中に広がっている。この病気の伝染性は非常に強い。アメリカには百万人以上の患者がいる。インドの患者も数百万人はいる。多くの国の病院ではもうこれほど多くの患者を受け入れられなくなった。そのため、患者の中には家にいて静かにしているか、または狂気に満ちたようになりながら、自分の死を受け入れるしかない人もいる。感染を避けるためには、人との直接的な接触を減らす必要がある。だが現在、中日交流は社会及び生活の各方面にまで至っており、中日両国の往来ができないからと言って、交流をやめるのは全く理知的ではない。このような困難な状況の下では、インターネットが役立つ。電波はコロナを感染させない。中日両国人民の健康のためには、インターネットを使って交流していくのがよい。

そもそも、インターネット交流は本当により良い方法なのかを考えてみよう。良し悪し両方あると思う。インターネット交流の長所はとても便利なことだ。特に、オンライン授業は、外国人の先生の時間とお金を節約させている。母国を離れて中国に来て生活するのも大変なはずだ。インターネットのおかげで、先生は自分の家族に付き添うことができるし、私達学生にも知識を伝授することができて、一石二鳥だ。ただ、欠点としては学生の積極性を引き出すのには不利になる。

中日両国は一衣帯水の隣国であり、両国は地理的に海を隔てているだけでなく、政治、経済と文化的にも、昔から互いに影響し合い、浸透してきた。両国の人民は頻繁に往来しており、歴史においては多彩な中日関係が形成されている。新型コロナはただ、中日両国の発展の道の小さな障害にすぎない。中日両国人民の友情は決して絶えないものである。インターネットは中日の正常な交流を維持する有効な手段である。中日交流はきっと新しいピークに達することだろう。

（指導教師　矢土結里恵、杼原均）

★三等賞

「途切れない絆」中日の文化

湖北文理学院　羅　丞

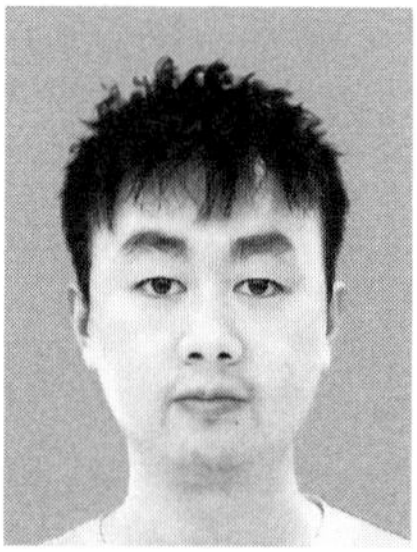

世界的な新型コロナウイルス共同で経験した後、世界各国は新たな局面に直面しています。欧米諸国はともかく、中国と日本の交流がますます頻繁になりました。共同発展の美しい夢を抱きつつ、両国は各分野の交流を深めています。昔から中国と日本の文化は深い源があります。両国はお互いに影響し合い、相手の良いことを吸収し続けています。仲良く発展するものは交流にしくものはないということです。特に若者は社会の大黒柱となりますので、私達若者同士の交流はまさに大勢の赴くところです。どの国にも、志を同じくする人がいます。

例えば、人々は旅行が好きで、遠くの風景を夢見ています。多くの中国人は日本に旅行に行きたいです。和式庭とアニメ見たいな日本の街を目の前で感じます。勿論、日本人も中国に旅行に来たいです。中国の山河の風景は日本で体験できないものです。地方の文化や歴史などを知りたいなら、自分でその場所に行ってみなければなりませんという言葉があります。旅行する人が多くなれば、これも文化交流の方法の一つと言ってもよいでしょう。

子供の時にテレビで直接日本のアニメを見られたのを覚えていますが、両国関係の原因でもうなくなりました。しかし、最近中国の中央テレビで再び日本のアニメが放送されました。アニメの名前は『はたらく細胞』と申します。体と健康に関する科学知識を話します。観客は子供たちだけではなく、大人もこのアニメで多くの科学知識を学ぶことができます。これは十四年ぶりとなる日本のアニメが中国で再放送されました。中国のアニメ『羅小黒戦記』も日本で上映されています。日本で非常に人気があります。これは中日関係が緩和されたことをも表しています。子供の時見た宮崎駿のアニメは私達の子供時代を構成しています。その後、新海誠のアニメーション映画が見られます。彼の絵はほとんど真実から取ったもので、私は日本に行ったことがありませんが、これらのアニメ作品から日本の都市と自然風景についてある程度知っています。これは思想と文化の交流とも言えます。

実は子供の時、妖怪のようなものが怖かったです。それから好奇心を持って、わざわざ調べに行きました。若者はこれらの奇妙なものに好奇心を持っています。日本にも似たような妖怪伝説があるということが分かりました。中国の『山海経』と日本の『百鬼夜行』には、似たような妖怪がたくさん記載されています。例え中国の青い丘九尾の妖狐のように、日本にも対応する九尾狐の妖怪がいます。日本の有名な『河童』も中国の『河虎』と対応しています。このような多くの共通点は中日文化を研究する上でも深く考えるべきところがたくさんあります。一部の妖怪は中国から日本に伝わったと言われていますが、これらの伝説はどのように日本に伝えられたのですか。これも当時の中日のコミュニケーションの一つです。これらの神話伝説は今でも残って、文化交流の角度から研究する価値があります。

中日両国は隣の国として、多くの共通の話題があります。若い世代が共に調和のとれた社会を建設してこそ、お互いの交流により良い機会を提供することができます。私たちは自分の立場に立って、自分の素養を高めてこそ、自信を持って相手に自分の文化を宣伝することができます。同時に私達は開放して包容して、異なっている音を耳にすることができて、異なっている観点と文化を受け入れます。将来の社会は今の若者の、つまり私たち自身が築いた社会です。もっとより良い社会で生活したいなら、もっと多くの努力が必要です。この世界はいろんな人といろんな美しさがあってこそこんなに素晴らしいです。前人の経験を参考にしながら、若い世代の交流方式を開発することはまさに私達がするべきことです。

（指導教師　劉東）

第十七回 佳作賞 受賞者名簿（219名、受付番号順）

上海建橋学院　劉汐瑾
上海建橋学院　陳　蕾
南京理工大学　李寶潔
浙江工商大学　姜　敏
江西農業大学南昌商学院　馮偉春
西南交通大学　胡明宇
西北大学　王　宇
東華理工大学長江学院　程正芳
東華理工大学長江学院　張小宇
東華理工大学長江学院　占来弟
大連東軟信息学院　何婉章
大連東軟信息学院　常雨哲
広州南方学院　李卓璇
広州南方学院　曾鈺渟
蘇州大学文正学院　張智綺
蘇州大学文正学院　黄雪苗

寧波工程学院　陳莉婷
寧波工程学院　楊澤俊
寧波工程学院　孫嘉懿
寧波工程学院　厲恵予
ハルビン工業大学　滕径軒
ハルビン工業大学　田文奇
哈爾浜師範大学　陳燕紅
西安電子科技大学　武鈺旻
西安電子科技大学　王国風
貴州大学　付　瑜
貴州大学　張玲梓
貴州大学　孫友鳳
天津外国語大学　徐　暢
天津外国語大学　王心懿
泰山学院　張宜麟
杭州師範大学　陳　韻

浙江師範大学　趙欣茹
浙江師範大学　張桂萍
大連外国語大学ソフトウェア学院　戦暁璇
大連外国語大学ソフトウェア学院　何　進
大連外国語大学ソフトウェア学院　張澤実
広西大学　周子依
大連外国語大学　安宇雯
河北工業大学　賈子含
河北工業大学　蘇芸璇
広東財経大学　黄嘉琪
広東財経大学　林依玟
広東財経大学　陳浣沅
湖北大学　黄雄文
山西師範大学　郝一菲
南京航空航天大学　周芷煊
天津理工大学　梁佳淇

中国海洋大学	黄瑜瑩
温州医科大学仁済学院	李思怡
海南師範大学	李明洋
海南師範大学	趙姣姣
南京郵電大学	劉心語
南京郵電大学	申思行
南京郵電大学	劉　琛
南京郵電大学	蒋　卓
南京郵電大学	胡　洋
湖北大学	李欣桐
海口経済学院	冷佩衡
重慶外語外事学院	鄧江婷
長安大学	陳嘉韻
長安大学	張涵晨
上海交通大学	許以諾
天津理工大学	張雨欣
南京工業大学	朱慧敏
南京工業大学	宋　琦
山東大学（威海）	王　琳
山東大学（威海）	廖梓良
揚州大学	徐逸雲
湖南農業大学	趙暁函
江西農業大学南昌商学院	鍾栄淦
江西農業大学南昌商学院	但家敏
江蘇師範大学	高倩琳
北京科技大学	王俊芳
北京科技大学	段懿入
北京科技大学	周文佳
北京科技大学	徐　爽
大連芸術学院	鐘楚清
湖南大学	陸相凝
湖南大学	孫　佳
嶺南師範学院	曾倩儀
嶺南師範学院	李錦怡
嶺南師範学院	范羽婷
嶺南師範学院	藍　麗
天津理工大学	豊　収
中国人民大学	熊暁宇
中国人民大学	陳　韓
四川師範大学	李瓊垚
大連海洋大学	劉　露
大連海洋大学	童兆雄
恵州経済職業技術学院	朱暁航
湖州師範学院	劉博宇
湖州師範学院	張渲若
湖州師範学院	譚莉莉
同済大学	郭子涵
南京林業大学	袁依慧
南京林業大学	張思卿
恵州学院	陳漫妮
恵州学院	陳婉純
江西農業大学南昌商学院	熊静文
通化師範学院	王瑞馨
成都理工大学	李璟洪
電子科技大学	胡琳烯
電子科技大学	張　妍
華東師範大学	楊蔚彧

華東師範大学　穆尼賽·阿不都艾尼
南京暁荘学院　張星雨
東北大学秦皇島分校　焦新紀
浙江工業大学　陳佳美
浙江工業大学　徐可児
浙江万里学院　王桔双
浙江万里学院　佘婉琪
浙江万里学院　許淑紅
大連外国語大学　劉　璐
遼寧大学　牟暁睿
大連民族大学　方宸凌
大連民族大学　周懐森
大連民族大学　趙政宏
大連民族大学　侯嘉偉
大連民族大学　任遠博
大連民族大学　呉松楠
大連外国語大学　陳怡君
大連外国語大学　舒文俊
大連外国語大学　王　萌

大連外国語大学　袁　琦
大連外国語大学　姜晴澂
嘉興南湖学院　銭楚華
嘉興南湖学院　楼倩倩
上海外国語大学賢達経済人文学院　皇甫菁菁
南陽理工学院　李方蝶
南陽理工学院　陳　涵
淮陰師範学院　沈嘉楽
淮陰師範学院　駱偉燕
淮陰師範学院　李若琳
南京信息工程大学　趙慧玲
南京信息工程大学　朱倩容
南京信息工程大学　朱偉俊
南京信息工程大学　楊　光
天津工業大学　蘭　天
天津工業大学　張浩宇
温州医科大学仁済学院　葉涵丹
嘉興学院　黄思淇
嘉興学院　劉賢錦

武漢理工大学　郭宇陽
武漢理工大学　史欣鷺
武漢理工大学　白爾娜
山西師範大学　張辰浩
魯東大学　王可怡
福州大学　何紹斌
大連外国語大学　呉冰瓊
大連外国語大学　李欣航
廣東外語外貿大学南国商学院　劉燕君
大連理工大学　王一涵
瀋陽建築大学　馬敏慧
安徽師範大学　李珂珂
青島大学　胡文志
天津科技大学　胡文睿
天津科技大学　羅秋燕
天津科技大学　李文涛
天津科技大学　孟艶艶
天津科技大学　汪躍男
天津科技大学　趙国花

天津科技大学　戚智超
天津科技大学　王　涵
東北財経大学　張天安
大連海事大学　李月琪
南通大学　王新月
合肥学院　馬夢琦
合肥学院　巫　倩
合肥学院　李　傑
合肥学院　劉　婷
合肥学院　袁　藝
桂林理工大学　張興磊
西安文理学院　賈婭娜
西安文理学院　李嘉桐
吉林外国語大学　馮蔚然
大連理工大学　程　龍
大連理工大学　田高寧
大連理工大学　李嘉軒
安陽師範学院　王婷婷
上海外国語大学附属外国語学校　宋亦文

大連理工大学城市学院　李帥辰
大連理工大学城市学院　葛　華
大連理工大学城市学院　劉暁佳
大連理工大学城市学院　朱栄柏
広州工商学院　張宇深
広州工商学院　范偉堅
西安交通大学　楊睿儀
浙江農林大学　陳子玉
浙江農林大学　孫雨諾
浙江農林大学　鄭園園
南京師範大学　張遠遠
南京師範大学　銭　涔
南京師範大学　王鈺清
南京師範大学　董冠麟
大連工業大學　趙一寧
大連工業大學　端英雪
南陽理工学院　程　丹
遼寧師範大学　栾嘉華
北京科技大学　生巴提・吐爾森江

北京科技大学　夏星児
西安培華学院　黄文婕
上海理工大学　徐子麟
首都師範大学　王　暢
上海理工大学　兪哲晟
上海理工大学　唐哲豪
エディンバラ大学　李旻姝
桂林旅遊学院　賈　瑶
華東理工大学　楊晨陽
江西財経大学　黄婧雯
上海海洋大学　張　一
上海理工大学　沈　欣
中南林業科技大学　張暁玲
華東理工大学　韓　梅
河南師範大学　呉　迪
河南師範大学　王茂彬
河南師範大学　石田威
湖北文理学院　向朴容
江蘇理工学院　王茹夢

第十七回 優秀指導教師賞 受賞者名簿

「優秀指導教師賞」は、中国で日本語を学ぶ学生たちに日本語や日本文化を熱心に教えておられる中国人教師ならびに日本人教師の日ごろの努力とその成果をたたえ、三等賞以上の受賞者を育てた日本語教師に授与する賞です。

復旦大学	艾菁
西北大学	髙橋智子
天津外国語大学	山口進久
大連外国語大学	川内浩一
大連外国語大学	桐田知樹
西安交通大学	奥野昂人
寧波工程学院	田中信子
河北工業大学	前川友太、陳建
蘭州理工大学	所炎、李慧
杭州師範大学	洪優、南和見
山西師範大学	木内吉幸
上海交通大学	渡邉良平
南京工業大学	大川常
蘇州大学	于穎、森岡縁
中国人民大学	馬木浩二
大連外国語大学	宮本司
南京信息工程大学	山田ゆき枝
上海大学	王頎、林工
中南林業科技大学	中村紀子、夏麗蓉
上海理工大学	郭麗、福井祐介
浙江外国語学院	陳新妍
ハルビン工業大学	楊蔭、比嘉正尚

西南交通大学　曾鴻燕
東華理工大学長江学院　高良和麻、曽紅梅
大連東軟信息学院　周瑛英、近藤千文
北京第二外国語学院　馬駿
江西財経大学　八木典夫
貴州大学　須崎孝子
天津外国語大学　菊池明日香
泰山学院　井田輝幸
浙江師範大学　濱田亮輔、金稀玉
大連外国語大学ソフトウェア学院　永田隼也
上海市徐匯区董恒甫高級中学　盧影
南京郵電大学　小椋学
青島大学　杜雪麗
長安大学　郭亜軍、岩下伸
山東大学（威海）　舩江淳世
湖北大学　横山敏秀、劉霞
南陽理工学院　丸島暁
北京科技大学　奥本順子
湖南大学　張春艶、楊蕊寧

中国人民大学、延安大学　徐園、馬木浩二
四川師範大学　赤松忠男
同済大学　李宇玲
恵州学院　宍倉正也、何木鳳
通化師範学院　鈴木朗、崔美玉
電子科技大学　池田健太郎
大連民族大学　蘇和美穂子
大連外国語大学　金戸幸子
淮陰師範学院　茹勉、張淑婷
嘉興学院　周艶君、金崎藍子
瀋陽航空航天大学　尹鳳先、張璇
武漢理工大学　神田英敬
広東外語外貿大学南国商学院　木村あずさ
安徽師範大学　趙月娥、奚晨
天津科技大学　李敏
東北財経大学　高見洋平
大連海事大学　陶金
河南師範大学　矢土結里恵、杼原均
湖北文理学院　劉東

第十七回 園丁賞 受賞校一覧

「園丁賞」は、学生の日本語能力向上に貢献された功績をたたえるため、学生の作文指導に実績のある学校及び日本語教師を表彰する賞で、「園丁」とは中国語で教師のことを意味しています。対象となるのは、応募校一校につき団体応募数が五十本を超えた学校です。

学　校　名	応募数
江西農業大学南昌商学院	144
天津科技大学	134
大連民族大学	127
武漢理工大学	101
南京郵電大学	100
貴州大学	86
魯東大学	80
嶺南師範学院	75
広州南方学院	70
蘇州大学文正学院	70
北京科技大学	70
恵州学院	69
淮陰師範学院	67
湖北文理学院	66
大連外国語大学ソフトウェア学院	65
海口経済学院	60
寧波工程学院	59
大連工業大学	56
河南師範大学	56
南京工業大学	52
浙江万里学院	52
大連理工大学城市学院	52
合肥学院	52
海南師範大学	51
浙江師範大学	50
南京師範大学	50
浙江農林大学	50

第十七回　開催報告と謝辞

日本僑報社・日中交流研究所 所長　段　躍中

第十七回「中国人の日本語作文コンクール」のポスター

主催　日本僑報社・日中交流研究所

協賛　株式会社パン・パシフィック・インターナショナルホールディングス、公益財団法人東芝国際交流財団

メディアパートナー　朝日新聞社

後援　在中国日本国大使館、（公社）日本中国友好協会、日本国際貿易促進協会、（一財）日本中国文化交流協会、日中友好議員連盟、（一財）日中経済協会、（一社）日中協会、（公財）日中友好会館、日本日中関係学会、（一社）アジア調査会、中国日本商会、北京日本倶楽部（順不同）

協力　長沙中日文化交流会館、（公財）日中国際教育交流協会

開催報告

概要

日本僑報社・日中交流研究所が主催する「中国人の日本語作文コンクール」は、日本と中国の相互理解と文化交流の促進をめざして二〇〇五年にスタートし、今年二〇二一年で第十七回を迎えました。

中国の学校で日本語を学ぶ中国人学生を対象として、この十七年で中国全土の三百校を超える大学や大学院、専門学校などから、五万二千四百八十五名が応募。中国国内でも規模の大きい、知名度の高いコンクールへと成長を遂げています。

この間、刊行し続けてきた受賞作品集シリーズは、中国の若者たちのリアルな生の声であり、貴重な世論として両国の関心が高まっています。今年は『コロナに負けない交流術』をシリーズの第十七巻として刊行いたしました。

応募状況

中国の大学や大学院、専門学校、高校など百六十五校から三千百九十八本もの作品が寄せられたことがわかりました。男女別では男性六百二十四本、女性二千五百七十四本。女性が男性の約四倍に上り、圧倒的多数でした。

地域（行政区）別では、中国のほぼ全土にわたる二十七省市自治区から応募がありました。最多は遼寧省の五百二十本、次いで江蘇省の四百三十二本、浙江省の三百四十七本、広東省の三百一本、天津市の二百三十二本と、日本語学習者が多いとされる中国東北部と沿海部からの応募が上位を占めました。

今回のテーマのコンセプトは、新型コロナウイルスの早期収束を願い、未来志向の日中交流へのヒントを探るために「ポストコロナの日中交流」とし、それに沿ってテーマを（一）私はこう考える！ポストコロナの日中交流、（二）伝えたい！「新しい交流様式」実践レポート、（三）アイデア光る！私の先生の教え方——の三つとしました。テーマ別では、（一）千九百十一本、（二）六百七十六本、（三）六百十一本と、（一）が最多となりました。

審査の経過

第一次審査員（五十音順・敬称略）

岩楯嘉之、浦野紘一、古田島宏一、佐藤則次、白井純、瀬野清水、高橋文行、高柳義美、田中敏裕、寺沢重法、中山孝蔵、菱田雅晴、丸山由生奈、若林一弘

審査の前に、あらかじめ募集要項の規定文字数に満たない、あるいは超過している作品を審査対象外とした上で、各規定をクリアした作品について採点しました。なお、審査の公平性確保のため、在中国の現任教師は除いています。

第二次審査員（五十音順・敬称略）

赤岡直人　（公財）日本中国国際教育交流協会 業務執行理事
岩楯嘉之　日中青年交流会理事
折原利男　看護専門学校講師、日中友好8・15の会会員
佐藤則次　元日本語教師
白井　純　公益社団法人東芝国際交流財団顧問
関　史江　技術アドバイザー
瀬野清水　元重慶総領事、（一社）日中協会理事長
高橋文行　日本経済大学教授
塚越　誠　書家、日中文化交流の会日本代表
林　千野　双日株式会社海外業務部中国デスクリーダー、日中関係学会副会長
古谷浩一　朝日新聞論説委員
和田　宏　前ＮＨＫグローバルメディアサービス専門委員、神奈川県日中友好協会会員

第二次審査は、公正を期するために応募者の氏名と大学名、受付番号を伏せた対象作文を各審査員に採点していただく形で実施しました。

第三次審査は、二次審査による合計得点の高かった学生に対し、スマートフォンの音声通話アプリでそれぞれ直接通話をし、口述審査を行いました（審査員・佐藤則次氏、段躍中）。その上で、新たに日本語による感想文を即日提出してもらい、審査基準に加えました。

最終審査は、二次審査と三次審査の合計点により選出した一等賞以上の候補者計六名の作品を北京の日本大使館あてに送付し、垂秀夫大使ご自身による審査で最優秀賞となる「日本大使賞」を決定していただきました。

各審査員による厳正な審査の結果、最優秀賞・日本大使賞一名、一等賞五名、二等賞十五名、三等賞四十名、佳作賞二百十九名となりました。

また、優秀指導教師賞は八十二名（本書一四四頁）、園丁賞は二十七校（本書一四六頁）となりました。受賞者の皆様、誠におめでとうございます。

作品集について

受賞作品集シリーズは、中国の若者たちのリアルな生の声であり、貴重な世論として両国の関心が高まっています。本シリーズは大変ご好評をいただき、朝日新聞、読売新聞、毎日新聞、日本経済新聞、NHK、日本テレビ、テレビ朝日、TBSテレビ、フジテレビ、共同通信、時事通信、産経新聞、東京新聞、西日本新聞、中国新聞、北海道新聞、沖縄タイムス、公明新聞、聖教新聞、しんぶん赤旗、週刊朝日、サンデー毎日、日経ビジネス、週刊東洋経済、旅行読売、日中友好新聞、日中文化交流、日本と中国、国際貿易、観光経済新聞、季刊中国、新文化、日中新聞、アジア時報、週刊読書人、トーハン週報、リベラルタイム、ジャパンジャーナル、レコードチャイナなどの日本メディア；在中国日本国大使館HP、また、公益社団法人日本中国友好協会、公益財団法人日本中国国際教育交流協会などの団体の機関紙（誌）や会報；新華社、人民日報、中国新聞社、人民網、チャイナネット、人民中国などの中国メディアで多数紹介されました。

日本各地の図書館、研究機関などに所蔵されております。

「コロナに負けない交流術」は、受賞作品集シリーズの最新刊です。読者の皆様には、本書を通じて中国の若者たちの「生の声」に耳を傾け、それによってこれからの日中関係のあり方のみならず、日本人と中国人の「本音」の交流についても思いを致していただければ幸いです。

謝辞

今年も「中国人の日本語作文コンクール」を無事開催することができました。これもひとえに皆様のご支援、ご協力あってこそで、心より感謝申し上げます。

在中国日本大使館には第一回からご後援をいただいております。第四回からは最優秀賞に当たる「日本大使賞」を設け、歴代大使の宮本雄二、丹羽宇一郎、木寺昌人、横井裕、および現任大使の垂秀夫の各氏にはご多忙の中、直々に大使賞の審査をしていただきました。ここで改めて、歴代大使をはじめ大使館関係者の皆様に、心より御礼を申し上げます。

ご協賛をいただいている株式会社パン・パシフィック・インターナショナルホールディングスのご支援に深く御礼申し上げます。創業会長兼最高顧問、公益財団法人安田奨学財団理事長の安田隆夫氏には、外国人留学生向けの奨学金制度を通して、本コンクールで三等賞以上を受賞した学生に奨学生の選考の機会を与えていただくなど、多大なご支援を賜りました。これは中国で日本語を学ぶ学生たちにとって大きな励みと目標になるものです。ここに心より感謝を申し上げます。

公益財団法人東芝国際交流財団からご協賛をいただいております。深く御礼を申し上げます。

朝日新聞社には、第七回からご協賛をいただき、第十回からはメディアパートナーとしてご協力いただいております。中村史郎社長や、坂尻信義氏、古谷浩一氏、西村大輔氏、林望氏ら歴代の中国総局長をはじめ記者の皆さんが毎年、表彰式や受賞者について熱心かつ丁寧に取材され、その模様を大きく日本に伝えてくださっています。それは日中関係がぎくしゃくした時期であっても、日本人が中国に対してより客観的に向き合うことのできる一助になったことでしょう。同社のご支援とご協力に心より感謝の意を表します。

第二回から第六回までご支援いただきました日本財団の笹川陽平会長、尾形武寿理事長の本コンクールへのご理解と変わらぬご厚誼にも深く感謝を申し上げます。

谷野作太郎元中国大使、作家の石川好氏、国際交流研究所の大森和夫・弘子ご夫妻、さらにこれまで多大なご協力をいただきながら、ここにお名前を挙げることができなかった各団体、支援者の皆様にも感謝を申し上げます。誠にありがとうございました。

また、マスコミ各社の皆様には、それぞれのメディアを通じて本コンクールの模様や作品集の内容を丁寧にご紹介いただきました。そして日中民間交流の重要性や、日中関係の改善と発展のためにも意義深い中国の若者の声を、広く伝えていただきました。改めて御礼を申し上げます。

中国各地で日本語教育に従事されている先生方に対しましても、その温かなご支援とご協力に感謝を申し上げます。

各審査員の皆様にも深く感謝を申し上げます。皆様には多大なるご支援とご協力を賜り、改めて厚く御礼申し上げます。

応募者の皆さまにも改めて御礼を申し上げます。そして本コンクールはこの十七年間、先輩から後輩へ脈々と受け継がれてきたおかげで、いまや中国の日本語学習者の間で大きな影響力を持つまでに至りました。歴代の応募者、受賞者ら多くの参加者が現在、日中両国の各分野で活躍されています。皆さんが学生時代に本コンクールに参加して「日本語を勉強してよかった」と思えること、また日本への関心をいっそう深め、日本語専攻・日本語学習への誇りを高めていること――こうした事例を耳にして、主催者として非常にうれしく思っています。

一方、皆さんのように日本語をしっかり身につけ、日本をよく理解する若者が中国に存在していることは、日本側にとっても大きな財産であるといえるでしょう。皆さんがやがて両国のウィンウィンの関係に大きく寄与するであろうことを期待してやみません。

中国人の日本語作文コンクールは、微力ではありますが、日本と中国の相互理解と交流の促進、ウィンウィン関係の構築、アジアひいては世界の安定と発展に寄与するため、今後もこの歩みをしっかりと進めてまいります。

コロナ禍の困難の中ではありますが、引き続き、ご支援、ご協力のほどよろしくお願い申し上げます。

二〇二一年十一月吉日

特別収録　私の日本語作文指導法

現場の日本語教師の体験手記

私の日本語作文指導法

第 11 回（2015 年）から現在までの「中国人の日本語作文コンクール」HP もしくは受賞作品集に掲載された体験手記の一覧を掲載しています。　※教師名は敬称略

	教師	所属	タイトル
第11回（2015）	宮山昌治	同済大学	〈面白み〉のある作文を
	木村憲史	重慶大学	作文と論文のはざまで
	寺田昌代	対外経済貿易大学	時間がない！
	入江雅之	広東省東莞市理工学院	わたしの作文指導
	河崎みゆき	上海交通大学	「私」でなければ書けないことを大切に
	堀川英嗣	山西大学	書いたものには責任を持つ
	照屋慶子	嘉興学院	学生と私の感想
	松下和幸	北京科技大学	思いや考えを表現する手段を身につけさせる作文指導
	松下和幸	北京科技大学	中国人学習者の生の声よ、届け！
	劉　敬者	河北師範大学	パソコンで作成した学生の文章指導体験
	金澤正大	元西南交通大学	作文指導の基本
	若林一弘	四川理工学院	短期集中マンツーマン講座
	大内規行	元南京信息工程大学	「書いてよかった」と達成感が得られる作文を
	雨宮雄一	北京第二外国語学院	より良い作文指導を目指して
	閻　萍	大連理工大学城市学院	力をつける作文指導法
	半場憲二	武昌理工学院	私の日本語作文指導法
第12回（2016）	藤田炎二	山東政法学院	この難しい作文をどう書くか
	半場憲二	武昌理工学院	私の日本語作文指導法（2）
	池嶋多津江	同済大学	書くことは「考える」こと
	瀬口　誠	運城学院	【特別寄稿】審査員のあとがき
第13回（2017）	瀬口　誠	湖南大学	【特別寄稿】審査員のあとがき
	郭　麗	上海理工大学	オリジナリティのある面白い作文を目指して
	賈　臨宇	浙江工商大学	文中での出会い
	中村紀子	中南財経政法大学	感動はここからはじまる～授業外活動からの作文指導アプローチ～
	高良和麻	河北工業大学	読みたくなる作文とは
	張科　蕾	青島大学	日本語作文に辞書を活用しよう
	濱田亮輔	東北大学	私の日本語作文指導法
第14回（2018）	半場憲二	武昌理工学院	作文指導で生じている三つの問題点――私の日本語作文指導法（3）
	田中哲治	大連海事大学	私の作文指導の実践紹介
	古田島和美	常州大学	作文指導を通して思うこと―中国人学生の体験や思いを日本人に届けたい―
	徐　秋平	西南民族大学	作文指導とともに成長を遂げて
第15回（2019）	半場憲二	広東外語外貿大学南国商学院	国際化と個の時代重要性を増す作文指導――私の日本語作文指導法（4）
	高柳義美	元日本語教師	大連通い
	伏見博美	広東東軟学院	中国で暮らして感じたこと
第16回（2020）	小椋　学	南京郵電大学外国語学院	写真を撮るように作文を書く ―作文を書くヒント―
	郭　献尹	淮陰師範学院	忘れがたい貴重な作文の指導経験
	丸山雅美	福州外語外貿学院	日本語作文が書けるようになるまでのプロセス
	半場憲二	四川大学錦江学院	誤用訂正・回避の指導力――私の日本語作文指導法（5）
	川内浩一	大連外国語大学日本語学院	作文コンクールに応募しようと思っている学生のみなさんへ
第17回（2021）	小椋　学	南京郵電大学外国語学院	読者を意識して書く ―作文を書くコツ―
	金戸幸子	大連外国語大学	私の日本語作文指導法 ―私の指導方針と学生のみなさんに伝えたいこと―

読者を意識して書く

―作文を書くコツ―

南京郵電大学外国語学院　小椋学

作文が苦手な学生向けに書いた「写真を撮るように作文を書く―作文を書くヒント―」は、第十六回受賞作品集に掲載された。私の過去の経験から写真と作文には共通点が多いことを紹介し、「良い写真を撮るために注意すること」と、「良い作文を書くために注意すること」を比較しながら、作文を書くにはどうしたらよいか読者に考えてもらいたいという思いで書いた。この文章は二〇二〇年九月二十三日の日本僑報社プレスリリースでも取り上げられ、これまでにないユニークな視点で、とても役に立ったと評判だった。

今回は昨年の続編として、「中国人の日本語作文コンクール」にターゲットを絞り、私が南京郵電大学で指導した経験をもとに、作文のテーマの選定から応募に至るまで、応募者に注意してもらいたいことを一通り紹介することにした。

まず、応募者が知らなくてはいけないことは「中国人の日本語作文コンクール」と他の作文コンクールとの違いである。「中国人の日本語作文コンクール」は佳作賞を除く入賞作品が全て作品集として取りまとめられ、日本で販売される。この点が最大の違いである。そのため、応募者は、日本人がお金を払ってでも読みたいと思うような原稿を書かなくてはならない。また、その受賞作品集の制作に携わっている人たちに「これはぜひ日本人に読んでもらいたい」と思ってもらえる原稿であり、「この文章を読んで良かったなあ」と思ってもらえるものでなければならない。作文は読者を意識して、筆者が体験したことを書き、共感してもらえるものにしなければならない。日本語の試験のように、指定された文字数を満たし、語彙や文法が適切に使われていれば高評価を得られるわけではないのである。

次に、応募者がしなくてはならないことは作文のテーマの確認である。今年のテーマは三つある。「①私はこう考える！　ポストコロナの日中交流」、「②伝えたい！

『新しい交流様式』の実践レポート」、「③アイデア光る！私の先生の教え方」である。テーマの趣旨は「中国人の日本語作文コンクール」特設ページに掲載されているので、よく読んで主催者がどんな作文を書いて欲しいと思っているのか考えてもらいたい。この三つのテーマのうち、一番イメージしにくいのが②の「新しい交流様式の実践レポート」であるが、過去の作品集からこのテーマに近い作文を探して読めば、どんな作文を書いたらよいかイメージしやすくなるだろう。第十六回受賞作品集には、昨年二等賞を受賞した寧波工程学院の屠洪超さんの作品「コロナ時代の友情」や三等賞を受賞した南京農業大学の劉偉婷さんの作品「『そして一緒に乗り越える』クラウドハグをしよう」などが掲載されている。これらの作文を読んで自分が作文を書く時に参考にしてもらいたい。

その次に、応募者がしなくてはならないことは、題材探しである。作文は内容が一番重要である。そこで、どうしても読者に伝えたい、知ってもらいたいと思う自分の経験を探さなければならないが、良い題材さえ見つかれば、推敲次第で作文はどんどんよくなるので、入賞の可能性も高くなる。逆に良い題材が見つからなければ、いくら完璧な日本語で書いても選ばれる作品にはならない。だからこそ、作文を書く上で題材選びは最も重要なのである。日本語が得意でも良い題材が見つからなければ入賞することはできない。反対に、日本語が苦手な学生であっても良い題材があれば、本人の努力次第で入賞する可能性は十分ある。私は過去に日本語が苦手な学生を指導し、その学生の作文が入賞したことが何度かあった。入賞すればその学生は自信がつくし、日本語学習のモチベーションも上がるので、成績の良し悪しに関わらず平等に指導するように心掛けている。もし、良い題材はあるが、日本語が苦手という人がいたら、早めに文章を書いて先生に読んでもらい、指導してもらえるように頼み込んでみることをお勧めしたい。必死になって考えて、苦労しながら何度も推敲して書き上げた文章は、読者にもその熱意が伝わるので、あきらめずに最後まで書いてもらいたい。なお、題材を選ぶ時、日本人との交流など日本と関係がある経験に限定する必要はない。今回南京郵電大学は六名の学生が入賞したが、そのうちの二名の作文は日本とは全く関係がない内容である。蒋卓さんは田舎で一人で住んでいるおばあちゃんにＷｅＣｈａｔのビデオ通話のやり方を教えに行って、後日おばあちゃんとビデオ通話ができるようになったことを書き、胡洋さんはアイドルのライブで知り合った中国人の友達と再会できずにいたが、ゲームをしたり、オンラインライブを一緒に見ながら交流を続けていることを書いた。中国人とってはごく普通のことであっても、日本人にとっては中国人の生活を知る機会になり、読んでよかったと思ってもらえるのである。また、題材の選び方として、多くの人が書きそうな題材を避けて、他の人が書かなそうな題材を選ぶ方法もある。他の人と同じような題材の場合、作文の内容が似てしまい、印象に残りにくくなってしまうからである。今回は中国全土から三千百九十六名が応募し、その中で佳作賞以上の入賞者は二百八十名、作品集に掲載されているのは六十一名の原稿である。これだけ多くの原稿を読んだ後でも、あの原稿は良かったと思ってもらえるように題材選びを慎重に進めなければならない。

題材が決まったら、いよいよ書き始めよう。長い文章を書くのに慣れていない学生は、大きく三つの部分に分けて書くことをお勧めする。それは、作文の構成を「①ある日の出来事（八百字程度）、②その出来事から気づいたことや自分の意見など（五百字程度）、③まとめ（自分の希望や目標など）（三百字程度）」に分けて書くことである。そして、まず「①ある日の出来事（八百字程度）」の部分だけ書いてみよう。八百字なら頑張ればなんとか書けるだろう。この①の文章は、読者がその時の様子を想像できるように、できるだけ詳しく具体的に書いて欲しい。書いたあとは何度か推敲する。①の文章が完成したら、②と③の文章も書いてみよう。この順番で書くと、効率良く作文を完成させることができる。南京郵電大学の二年生は一週目に①を書いて、二週目に②と③を追加して千六百字の文章を書いた。③の文章は最後に自分が言いたいことを書くが、学生が書いた作文を見ると③がしっかり書けていない人が圧倒的に多い。①と②はよく書けていても、最後に力尽きてしまい、結論がないまま終わってしまう。作文の最後の部分は、作文の中で最も重要な部分である。作文をどのように締めくくるかによって、作文の評価も変わってくる。だからこそ、自分の気持ちがしっかり伝わるように書いて欲しい。

もし、何を書いたらよいか分からなければ、過去の作品集を読んで参考にしたり、先生に相談するのがいいだろう。最後の一文字まで気を抜かずにしっかり書こう。そして、何度も読んで推敲が終わったら応募しよう。

今回は「中国人の日本語作文コンクール」に応募する学生向けに、作文を書くコツを紹介した。重要なのは何と言っても題材選びであり、日本人の読者を意識して書くことである。なお、ここで述べた内容は他の作文コンクールには当てはまらないものもあるので、その点には注意してもらいたい。

最後に、この文章を読んで作文を書いた学生が入賞し、その作文を私が読む日が来るのを楽しみにしている。

小椋学（おぐらまなぶ）

南京郵電大学外国語学院日本語科講師。中国の北京語言大学と韓国の高麗大学での語学留学経験を生かし、楽しくて学習効果の高い日本語授業を目指している。中国人の学生に合った教材作りにも関心があり、オリジナル教材の『学覇日語』は口語編、写作編、演講与辯論編がある。また、南京の観光地を日本語で紹介したガイドブック『私が薦める南京の観光地』の作成や大学での講演など、日中交流に向けた取り組みも積極的に行っている。日本語教師歴六年。

私の日本語作文指導法
——私の指導方針と学生のみなさんに伝えたいこと——

大連外国語大学　金戸幸子

はじめに

私は二〇一八年より大連外国語大学で「写作」を担当しています。大連外国語大学では、日本人教員が担当する「写作」のカリキュラムは、主に二年生後期と三年生前期に割り当てられています。また、二〇一九年度からは選択科目「学術写作」（アカデミック・ライティング）の授業を開講し、主に日本への留学を考えている学生を対象に作文の指導をしています。

私の作文指導法の特色

私の作文の授業では、主に次の三つの方法で指導にあたっています。

一．学生のよくある誤用や不自然な表現の事例を集めて解説

作文指導では、まず、学生一人一人の作文を添削し終えた段階で、学生が実際に書いた作文から誤用や不適切な表現の事例を収集し、クラスで指導していくようにしています。

学生の作文指導でとりわけ目立つのは、(一)話し言葉から書き言葉への転換や「敬体」と「常体」の使い分け、(二)接続詞の使い方、(三)助詞の使い方、(四)時制の捉え方、(五)定型表現（例えば、「なぜなら、～（だ）から」）が十分に身に付いていないことです。このほかにも、母語干渉の影響（よくあるのが「理解」を「了解」、「理由」を「原因」と表現してしまうこと）、日本の漢字ではなく簡体字で書いてくることや、書式（読点の打ち方など基礎的な表記法）がしっかり身に付いていない点も目立ちます。

これらの点については、一人一人の作文添削の際にも丁寧に指導はしますが、最初からあまり詳しく添削を入

れると、学生自身がなぜ間違ったのかを自分で考えることをしなくなります。そこで、作文添削の段階では、修正した理由を書くのは最小限にとどめ、あとは、「呼応表現」は黄色、「文体」はブルー、「口語使用」は緑といったように、間違いに応じた色で示して返却するようにし、授業の場でなぜ誤りなのかを詳しく解説するようにしています。

二．一人一人の作文をスクリーンに映し出して個別に解説

作文指導のなかでも、とくに「学術写作」については、受講生が毎学期約十五名前後です。そのため、一人一人の作文を添削した後に授業でフィードバックを行いますが、そこでは、授業で一人一人の作文をスライドで映し出し、クラスメートからもコメントを出してもらいながら指導していきます。それを通じて、より洗練された作文の構成や形式、スタイルなどを身に付けさせるようにしています。

個別の作文指導において、日本語の文法や表現の誤り以上に目立つのは、読点の打ち方や改行の仕方といった点がなかなかしっかり身に付いていないことです。しかも、これは中上級から上級前半レベルの学生たちにも意外に多く見られます。そこで、この方法は、接続詞の使い方、定型表現、表記法を習得させる上でもとりわけ有効だと感じています。

最初は、自分の作文をクラスメートに見られることを恥ずかしく思ったり、抵抗を感じる学生もいるようですが、他のクラスメートが書いた作文を見ることによって、作文の構成の仕方や、話題の組み立て方といったコツも身に付けられるようになるため、学生からも学期が終わる頃には「とても学ぶところが多かった」との評価を得ています。

この指導法がひとつ功を奏し、私の指導のもとで数々の作文コンクールで入賞する学生も多数出ていますし、「第十七回中国人の日本語作文コンクール」では、王子琳さんが三等賞、陳怡君さん、舒文俊さん、王萌さん、袁琦さんが佳作賞を受賞することができました。

三．オンライン授業ではカメラをＯＮにさせている

なお、今はコロナ禍にあり、オンラインで授業を行っている先生も少なくないと思いますが、オンライン授業

では、学生たちには極力カメラをONにさせるようにしています。

作文を書いていくプロセスは、まさに先生との協働作業です。そのためには、学生との対話を進めていきながらお互いに信頼を築いていくことが大切です。教師と学生がキャッチボールしあえる環境を作ることで、作文のアイデアも磨かれていくものと考えています。

学生へのアドバイス――「いい作文」の書き方のコツ

さて、普段作文を指導していて、よく学生から、「なかなかいい作文が書けない」という悩みを聞きますが、そのような相談を受けた時、私が学生に伝えていることをここで三つ紹介したいと思います。

一．思いついたことを箇条書きでもいいからメモしていこう。最初から大きいことを書こうとしないようにしよう。

作文に限った話ではないかもしれませんが、最初から立派なものを書こうとするとなかなか筆が進まないものです。かくいう私自身も、いつもそれに悩まされています。しかし、ブログやSNSでメッセージを書く感じで、そのテーマについて思っていることを最初はとりあえず気軽に書いてみましょう。その際、頭の中で思い描いていることをキーワードレベルで書き出していく「マインドマップ法」も有効です。そうして、関連するところはつなげたりまとめたり、肉付けしていけば、知らず知らずのうちに形になってきます。

二．自分でなければ書けないことを大切にし、自分の言葉で書こう。

作文を書くプロセスは、まさに自分を見つめ直し、表現する作業でもあります。そのため、どこかで見たことのあるような内容だと見る人の印象に残りません。コンクールで入賞できるレベルの作文にするためには、読む人が読んでいて楽しくなるような作文でなければなりません。そのためには、そのテーマについて、いかに自分の体験と結び付けられるかが大事です。そこで、まずはそのテーマに関し、自分が経験したことや思い出し、それを事例として盛り込んでみましょう。そうすれば、必ず読む人の心を打つ印象に残る作文になるはずです。

そして、それらを美辞麗句や抽象的な表現ではなく、自分の言葉で表現することが大事です。どこかから借りてきたような、自分のものになっていない表現はすぐに見抜かれてしまいます。私の指導のもとで作文コンクールに入賞した学生たちをみてみると、みな自分ならではのエピソードを自分の言葉で誠実にしっかりと語ることができている人たちです。

三．冗長な文章は書かないようにしよう。

一方、文章を具体的に書くことはもちろん大事ですが、冗長な文章を書かないようにすることも必要です。学生の作文を指導していると、よく書けているにもかかわらず、書きたいことがたくさんあって、指定字数をかなりオーバーしてしまい、減点される人がいます。そうすると、せっかくいい作文を書けていても評価が半減してしまいます。そこで、私が授業でよく実践しているのは、「二百字作文」や「四百字作文」です。

指定された字数に収めようとすれば、何度も読み返して同じような表現を削り、ダイエットさせていくことになりますが、これは固い書き言葉や論文で要求される簡潔な文章表現の仕方（例えば「なぜ事件が起こったのか」→「事故の原因」というような名詞化させた表現方法）を身に付ける上でも役立ちます。

おわりに

以上、私の作文指導法と学生にしばしばアドバイスしていることを書いてきましたが、作文は文章のセンスの問題でもあります。言いたいことは同じでも、「見せ方」つまり表現の仕方によって読み手に与えるインパクトは変わります。

たとえば、スピーチは、「原稿を書く」という点までは作文と同じですが、スピーチはジェスチャーなど非言語情報も重要な要素になる反面、作文は言語情報がすべてになります。したがって、作文を書く時は、言語表現によるセンスがとりわけ重要になります。私が指導している学生には大学院への進学を志望する学生も少なくありませんが、その「考える」プロセスを通じて作文のセンスを磨いていくことは、自分自身を成長させることに繋がり、希望する進路の実現にもきっと役に立つことでしょう。

金戸 幸子（かねと さちこ）
慶応義塾大学法学部卒、東京大学大学院総合文化研究科国際社会科学専攻修士課程修了、同博士課程単位修得。日本の大学教員として留学生教育、台湾での日本語教師経験等を経て、二〇一八年より大連外国語大学で日本語のスピーチ・作文指導や日本研究関連の授業を担当。中国語法廷通訳人等として中日通訳翻訳もこなす。日本語教師歴五年。

第十六回 中国人の日本語作文コンクール 受賞者一覧

最優秀賞・日本大使賞（1名）

大連外国語大学　萬園華

一等賞（5名）

安徽師範大学　李矜矜
清華大学　陳　朝
西安電子科技大学　孔夢歌
東北財経大学　彭多蘭
南京師範大学　劉　昊

二等賞（15名）

中国人民大学　肖蘇揚
山西師範大学　銭楽卿
恵州学院　柯国豪
南開大学　劉思琪
寧波工程学院　屠洪超
煙台大学　陳　瑶
河北工業大学　王子璇
遼寧師範大学　劉力暢
天津科技大学　馮　雨
北京科技大学　張家銘
西安交通大学　張佳頴
福州大学　郭恬媛
北京外国語大学　宋佳璇
大連理工大学　王子尭
上海大学　朱雅蘭

三等賞（60名）

大連海事大学　潘芸丹
南京郵電大学　楊彬彬
東華理工大学長江学院　尹倩倩
北京第二外国語学院　王雅捷
湖南大学　李若凡
華中師範大学　呉露露
東南大学　栾　霏
大連外国語大学　王華瑩
西安電子科技大学　田欣易
長安大学　朱玲璇
江西農業大学南昌商学院　熊小嬌
中国人民大学　彭楚鈺
上海外国語大学　郭凡辰

蘇州大学 王瑋綺
北京師範大学 尚楚岳
上海外国語大学賢達経済人文学院 万暁婕
嘉興学院 梁楽玄
南京信息工程大学 李浩哲
電子科技大学 胡琳烯
アモイ大学 肖嘉梁
山東財経大学 程　瑞
南開大学 何倩顗
上海師範大学 劉　通
大連東軟信息学院 張　斉
西安財経大学 馮　静
南京理工大学 謝雨晗
四川大学 蒋　霜
嶺南師範学院 周潔儀
大連外国語大学 眭　晴
四川大学 潘　燕
恵州学院 丘嘉源
清華大学 高宇萱

寧波工程学院 余子岩
ハルビン工業大学 張元昊
ハルビン工業大学 雷　韜
河北工業大学 張九九
四川外国語大学 沈子新
天津理工大学 李潤淇
華東師範大学 宋子璇
華東師範大学 熊安琪
杭州師範大学 蔡　格
魯東大学 楊偉佳
青島大学 王鑫鑫
桂林理工大学 李　睿
天津科技大学 繆蓮梅
東北財経大学 喬十恵
北京科技大学 謝絮才
浙江農林大学 張凱妮
浙江師範大学 黄麗貝
南京農業大学 劉偉婷
東北育才外国語学校 周千榆

上海交通大学 馬文曄
上海交通大学 周嘉雨
上海外国語大学付属外国語学校 石小異
福州大学 李亜昀
西安翻訳学院 弓金旭
大連理工大学 袁江淼
大連工業大學 王芸儒
韶関学院 姚莉霞
淮陰師範学院 蒋海躍

佳作賞（219名、登録番号順）

貴州財経大学 劉清霞
大連海事大学 李晨銘
商丘師範学院 郭子龍
南京郵電大学 印宏源
南京郵電大学 宋緒泓
東華理工大学長江学院 張媛媛
大連外国語大学 郭宏韜

湖南大学	昝林林
湖南大学	王依婷
湖南大学	朱　辰
湖南大学	曹宇欣
北京言語大学	鍾子龍
泰山学院	郭　馨
泰山学院	亓旻涵
大連外国語大学	李詠月
陽光学院	張南南
陽光学院	張玉梅
陽光学院	趙博豪
陽光学院	李文玉
陽光学院	林曼欣
長安大学	李　静
南京工業大学	王子烜
南京工業大学	李紀欣
南京工業大学	周書頴
南京工業大学	趙文進
南京工業大学	王沁遥

大連外国語大学	張愛佳
東華大学	孫瑞閣
東華大学	章安泰
北京第二外国語学院	白文娜
大連外国語大学	管紋萁
清華大学	王　岩
福州大学至誠学院	王新賀
福州大学至誠学院	郭夢瑶
福州大学至誠学院	朱諾彤
西北大学	杜雨清
西北大学	劉霈祺
西北大学	李逸純
西北大学	張家桐
西北大学	馮　帆
江西農業大学南昌商学院	余麗霞
北京外国語大学	武鈺茜
雲南民族大学	常曦文
大連外国語大学	洪　霞
大連外国語大学	李朋錕

清華大学	王懿崢
大連外国語大学	王虹悦
陽光学院	黄　峣
恵州経済職業技術学院	黄燕雯
恵州経済職業技術学院	張　格
嘉興学院	郭雪瑩
電子科技大学	武佳汶
大連東軟信息学院	馬明宇
大連東軟信息学院	王鴻鑫
南開大学	呂　凡
大連外国語大学	盧思雅
武漢大学	張雨辰
中国海洋大学	陳　鵬
内モンゴル大学	賈　琳
大連外国語大学	崔　煜
四川大学	謝金秀
北京外国語大学	江南葳
山西師範大学	李　舒
南京信息工程大学	張　浙

蘭州大学	呉明琅
蘭州大学	孫若沛
江西財経大学	付　毅
江西財経大学	劉敏莉
上海建橋学院	賈文琦
蘭州理工大学	王立雪
浙江万里学院	張賢婷
浙江万里学院	王渙之
遼寧何氏医学院	宋金霞
遼寧何氏医学院	黒湘珺
上海師範大学天華学院	周怡洋
嶺南師範学院	曾　敏
嶺南師範学院	彭万里
嶺南師範学院	葉穎怡
大連外国語大学	崔伯安
大連外国語大学	趙宇航
大連外国語大学	孫夢竹
大連外国語大学	庄鑫洋
貴州大学	楊薦刈
恵州学院	周偉儀
恵州学院	林忠玲
恵州学院	李佳児
恵州学院	徐影霞
恵州学院	張汶栾
恵州学院	饒雲芳
恵州学院	庄暁蝶
恵州学院	陳　敏
運城学院	李東麗
海南師範大学	易和平
海南師範大学	劉　雪
清華大学	李椏蕾
韶関学院	幸鋭芳
山東大学（威海）	夏文雅
山東大学（威海）	李　馨
山東大学（威海）	張怡寧
寧波工程学院	何雨萌
寧波工程学院	黄舒寅
寧波工程学院	黄小楠
寧波工程学院	方　婕
寧波工程学院	李　霞
寧波工程学院	葉禕珺
寧波工程学院	応清源
寧波工程学院	周雪尓
寧波工程学院	瀋淑淑
福州外語外貿学院	肖　霖
西安外事学院	張　婷
西安外事学院	斎欣宇
大連民族大学	楊　爽
大連民族大学	唐煜涵
大連民族大学	任祉燕
大連民族大学	方芸憬
大連民族大学	楊皓然
大連民族大学	姜若男
大連民族大学	劉　楠
大連民族大学	劉玉潔
大連民族大学	王儀瑶
大連民族大学	陳美旭

大連民族大学　程憲涛
河北工業大学　馬博洋
河北工業大学　季子禕
河北工業大学　楊鑫儀
大連理工大学　郭一駒
広東外語外貿大学南国商学院　龔　穎
広東外語外貿大学南国商学院　林暖霞
菏澤学院　張新禹
菏澤学院　李蓮蓮
山西師範大学　李雨豊
福州外語外貿学院　蘭　亭
華東師範大学　周宇豪
華東師範大学　顧佳怡
華東師範大学　袁文甲
華東師範大学　朱欣怡
華東師範大学　劉　行
天津外国語大学　趙　迪
杭州師範大学　項陽沐
杭州師範大学　胡文荃

杭州師範大学　楊佳艶
天津工業大学　隗舒悦
天津工業大学　于暁霖
天津工業大学　烏　瓊
華南理工大学　李龍婧
青島大学　侯子玉
青島大学　頼　馨
大連科技学院　李佳音
大連科技学院　王佳卉
桂林理工大学　梁焯妍
四川師範大学　郭夢飛
四川師範大学　王　娟
四川師範大学　鄭李冠南
天津科技大学　劉文婧
天津科技大学　孔祥宇
天津科技大学　盧強麗
天津科技大学　王　冰
天津科技大学　王宇越
東北財経大学　石春花

東北財経大学　鄭　彬
東北財経大学　畢　愉
東北財経大学　郭子君
海亮実験高校　崔成成
北京科技大学　楊暁妹
北京科技大学　何　寧
北京科技大学　付文佳
北京科技大学　米雪睿
北京科技大学　曽文静
安徽師範大学　李新雨
安徽師範大学　童　越
安徽師範大学　鄭紅靨
同済大学　林瀚翀
同済大学　劉陳沛林
同済大学　陶星星
北京外国語大学　葛家昊
浙江師範大学　瀋安南
浙江師範大学　周潔楠
瀋陽工業大学　郭亦晴

常州大学　徐盈盈
武漢理工大学　範　昱
武漢理工大学　範昕昕
武漢理工大学　戴兆暉
武漢理工大学　殷松豪
武漢理工大学　何文晶
武漢理工大学　黄奇峰
武漢理工大学　孫莉萍
武漢理工大学　陳穎晟
黄岡師範学院　万　娜
聊城大学　陽的航
山東省聊城大学　李唯嘉
大連理工大学　何雪松
通化師範学院　王　也
東北育才外国語学校　王宇涵
東北育才外国語学校　康欣宇
湖州師範学院　宋玲霞
湖州師範学院　張　莉
吉林外国語大学　劉俊勇

吉林外国語大学　林妍廷
吉林外国語大学　何香怡
吉林外国語大学　王京竜
上海交通大学　揚子悦
大連理工大学城市学院　蒋陸浩
大連理工大学城市学院　李師辰
大連理工大学城市学院　銭暁芙
天津工業大学　劉展鵬
南京師範大学　王一飛
南京師範大学　趙雨璐
上海外国語大学附属外国語学校　李知新
嘉興学院南湖学院　呉　婧
嘉興学院南湖学院　蔡丹琪
西安翻訳学院　梅文琦
西南民族大学　張　晶
清華大学　何宛珊
西安外国語大学　楊嘉欣
四川外国語大学　陳暁鈺
淮陰師範学院　李　慧

淮陰師範学院　朱佳良
重慶三峡学院　高銘陽
上海海事大学　熊梓軒

毛桂香　西北大学
黄鈺峰　東莞理工学院
劉嘉慧　東莞理工学院
潘　明　東莞理工学院
黄潤萍　海南師範大学
付　榕　蘭州理工大学
王晨萌　南京信息工程大学
朱園園　南京信息工程大学
高鑫贇　杭州師範大学
韓俊祺　杭州師範大学
周維維　寧波大学
王維宇　湖南大学
兪肖妍　湖南大学
胡煊赫　湖南大学
楊夢秋　青島理工大学
王晨宇　江漢大学
程　瑞　山東財経大学
張程程　集美大学
万巨鳳　大連外国語大学
傅　婷　大連外国語大学
曹佳鑫　大連外国語大学
張愛佳　大連外国語大学
孫　瑋　大連民族大学
周　寧　大連民族大学
閻正昊　大連民族大学
楊劉莉　広東外語外貿大学南国商学院
曽　佳　通化師範学院
王　也　通化師範学院
唐綉然　華東師範大学
張新禹　菏澤学院
殷雪珂　菏澤学院
張鏵升　四川師範大学
朱俊賢　四川師範大学
趙夢閣　大連芸術学院
桂菀婷　瀋陽工業大学
簡麗萍　嶺南師範学院
盧巧玲　嶺南師範学院
雷雅婷　嶺南師範学院
張　浩　嶺南師範学院
彭万里　嶺南師範学院
陳　依　寧波工程学院
潘暐炎　寧波工程学院
謝青青　韶関学院
何穎芸　韶関学院
費興元　曲阜師範大学
李羽鵬　南京農業大学
邸銘崴　黒龍江東方学院
黄語婕　上海師範大学天華学院
李晨銘　大連海事大学
田欣宜　天津科技大学
何燕飛　五邑大学
王　鋭　山東大学外国語学院
黄　萱　山東大学外国語学院
呂亦然　吉林大学
張俊芸　運城学院
万斐婭　江漢大学
孫　可　長安大学
郭明言　天津外国語大学
呉樹郁　河北工業大学
楊雅婷　五邑大学
李佳音　大連科技学院
楊　陽　大連科技学院
王若瑄　淮陰師範学院
陳　濤　浙江万里学院
陳貝思　南京林業大学
葉嘉卉　山東大学(威海)東北アジア学院
杜　烜　上海杉達学院
朱　樺　棗荘学院
袁　傑　棗荘学院
張黙林　蘭州大学
張宏瑞　蘭州大学
陳　晨　蘭州大学
黄　渤　大連外国語大学
梁　越　大連外国語大学
何冠釗　大連外国語大学
陳亦鑫　常熟理工学院
張椿婧　長春理工大学
孟廷威　浙江師範大学
趙思邈　商丘師範学院
丁帝淞　福建師範大学
周　影　暨南大学
黄丹琦　暨南大学
呉向陽　江西農業大学南昌商学院
張宇鑫　大連外国語大学
鄒運沢　大連外国語大学
王嘉迪　大連外国語大学
段敬渝　大連外国語大学
崔伯安　大連外国語大学
孫正一　大連外国語大学
劉敬怡　山東工商学院
劉璐璐　武漢理工大学
王嘉穎　武漢理工大学
馮　瑶　武漢理工大学
鄭　欣　武漢理工大学
李昊林　武漢理工大学
陳珞茜　武漢理工大学
劉子傑　武漢理工大学
鄭　燁　青島大学
陳翔宇　青島大学
周思捷　上海理工大学
朱琦一　西安交通大学
楊啓航　西安交通大学
張牧雲　西安交通大学
趙梓伊　西安交通大学
方華妮　五邑大学
林　玥　中国海洋大学
汪芳芳　合肥学院
張慧怡　大連外国語大学
張桂寧　南昌大学
陳　思　安徽外国語学院
陳清泉　浙江外国語学院
陳丹丹　黒龍江外国語学院
張　栩　南京農業大学
呉潤梅　貴州財経大学
李　曄　延辺大学
張淑傑　湖州師範学院
陸潔琴　湖州師範学院
張潔静　湖州師範学院
朱雅雯　湖州師範学院
屠冬晴　湖州師範学院
王舒嘉　安徽師範大学
劉淑萍　南京理工大学
宋暁蕊　大連外国語大学
趙悦彤　吉林外国語大学
段　欣　吉林外国語大学
許佳林　吉林外国語大学
唐　瑩　吉林外国語大学
姜佳玉　吉林外国語大学
田　馳　吉林外国語大学
劉旻婕　吉林外国語大学
劉彦孜　吉林外国語大学
王　鵬　吉林外国語大学
林小婷　宜賓学院
李　博　大連理工大学
劉智睿　東北大学
劉子祺　東北大学
白洺綺　東華大学
朱柄丞　東華大学
余亦沁　東華大学
石佑君　東華大学
呂夢潔　浙江外国語学院
李志偉　大連工業大学
楽伊凡　南京農業大学
江　玥　浙江農林大学
張雨馨　浙江農林大学
周　煒　浙江農林大学
羅　松　江西農業大学外国語学院
邱成哲　江西農業大学外国語学院
李嘯寅　江西農業大学外国語学院
陳暁東　江西農業大学外国語学院
丁文婷　華東政法大学
谷　源　広州工商学院
黄欽昀　福州大学
覃瀅琳　西北師範大学
陳　楊　浙江外国語学院
金仁鵬　浙江外国語学院
張笑妍　魯東大学
胡金成　広東財経大学
鄧婉瑩　広東財経大学
尹凡欣　上海海事大学
張小暁　長安大学
王一安　嘉興学院南湖学院
王佳蓓　嘉興学院南湖学院
王　琳　青島農業大学
謝瑞婷　雲南民族大学
馮李琪　長安大学
劉功鳳　玉林師範学院

第15回
中国人の日本語作文コンクール受賞者一覧

最優秀賞・日本大使賞
潘　呈　上海理工大学

一等賞
龔緯延　西安電子科技大学
朱琴剣　西北大学
韓若氷　大連外国語大学
呂天賜　河北工業大学
趙文会　青島農業大学

二等賞
呉雅婷　西安翻訳学院
林　鈺　上海海事大学
李静嫻　合肥学院
劉韻雯　華東師範大学
全暁僑　東北大学秦皇島分校
臧喜来　北京理工大学附属中学
王婧楠　蘭州大学
王　駿　武漢理工大学
劉偉婷　南京農業大学
薛煦尭　南京郵電大学
鐘宏遠　恵州学院
王禹鰻　西華大学
蒯滢羽　大連外国語大学
鄭孝翔　北京第二外国語学院
孫弘毅　中国人民大学

三等賞
陳柯君　常州大学
宋佳璐　湖南大学
劉麗梅　華僑大学
馬　瑞　中南大学
岑湛嶸　広東東軟学院
王立雪　蘭州理工大学
馮卓楠　煙台大学
殷碧唯　ハルビン理工大学
王代望　中国人民大学
方琳婷　中国人民大学
王遠帆　電子科技大学
金祉妤　東北育才外国語学校
李依格　上海師範大学
呉寧瑜　江西農業大学南昌商学院
汪雨欣　浙江外国語学院
陳　安　江西農業大学南昌商学院
雲　彤　山西大学
邢梓怡　西北大学
鄒　婕　東華理工大学長江学院
李沂霖　杭州師範大学
王景琳　杭州師範大学
楊創祥　華南農業大学
黄偉源　広東外語外貿大学南国商学院
王夢昀　華東師範大学
郜　珊　大連芸術学院
肖　錦　曲阜師範大学
葛玉婷　曲阜師範大学
趙朱依　上海師範大学天華学院
朱　栄　大連海事大学
陳予希　山東大学
殷佳琳　武漢外国語学校
李沁薷　浙江外国語学院
楊衛娉　北方工業大学
李登宇　河北工業大学
呂鵬堅　恵州学院
冉美薇　浙江師範大学
何仁武　浙江師範大学
肖思佳　浙江師範大学
王子健　大連外国語大学
金智慧　大連外国語大学
武小萱　東北大学秦皇島分校
呉文文　合肥学院
沈　意　湖州師範学院
程　雅　安徽師範大学
孟沪生　安徽師範大学
畢　淼　遼寧大学外国語学院
司天宇　東華大学
孫瑞閣　東華大学
董同罡　東北師範大学
劉紫苑　福州大学
潘鎮華　西安翻訳学院
孫思婧　上海理工大学
劉琛瑜　天津理工大学
王子尭　大連理工大学
呉運恵　桂林理工大学
薛梓霖　西安電子科技大学
趙中孚　西安財経大学
尤藝寧　浙江外国語学院
王　珺　華中師範大学
張晁欽　上海外国語大学附属外国語学校

佳作賞
尹　哲　聊城大学
鐘雨霏　紹興越秀外国語学校
石佳漪　上海財経大学
白　陽　上海財経大学
劉錦錦　南陽理工学院
栗　聡　常州大学
潘一諾　嘉興学院
劉汝霞　東華理工大学長江学院
廖詩穎　東華理工大学長江学院
鐘　君　東華理工大学長江学院
顔澤晨　中南財経政法大学
雷　韜　ハルビン工業大学
孟昕然　南開大学
朱穎琳　広東東軟学院
鍾希富　青島職業技術学院
張崧卓　南開大学
曹芷溦　遼寧対外経貿学院
杜晨嵐　南京郵電大学
張思璇　首都師範大学
鍾子龍　南陽理工学院
莊寓諧　蘇州科技大学
楊宇耀　中国海洋大学
陳芸璇　ハルビン理工大学栄成学院
徐　敏　煙台大学
張若鵬　陽光学院
黄淑華　陽光学院
王鈺婷　陽光学院
陳思凱　陽光学院
何佳東　陽光学院
魯素雲　江西財経大学
黄琳婷　中国人民大学
曹　妍　中国人民大学
王　寧　中国人民大学
孟軒如　中国人民大学
于　翠　中国人民大学
白雅琳　中国人民大学
王璟琨　中国人民大学
付小軒　中国人民大学
楊　諾　中国人民大学
趙世豪　上海建橋学院
段若巍　曲阜師範大学
韋煜翔　武漢大学
張超穎　電子科技大学
張雯雯　貴州大学
陳虹兵　貴州大学
李　穎　大連東軟信息学院
李興宇　大連東軟信息学院
馬明宇　大連東軟信息学院
林傾城　北方工業大学
金恒賢　浙江外国語学院
趙穎琪　広東東軟学院
林　琳　ハルビン師範大学
宋凌逸　華中科技大学
郭雲霞　同済大学
張晨璐　華中科技大学
徐琳琳　華東理工大学
布露露　ハルビン師範大学
郝文佳　山東科技大学
陳心茹　山東財経大学
陳　卓　北京第二外国語大学
丁宇希　山西大学
張家桐　西北大学

孫艷琦	上海理工大学	石越越	東華大学	余嘉軒	武漢理工大学
劉一陽	黒龍江外国語学院	張　悦	東華大学	王　婧	武漢理工大学
張家福	運城学院	包婷婷	揚州大学広陵学院	韋宇城	武漢理工大学
阿説暁琳	楽山師範学院	何　煊	揚州大学	胡瀟晗	武漢理工大学
余廷薐	楽山師範学院	金可悦	南京工業大学	徐豪澤	ハルビン工業大学
孫　赫	山東大学(威海)東北アジア学院	陳紫荊	武漢大学	黄旭雯	ハルビン工業大学
耿芸晨	竜岩学院	鄧雨春	武漢大学	王嘉鴻	ハルビン工業大学
廖欣怡	杭州師範大学	施昕暉	天津工業大学	陳暁研	上海交通大学
李心怡	杭州師範大学	邱詩媛	天津工業大学	徐寧江	上海交通大学
汪　雲	杭州師範大学	孫佳琪	天津工業大学	唐雨静	華東政法大学
鄺暁鈺	江西財経大学	盧雨欣	四川大学	劉浩暉	韶関学院
果　威	東北大学秦皇島分校	孫倩倩	青島大学	丁　宇	広東嶺南職業技術学院
孫文璐	黒龍江東方学院	周　丹	青島大学	趙中孚	西安財経大学
劉婧穎	大連工業大学	王倶揚	青島大学	侯　婷	西安財経大学
張錦文	杭州師範大学	劉　暢	青島大学	李博軒	西安財経大学
張詩紅	恵州学院	呂暁晨	青島大学	江　慧	吉林華橋外国語学院
張　迅	安陽師範学院	王子威	蘭州大学	王志浩	吉林華橋外国語学院
斉　淇	大連東軟信息学院	廉暁慧	東北育才外国語学校	範禹岐	吉林華橋外国語学院
張思鈺	大連東軟信息学院	葉暁倩	浙江万里学院	劉星佐	吉林華橋外国語学院
高子雲	大連東軟情報学院	李陳浩	浙江万里学院	劉天航	吉林華橋外国語学院
陳佳欣	大連東軟情報学院	秦月涵	浙江万里学院	楊　哲	吉林華橋外国語学院
龔佳麗	棗荘学院	何　東	首都師範大学	陳暁傑	吉林華橋外国語学院
賈　彤	棗荘学院	孫嘉文	北京外国語大学	郁文全	吉林華橋外国語学院
黄雪珍	湖州師範学院	陳露文	上海師範大学	袁　満	吉林華橋外国語学院
陸奕静	湖州師範学院	管　潤	湖北師範大学	王一汀	吉林華橋外国語学院
石麗瓊	湖州師範学院	韓楊菲	恵州経済職業技術学院	范金淼	中南林業科技大学
丁朔月	湖州師範学院	劉暁迪	山東財経大学	王　暢	中南林業科技大学
倪婷莉	湖州師範学院	王憶琳	集美大学	何秀慧	江蘇理工学院
李淑明	煙台大学	汪　洋	浙江外国語学院	翁惠娟	江蘇理工学院
呉　迪	煙台大学	李慧栄	大連芸術学院	陳　穎	中南財経政法大学
王　琼	広東外語外貿大学南国商学院	徐丹荷	広東外語外貿大学南国商学院	林宣佑	中南財経政法大学
ラチンジャ	青海民族大学	袁　園	西南民族大学	孫文麒	中南財経政法大学
オセドルジ	青海民族大学	冀嘉璇	西南民族大学	王　鈺	中南財経政法大学
盧宏廸	杭州師範大学	周　明	桂林理工大学	唐　然	中南財経政法大学
楊光耀	海南師範大学	唐明霞	桂林理工大学	余　莞	中南財経政法大学
周小容	海南師範大学	周慧佳	桂林理工大学	朱迪妮	復旦大学
王雅竹	瀋陽工業大学	覃金連	桂林理工大学	李奕珂	四川大学錦城学院
呉潮松	瀋陽工業大学	李智芝	嘉興学院南湖学院	潘　静	集美大学
趙思宇	湖南文理学院芙蓉学院	王佳蓓	嘉興学院南湖学院	李佳瑩	西安理工大学
石　聰	華中師範大学	馮蕾蕾	天津科技大学	王敏瑋	外交学院
潘嬴男	華中師範大学	倪薛涵	天津科技大学	連　通	玉林師範学院
陳雯雯	山西大学	石　園	大連理工大学	張篠顔	上海外国語大学
林風致	山西大学	潘　呈	上海理工大学	王洪苗	河北工業大学
林　静	山西大学	鄭景雯	国際関係学院	鄭家彤	河北工業大学
陳柯君	山西大学	張旭鑫	文華学院	潘天璐	杭州師範大学
荘達耀	山西大学	孟　旦	文華学院	王羽晴	中山大学
鄧文茜	華南師範大学	周紫儀	南京師範大学附属高等学校	楊潔容	成都東軟学院
阮文浩	華南師範大学	金昕叡	大連外国語大学	胡煥碟	合肥学院
梁　婧	湖南大学	李嘉楽	大連外国語大学	呉文文	合肥学院
羅伊霊	湖南大学	王　康	大連外国語大学	倪悦韶	上海建橋学院
郭煜輝	湖南大学	王怡璇	大連外国語大学	方　彬	上海建橋学院
呂佩佩	湖南大学	呉　尽	大連外国語大学	任　静	蘭州理工大学
李浩宇	湖南大学	張光輝	寧波工程学院	馮夢熒	浙江外国語学院
呉寧瑜	江西農業大学南昌商学院	管心湘	寧波工程学院		
藍　昕	江西農業大学南昌商学院	梅方燕	陝西理工大学		

第14回
中国人の日本語作文コンクール受賞者一覧

最優秀賞・日本大使賞
黄安琪　復旦大学

一等賞
邰華静　青島大学
王美娜　中南財経政法大学
王婧瀅　清華大学
劉　玲　華東師範大学
呉曼霞　広東外語外貿大学南国商学院

二等賞
朱　雯　東華大学
周夢琪　江蘇師範大学
郭順鑫　蘭州大学
周凡淑　清華大学
張伝宝　山東政法学院
黄鏡清　上海理工大学
武田真　北京科技大学
王　寧　中国人民大学
陳昕羽　浙江万里学院
倪雲霖　湖州師範学院
由夢迪　黒龍江外国語学院
周義東　東華理工大学長江学院
陳夢嬌　杭州師範大学
周　婕　福建師範大学
何発芹　常州大学

三等賞
鍾子龍　南陽理工学院
王龔苑　浙江工商大学
万興宇　武昌理工学院
高楹楹　杭州師範大学
徐雨晨　西北大学
陳長遠　中国人民大学
路雨倩　中国人民大学
丁嘉楽　常州大学
蒋　心　上海理工大学
張暁利　湖州師範学院
丁雯清　上海理工大学
陳詩雨　華東師範大学
暴青青　天津工業大学
関倩鈺　東北育才外国語学校
楊昊瑜　天津財経大学珠江学院
黄芷萱　天津科技大学
王　冕　大連外国語大学
薛　釗　西安財経大学
趙凱帆　中南財経政法大学
呉　琳　雲南民族大学
李丙垚　青島理工大学
魏思佳　北京林業大学
呂嘉琦　北京第二外国語学院
黄琳婷　中国人民大学
蒋婕儀　常州大学
呉沁霖　同済大学
張奕新　曁南大学
銭　易　杭州師範大学
劉培雅　杭州師範大学
汪頌今　湖州師範学院
許洪寅　青海民族大学
霍一卓　東華大学
岑静雯　天津工業大学
陳佳玲　広東財経大学
王雄凱　西安交通大学
袁思純　南京農業大学
莫麗恩　広東海洋大学
姚子茜　華東政法大学
張安娜　西安財経大学
蔣雨任　復旦大学
王　瑩　江西農業大学南昌商学院
呉希雅　浙江工商大学
顏　坤　斉斉哈爾大学
王　競　江西農業大学南昌商学院
洪　梅　渤海大学
陸恵敏　菏澤学院
賀佳瑶　華中師範大学
鄭瑞瑛　曁南大学
趙玲玲　凱里学院
王明丹　大連海事大学
陳泳琪　広東外語外貿大学南国商学院
杜　湘　湖南大学
韓沢艶　西安電子科技大学
李悦涵　吉林財経大学
尚童雨　西安交通大学
陳　凱　南京農業大学
江嘉怡　広東海洋大学
王之妍　上海杉達学院
雷　妍　吉林華橋外国語学院
劉　錦　中南財経政法大学

佳作賞
周　怡　湖北文理学院
曹　鈺　嘉興学院
余建飛　嘉興学院
徐　歓　嘉興学院
王　丹　上海財経大学
李則盛　上海理工大学
覃維連　湖北民族学院
姫甜夢　浙江工商大学
龍燕青　北京第二外国語学院
王瑞敏　内モンゴル大学
戴嘉琪　首都師範大学
程瑛琪　天津商業大学
施紅莎　浙江理工大学
劉徳満　青島職業技術学院
鄭穎悦　常熟理工学院
劉淑嫚　武昌理工学院
周朦朦　蘇州大学
章懐青　蘇州大学
朱栩瑩　広東外語外貿大学
侯岩松　西安理工大学
陳暁雯　青島農業大学
欧書寧　天津外国語大学濱海外事学院
李斉悦　中原工学院
陳少傑　福建師範大学
張聡恵　集美大学
李依格　上海師範大学
汪雪瑩　上海市甘泉外国語中学校
劉暁璠　青島理工大学
蔡暁彤　西北大学
徐亦微　西北大学
任伊稼　上海外国語大学附属上海外国語学校東校
周　怡　淮陰師範学院
劉　静　広東外語外貿大学南国商学院
陳　晨　淮海工学院
李　雪　貴州大学
韓方超　泰山学院
康雅姿　中南大学
劉紫薇　山東財経大学
馮子凝　山東青年政治学院
金香玲　大連民族大学
譚鳳儀　中国人民大学
周雨萱　中国人民大学
劉樹慧　菏澤学院
韋　彤　菏澤学院
趙祖琛　菏澤学院
郝文佳　山東科技大学
聶　帥　華僑大学
宋　歌　華僑大学
華　瑾　華僑大学
彭暁宏　華僑大学
許迪棋　華僑大学
張雨璇　上海師範大学
劉文静　常州大学
朱新玲　常州大学
徐　穎　常州大学
栗　聡　常州大学
劉馨悦　通化師範学院
鄒春野　通化師範学院

余夢娜	安陽師範学院
周駱駱	南京大学金陵学院
趙珊珊	電子科技大学
李　平	東華理工大学
曾明玉	東華理工大学
李　婷	東華理工大学
付巧芸	東華理工大学
張麗虹	広東技術師範学院
柱媛媛	北京科技大学
朱潔銀	浙江財経大学東方学院
張嘉慧	吉林大学珠海学院
汪紅霞	浙江万里学院
孔夢婕	浙江万里学院
馬　李	浙江万里学院
王瑾瓏	浙江万里学院
陳鯨娜	暨南大学
李嘉棋	広東外語芸術職業学院
任盛雨	天津商務職業学院
鄭　茜	楽山師範学院
徐明慧	遼寧大学
龍佳琪	西南交通大学
楊春麗	西南交通大学
靳　琳	西南交通大学
軒轅雲暁	山東青年政治学院
侯炳彰	ハルビン工業大学
龍学佳	南京郵電大学
洪熙恵	煙台大学
鄒澐釗	吉林財経大学
張殷瑜	中国海洋大学
侯羽庭	中国海洋大学
劉　畑	中国海洋大学
王暁暁	山東大学威海分校翻訳学院
史小玉	長安大学
張童堯	大連東軟情報学院
曾鈺萍	大連東軟情報学院
何　陽	大連東軟信息学院
温麗穎	大連東軟情報学院
譚　森	重慶三峡学院
李麗芳	長春工業大学
李寒寒	長春工業大学
王淑婷	青島理工大学
梁一爽	天津工業大学
馬沢遠	天津工業大学
王　雨	東北大学秦皇島分校
馮如雪	許昌学院
宮　倩	華東師範大学
ガットブジャ	青海民族大学
徐彤彤	通化師範学院
周丹羚	福建師範大学
丁沁文	福建師範大学
涂智強	江西外語外貿職業学院
張志豪	江西外語外貿職業学院
郝亜蕾	泰山学院
田　雪	泰山学院
彭慧霞	泰山学院
張夏青	泰山学院
鐘葉娟	広東海洋大学
陳聖傑	大連海洋大学
潘　瑞	大連海洋大学
劉　娟	大連海洋大学
茹　壮	大連海洋大学
潘慧寧	大連海洋大学
陸　婷	大連海洋大学
王　朋	山西大学
韋倩雯	山西大学
楊　綺	山西大学
呉氷潔	東華大学
沈千匯	東華大学
李享珍	東華大学
劉淑蕓	東華大学
楊　珊	南京理工大学
丁剣鋒	南京工業大学
盧珊珊	南京工業大学
梁亞曼	魯東大学
左玉潔	魯東大学
範丹鈺	浙江師範大学
彭　楨	浙江師範大学
呉非凡	浙江師範大学
張羽冉	華東政法大学
趙嘉華	華東政法大学
高敏訥	華東政法大学
朱　瑛	華東政法大学
呉致芹	青島農業大学
徐一琳	青島農業大学
魏　婕	青島農業大学
梁慧梅	嶺南師範学院
盧冬梅	嶺南師範学院
許穎晴	嶺南師範学院
陳景蓉	済南大学
葉　歓	武漢理工大学
張鉦浩	武漢理工大学
趙　晗	武漢理工大学
陳加興	武漢理工大学
郭天翼	吉林華橋外国語学院
章夢婷	吉林華橋外国語学院
陳　彤	吉林華橋外国語学院
殷雨晨	吉林華橋外国語学院
汪笑笑	嘉興学院南湖学院
沈雯婷	嘉興学院南湖学院
劉　錦	中南財経政法大学
唐　然	中南財経政法大学
王　鈺	中南財経政法大学
丁　楠	大連理工大学城市学院
賈会君	大連理工大学城市学院
李芸璇	大連理工大学城市学院
張津津	大連理工大学城市学院
単金萍	浙江農林大学
陸怡雯	浙江農林大学
劉　婕	合肥学院
胡煥碟	合肥学院
王芸儒	大連工業大学
宋婷玉	大連工業大学
李　越	大連工業大学
孫雯雯	東北財経大学
許　暢	東北財経大学
張　妍	太原理工大学
賀　珍	寧波工程学院
銭　蜜	寧波工程学院
金美好	寧波工程学院
李　婷	寧波工程学院
王玲平	湖州師範学院
陳予捷	湖州師範学院
鐘　琳	湖州師範学院
袁暁露	湖州師範学院
汪頌今	湖州師範学院
蘭　黎	成都東軟学院
厳　浩	成都東軟学院
張書徳	大連大学
朱守静	大連大学
胡　芸	武漢大学
杜軼楠	武漢大学
呉欣君	上海理工大学
陶志璐	遼寧師範大学
孫　穎	遼寧師範大学
張　錦	遼寧師範大学大学院
王卓琳	遼寧師範大学大学院
尤子瑞	西安電子科技大学
李書輝	南京農業大学
羅雯雪	雲南民族大学
童　莎	西安財経学院
楊子璇	南京師範大学
劉明達	南京師範大学
彭淼琳	南京師範大学
李春輝	遼寧対外経貿学院
程蕾彧	西安外国語大学
劉雲嘉	黒龍江外国語学院
唐銀梅	江蘇大学
于佳雯	江蘇大学
仇昊寧	南京工業職業技術学院
唐　瀾	菏澤学院
徐　傑	菏澤学院
劉樹慧	菏澤学院
金娜延	大連民族大学
任　静	蘭州理工大学
蒋　瑩	天津科技大学
張　睿	天津科技大学
董魏丹	天津科技大学
黄靖智	天津科技大学

第13回
中国人の日本語作文コンクール受賞者一覧

最優秀賞・日本大使賞
宋　妍　河北工業大学

一等賞
邱　吉　浙江工商大学
張君恵　中南財経政法大学
王　麗　青島大学
黄鏡清　上海理工大学
林雪婷　東北大学秦皇島分校

二等賞
王曽芝　青島大学
劉偉婷　南京農業大学
孫夢瑩　青島農業大学
汝嘉納　同済大学
王静昀　中国人民大学
余催山　国際関係学院
李思萌　天津科技大学
李師漢　大連東軟信息学院
劉淑嫚　武昌理工学院
賀文慧　武昌理工学院
杜玟君　ハルビン工業大学
王智群　江西財経大学
趙景帥　青島職業技術学院
欧嘉文　華僑大学
陳　艶　上海交通大学

三等賞
呂暁晨　青島大学
陳　群　中南財経政法大学
陳月園　杭州師範大学
王婧瀅　清華大学
劉思曼　長春師範大学
葉奕恵　恵州学院
陳妍宇　電子科技大学
傅麗霞　華僑大学
李夢倩　浙江農林大学
李婉逸　中南財経政法大学
陳馨雷　中南財経政法大学
宗振宇　青島農業大学
高　潤　西南民族大学
鄭秋燕　菏澤学院
郭　禕　河北大学
史藝濤　上海市晋元高級中学
孫婧一　東華大学
王澤一　寧波外国語学校
蔡方方　許昌学院
劉海鵬　許昌学院
楊　悦　大連海事大学
楊晴茹　山東財経大学
顧　徐　上海海洋大学
劉　通　上海杉達学院
玉　海　中南民族大学
胡茂森　湖南大学
蘇暁倫　広東外語外貿大学
梅瑞荷　信陽師範学院
馬瀅哲　嘉興学院
張天航　武漢理工大学
劉小芹　東華大学
葉忠慧　広東海洋大学
王偉秋　天津工業大学
胡芷媛　大連東軟信息学院
郭　鵬　西南交通大学
周　湾　東華理工大学
呉夢露　江西農業大学南昌商学院
張少東　海南師範大学
成悦平　中国人民大学
徐雨婷　同済大学
史　蕊　淮陰師範学院
姚文姫　東莞理工学院
陸　湘　華僑大学
劉雅婷　天津科技大学
鍾一棚　大連大学
潘君艶　寧波工程学院
王　炎　大連工業大学
牟雨晗　浙江農林大学
張　婧　吉林華橋外国語学院
鄭　凱　青島農業大学
姚子茜　華東政法大学
丁昊天　中国海洋大学
張　典　大連外国語大学
陳　研　常州大学
張宇航　山西大学
張家福　運城学院
竇金穎　楽山師範学院
呉　凡　南京信息工程大学
馬　瑞　山西大学
劉　琴　安徽大学

佳作賞
林雨桐　広東外語外貿大学
馮彩勤　安徽大学
呉雲観　浙江理工大学
郝皓宇　チベット民族大学
周盛寧　嘉興学院応用技術学院
殷子旭　天津外国語大学
姚　瑶　中南民族大学
呉桂花　貴州大学
邱怡婷　塩城工学院
成暁倩　塩城工学院
徐子芹　四川外国語大学成都学院
周　怡　淮陰師範学院
朱夢雅　淮陰師範学院
郭燦裕　広東機電職業技術学校
郭夢林　常州大学
趙淑婷　嘉興学院
張革春　江西財経大学
陳麗菁　東華理工大学長江学院
袁　丹　西華師範大学
薛亜男　青島職業技術学院
陳佳敏　青島職業技術学院
趙妮雪　青島大学
洪斌鋭　恵州学院
白鳳玲　湖北民族学院
殷若宜　集美大学
鞠文婷　大連外国語大学ソフトウェア学院
李素娜　東莞理工学院
姚　悦　大慶師範学院
劉麗雲　湖南大学
呉仕婭　湖南大学
呂　程　湖南大学
葛宇翔　安徽外国語学院
任禹龍　海南師範大学
黄鎮清　海南師範大学
趙玉瑩　渤海大学
王敏敏　渤海大学
脱康寧　華僑大学
呉宏茵　華僑大学
周　琳　瀋陽工業大学
袁青青　浙江大学寧波理工学院
游介邦　大連外国語大学
趙君儒　大連外国語大学
蔚　盼　西北大学
孫錦茜　揚州大学
王楚萱　揚州大学
張佳寧　揚州大学
李　琳　江西農業大学南昌商学院
黄　琪　江西農業大学南昌商学院
謝環玥　黄岡師範学院
王大為　北京第二外国語学院
太敬媛　北京第二外国語学院
鄭　静　武漢工程大学
朱徳泉　安陽師範学院

潘衛峰	浙江万里学院
陳鋭煒	江西財経大学
劉英迪	江西財経大学
呉明賓	江西財経大学
曽冉芸	上海交通大学
徐　冲	大慶師範学院
李佳鈺	東北師範大学
斉夢一	北方工業大学
鄭燕燕	浙江師範大学
戴可晨	浙江師範大学
唐亜潔	吉林華橋外国語学院
湯承晨	吉林華橋外国語学院
于　蕾	菏澤学院
王沢洋	東北大学
周艶芳	集美大学
林麗磊	集美大学
甘　瑶	新疆師範大学
葉　璇	南京理工大学
張玉蓮	西南民族大学
徐明慧	遼寧大学
張媛媛	嘉興学院
劉　玉	西北大学
陳思伊	福州大学至誠学院
趙戈穎	中国海洋大学
李祖明	中国海洋大学
王沢源	山西大学
曹　帆	山西大学
陳　周	山西大学
鐘宇丹	広東外語外貿大学
陳嘉慧	広東外語外貿大学
王　蕙	北京科技大学
卜明梁	大連外国語大学
董博文	大連外国語大学
高　明	大連外国語大学
金　非	大連外国語大学
藍　玉	大連外国語大学
李佳沢	大連外国語大学
劉　迪	大連外国語大学
馬　駸	大連外国語大学
馬　蓉	大連外国語大学
王海晴	大連外国語大学
鄭皓予	大連外国語大学
樊翠翠	山東師範大学
盧静陽	山東師範大学
王暁暁	山東大学(威海)翻訳学院
王小芳	山東大学(威海)翻訳学院
厳晨義	嘉興学院
于華銀	遼寧軽工職業学院
黄媛熙	新疆師範大学
顔夢達	上海師範大学
王若雯	広東省外国語芸術職業学院
徐楽瑶	長春外国語学校
王　瑞	西安交通大学
唐　鈺	西安交通大学
張永芳	山東理工大学
徐　文	山東理工大学
霍暁丹	黒龍江外国語学院
張　淼	黒龍江外国語学院
于暁佳	黒龍江外国語学院
龐　迪	黒龍江外国語学院
李文静	黒龍江外国語学院
金淑敏	黒龍江外国語学院
霍暁丹	黒龍江外国語学院
劉正道	東華大学
張啓帆	東華大学
侯金妮	東華大学
高　寧	東華大学
符詩伊	東華大学
何悦寧	同済大学
陳穎潔	同済大学
于凡迪	同済大学
毛彩麗	魯東大学
張玉玉	魯東大学
解慧宇	魯東大学
李　浩	魯東大学
荀淑毅	魯東大学
陳　錚	天津外国語大学
徐嘉偉	天津外国語大学
高夢露	天津外国語大学
陳　靖	天津外国語大学
朱　珊	天津外国語大学
周姍姍	天津外国語大学
康為浩	天津商務職業学院
任盛雨	天津商務職業学院
張之凡	中南大学
凌沢玉	大連東軟情報学院
劉智洵	揚州大学
李婉娟	嶺南師範学院
朱藹欣	嶺南師範学院
呉玉儀	嶺南師範学院
田海媚	南京郵電大学
沈嘉倩	南京郵電大学
龍学佳	南京郵電大学
謝豊蔚	南京郵電大学
徐永林	南京郵電大学
劉　群	ハルビン工業大学
呉璐瑩	浙江大学城市学院
李鳳婷	南京信息工程大学
韓　丹	上海師範大学天華学院
梁一爽	天津工業大学
王雨帆	天津工業大学
徐文譁	湖州師範学院
馮金娜	湖州師範学院
閔金麗	湖州師範学院
王潔宇	山東科技大学
穆小娜	山東科技大学
張仁彦	山東科技大学
劉偉娟	山東科技大学
劉姝珺	四川外国語大学成都学院
趙紫涵	四川外国語大学成都学院
廖　琦	武昌理工学院
田漢博	武昌理工学院
王沙沙	武昌理工学院
李煜菲	武昌理工学院
劉思敏	武昌理工学院
裴　慶	武昌理工学院
柳宇鳴	武昌理工学院
唐一鳴	武昌理工学院
劉淑嫚	武昌理工学院
雷景堯	大連大学
路志苑	運城学院
曹海青	黄岡師範学院
謝沅蓉	北京第二外国語学院
劉　雅	北京第二外国語学院
張芸馨	東北財経大学
沈茜茜	東北財経大学
奚丹鳳	嘉興学院南湖学院
田　葉	嘉興学院南湖学院
張銀玉	山東財経大学
高　雅	安徽師範大学
王雅婧	安徽師範大学
林青霞	天津科技大学
王春蕾	天津科技大学
陳維任	天津科技大学
于汩鑫	山東大学
李海川	玉林師範学院
李虹慧	玉林師範学院
刁金星	大連民族大学
李笑林	寧波工程学院
王卓琳	大連理工大学城市学院
蔣蘊豊	大連理工大学城市学院
趙瑾軒	青島農業大学
許夢琪	青島農業大学
周克琴	中南財経政法大学
胡　健	中南財経政法大学
陳馨雷	中南財経政法大学
黄橙紫	中南財経政法大学
董知儀	武漢理工大学
魏　甜	武漢理工大学
呉夢思	武漢理工大学
李福琴	武漢理工大学
張夢婧	武漢理工大学
孟　晴	太原理工大学
方沢紅	浙江農林大学
戚夢婷	浙江農林大学
李延妮	大連工業大学
于　晨	大連工業大学
王彩雲	大連工業大学
蘇　翎	北京外国語大学
季孟嬌	青島大学
張雪倩	常州工学院
肖宛璐	瀋陽薬科大学
範松梅	瀋陽工業大学

第12回
中国人の日本語作文コンクール受賞者一覧

最優秀賞・日本大使賞

白　宇	蘭州理工大学

一等賞

郭可純	中国人民大学
張　凡	合肥優享学外語培訓学校
張君恵	中南財経政法大学
張彩玲	南京農業大学
金昭延	中国人民大学

二等賞

羅雯雪	雲南民族大学
肖思岑	湖南文理学院
王君琴	長安大学
王晨陽	国際関係学院
靳雨桐	中国人民大学
舒　篠	黒龍江外国語学院
王亜瓊	中南財経政法大学
朱翊慇	東莞理工学院
葉書辰	北京科技大学
張春岩	青島職業技術学院
徐　娜	恵州学院
張文輝	大連外国語大学
劉　安	山東政法学院
曽　珍	大連大学
王亜楠	山西大学

三等賞

肖年健	大連外国語大学
喬志遠	国際関係学院
謝　林	東華大学
余鴻燕	同済大学
郭　帥	青島農業大学
蔣易珈	南京農業大学
馬茜瀅	北京科技大学
梅錦秀	長江大学
林　璐	大連外国語大学
郭瀟穎	同済大学
洪　貞	上海理工大学
顧　誠	南京師範大学
李　聡	浙江農林大学
佟　徳	青海民族大学
李　倩	菏澤学院
劉嘉慧	江西農業大学南昌商学院
張靖婕	外交学院
高璟秀	合肥学院
陳倩瑶	吉林華橋外国語学院
王　婷	常州大学
王　弘	楽山師範学院
仲思嵐	揚州大学
劉権彬	東莞理工学院
郭建斌	運城学院
闞洪蘭	煙台大学
蔡偉麗	浙江農林大学
陳　怡	浙江農林大学
李慧玲	東北大学秦皇島分校
羅亜妮	南京理工大学
李琳玲	嘉興学院
李　達	大連外国語大学
劉小芹	東華大学
甘睿霖	揚州大学
周彤彦	南京郵電大学
李　氷	瀋陽師範大学
彭　俊	遼寧師範大学海華学院
陳　麗	天津科技大学
羅夢晨	南京師範大学
劉雨佳	瀋陽工業大学
許楚翹	常州大学
廖珊珊	東華理工大学
譚　翔	青島職業技術学院
李家輝	広東省外国語芸術職業学院
王沁怡	四川外国語大学
曹伊狄	遼寧対外経貿学院
李偉浜	南京工業大学
楊茹願	西安財経学院
朱杭珈	嘉興学院
陳子航	東華理工大学
戴俊男	東華大学
呉佩遙	同済大学
時　瑤	遼寧大学外国語学院
董鳳懿	大連工業大学
黄潔貞	五邑大学
施静雅	大連東軟情報学院
馮倩倩	安陽師範学院
付子梅	山東科技大学
鄭玉蓮	武漢理工大学
施金暁	寧波工程学院
丁　明	長春理工大学

佳作賞

周俊峰	江漢大学
張林璇	蘇州大学
楊晏睿	蘇州大学文正学院
祁麗敏	対外経済貿易大学
殷　静	重慶三峡学院
劉先会	天津財経大学
李睿禕	山東農業大学
黄国媛	曲阜師範大学
王建華	吉林建築大学城建学院
楊夢倩	華東理工大学
何思韻	広東外語外貿大学
黄　晨	南京大学金陵学院
陳静姝	長春理工大学
呂　月	淮陰師範学院
史　蕊	淮陰師範学院
張　悦	淮陰師範学院
陳維晶	北京郵電大学
黄少連	広東省技術師範学院
丁　一	渤海大学
王一平	重慶師範大学
陳蓓蓓	貴州大学
柏在傑	貴州大学
樊偉璇	貴州大学
袁静文	華僑大学
李方方	華僑大学
袁冬梅	華僑大学
蔡舒怡	華僑大学
金慧貞	華僑大学
李翔宇	華僑大学
任昀娟	青島大学
趙　芮	青島大学
王光紅	青島大学
丁夢雪	青島大学
李　明	青島大学
常暁怡	青島大学
閆　陽	青島大学
陳暁雲	華南理工大学
霍雨佳	海南師範大学
劉　塁	海南師範大学
楼金璐	四川外国語大学
王暁琳	吉林財経大学
方穎穎	泰山学院
熊萍萍	井岡山大学
高何鎧	浙江万里学院
宋躍林	嘉興学院平湖校区
謝子傑	嘉興学院平湖校区
張　彤	西南交通大学
鐘　璨	電子科技大学
王喩霞	煙台大学
蔡苗苗	東華理工大学
曽明玉	東華理工大学
張　琪	楽山師範学院
王　潔	楽山師範学院
蔡　楽	渭南師範学院
李天琪	西南民族大学
呉夏萍	吉林大学

姜景美	東北師範大学	張艾琳	惠州学院	馮茹茹	寧波工程学院
郭　城	大連外国語大学	洪毅洋	惠州学院	兪夏琛	寧波工程学院
何璐璇	大連外国語大学	張　鈺	揚州大学	張　薇	遼寧師範大学
隋和慧	大連外国語大学	唐順婷	四川理工学院	金智欣	遼寧師範大学
頼麗傑	大連外国語大学	李新雪	長江大学	黄倩倩	合肥学院
馮佳誉	大連外国語大学	楊欣儀	長江大学	龐嘉美	北京第二外国語大学
李欣陽	大連外国語大学	鄭　巧	長江大学	張雅楠	北京第二外国語大学
李佳沢	大連外国語大学	陳　豪	長江大学	孫　肖	北京第二外国語大学
李嘉欣	大連外国語大学	池夢婷	長江大学	金静和	北京第二外国語大学
艾雪驕	大連外国語大学	鄢甚佳	黄岡師範学院	甘　瑶	新疆師範大学
呂紋語	大連外国語大学	段　瑩	北京科技大学	張佳琦	上海交通大学
蘇靖雯	大連外国語大学	董揚帆	北京科技大学	張雅鑫	天津工業大学
呉昱含	大連外国語大学	馬新艶	南京師範大学	孫　帆	中南大学
張曦冉	大連外国語大学	夏君妍	南京師範大学中北学院	彭暁慧	湘潭大学
張暁晴	大連外国語大学	楊馥毓	浙江農林大学東湖校区	史苑蓉	福建師範大学
高　原	大連外国語大学	陳　怡	浙江農林大学東湖校区	林心怡	福建師範大学
姚佳文	大連外国語大学	李　毅	浙江農林大学東湖校区	張暁芸	福建師範大学
于　淼	大連外国語大学	孔増楽	浙江農林大学東湖校区	高建宇	吉林財経大学
陳　暢	大連外国語大学	沈夏艶	浙江農林大学東湖校区	劉建華	東南大学
韓　慧	大連外国語大学	潘　呈	浙江農林大学東湖校区	陸君妍	湖州師範学院
蘇日那	大連外国語大学	李　楽	太原理工大学	鄭　娜	湖州師範学院
蘇星煌	大連外国語大学	李一菲	太原理工大学	李双彤	湖州師範学院
羅晶月	大連外国語大学	孫甜甜	大連理工大学城市学院	瀋淼琴	湖州師範学院
叶桑妍	大連外国語大学	韓　玲	大連理工大学城市学院	李夢丹	中南財経政法大学南湖校区
張楽楽	大連外国語大学	胡　硯	大連理工大学城市学院	馬　沙	中南財経政法大学南湖校区
張　瑜	東華大学	李　婷	大連理工大学城市学院	秦小聡	中南財経政法大学南湖校区
郎　鈅	東華大学	姜　楠	ハルビン工業大学	袁暁寧	中南財経政法大学南湖校区
姚儷瑾	東華大学	陳　倩	長沙学院	康恵敏	中南財経政法大学南湖校区
蘇日那	大連外国語大学	王　翎	東北財経大学	黄鍇宇	大連理工大学
蘇星煌	大連外国語大学	鄧　婧	海南師範大学	王　進	大連理工大学
羅晶月	大連外国語大学	冷　敏	海南師範大学	金憶蘭	浙江師範大学
叶桑妍	大連外国語大学	檀　靖	嘉興学院南湖学院	王依如	浙江師範大学
張楽楽	大連外国語大学	趙　莉	湘潭大学	鄭　卓	浙江師範大学
張　瑜	東華大学	何　丹	大連工業大学	方　園	南京郵電大学
郎　鈅	東華大学	宋　娟	大連工業大学	姚　野	長春工業大学
姚儷瑾	東華大学	靳宗爽	大慶師範学院	李　月	運城学院
楊嘉佳	東華大学	陳　暁	大慶師範学院	徐　捷	運城学院
黎世穏	嶺南師範学院	夏丹霞	武漢理工大学	謝　林	運城学院
劉煒琪	嶺南師範学院	馬永君	武漢理工大学	吉　甜	天津師範大学
林小愉	嶺南師範学院	林華欽	武漢理工大学	王佳歓	常州大学
朱靄欣	嶺南師範学院	曹婷婷	武漢理工大学	李若晨	武昌理工学院
金美慧	大連民族大学	孫　葳	武漢理工大学	鄭詩琪	武昌理工学院
李霊霊	大連民族大学	曹　文	大連理工大学	王志芳	武昌理工学院
周明月	大連民族大学	閻　玥	大連大学	黄佳楽	武昌理工学院
劉晨科	山東交通学院	江　楠	大連大学	張　姫	武昌理工学院
徐　力	山東交通学院	郭　莉	青島農業大学	李宝玲	天津科技大学
権芸芸	対外経済貿易大学	王佳怡	寧波工程学院	黄燕婷	東莞理工学院
劉孟花	山西大学	費詩思	寧波工程学院	張玉珠	南京農業大学
張殷瑜	山西大学	陳　聰	寧波工程学院	陳雪蓮	山東大学
李　媛	惠州学院	金静静	寧波工程学院		

第11回
中国人の日本語作文コンクール受賞者一覧

最優秀賞・日本大使賞

張晨雨　山東政法学院

一等賞

雷雲恵　東北大学秦皇島分校
莫泊因　華南理工大学
張戈裕　嶺南師範学院
翁暁暁　江西農業大学南昌商学院
陳静璐　常州大学

二等賞

陳星竹　西安交通大学
孟　瑶　山東大学(威海)翻訳学院
王　林　武漢理工大学
羅暁蘭　国際関係学院
任　静　山西大学
王　弘　楽山師範学院
于　潔　揚州大学
郭可純　中国人民大学
劉世欣　南京理工大学
霍暁丹　黒竜江外国語学院
馮楚婷　広東外語外貿大学
周佳鳳　江西科技師範大学
王昱博　遼寧大学
許芸瀟　同済大学
鄒潔儀　吉林華橋外国語学院

三等賞

王羽迪　天津科技大学
張　敏　青島農業大学
趙盼盼　山東財経大学
金慧晶　北方工業大学
劉世奇　重慶大学
李思琦　山東大学(威海)翻訳学院
蒋雲芸　山東科技大学
蘇芸鳴　広東海洋大学
朱磊磊　鄭州大学
譚文英　南京農業大学
楊　力　瀋陽薬科大学
万瑪才旦　青海民族大学
宋文妍　四川外国語大学
梁　露　運城学院
張哲琛　東華大学
穀　柳　合肥学院
曹亜曼　南京師範大学
陳　婷　長春工業大学
祁儀娜　上海海事大学
夏葉城　遼寧対外経貿学院
張雅晴　ハルビン工業大学
閔子潔　北京師範大学
文家豪　雲南民族大学
牛雅格　長安大学
謝東鳳　中南民族大学
万　健　西南民族大学
陳蓓蓓　貴州大学
周　標　海南師範大学
田天緑　天津工業大学
白　露　長春理工大学
陳嘉敏　東莞理工学院
江　琼　江西財経大学
譚雯婧　広東海洋大学
陳維益　東北財経大学
王瀟瀟　南京大学金陵学院
李　珍　吉林大学
顧宇豪　浙江大学城市学院
王詣斐　西北大学
王超文　北京郵電大学
蔡　超　韶関学院
孫秀琳　煙台大学
李如意　外交学院
蒙秋霞　西南科技大学
牛宝倫　嘉興学院
範紫瑞　北京科技大学
畢　奇　太原理工大学
劉秋艶　大連外国語大学
楊慧穎　南京師範大学

佳作賞

李夢婷　天津財経大学
馮馨儀　天津財経大学
楊　珩　天津財経大学
馬雲芳　天津外国語大学
宋啓超　吉林大学
王暁依　浙江大学城市学院
曹　丹　青島大学
丁夢雪　青島大学
郝　敏　青島大学
楊　建　青島大学
葉雨菲　青島大学
成　愷　西南交通大学
俞　叶　西南交通大学
王　暢　西南交通大学
但俊健　西南交通大学
劉暁慶　西南交通大学
聶　琪　山東科技大学
張雪寒　吉林大学珠海学院
方　嘯　嘉興学院
陳子軒　嘉興学院
霍思静　嘉興学院
朱杭珈　嘉興学院
戴蓓蓓　嘉興学院
李　静　貴州大学
範　露　貴州大学
成　艶　貴州大学
趙慧敏　淮陰師範学院
付　雪　淮陰師範学院
劉樊艶　淮陰師範学院
陳　聡　淮陰師範学院
呉芸飛　淮陰師範学院
顧夢霞　淮陰師範学院
牛　雪　淮陰師範学院
李　艶　湘潭大学
夏英天　遼寧師範大学海華学院
白　洋　華僑大学
袁静文　華僑大学
曽宇宸　華僑大学
鄭貴嬰　華僑大学
徐鳳女　華僑大学
蔡舒怡　華僑大学
袁晨晨　浙江万里学院
唐佳麗　浙江万里学院
趙　琳　浙江万里学院
朱暁麗　浙江万里学院
王斐丹　浙江万里学院
胡佳峰　浙江万里学院
胡佳峰　浙江万里学院
宣方園　浙江万里学院
林婀慧　浙江万里学院
趙浩辰　長春理工大学
余梓瑄　南京信息工程大学
劉　璐　南京信息工程大学

楊　茜　曲阜師範大学
徐嘉熠　北京理工大学
周　熠　北京理工大学珠海学院
魯雪萍　黄岡師範学院
陳　洪　四川外国語大学成都学院
陳　穎　西南交通大学
陳　茹　中国医科大学
梁小傑　西南交通大学
陳　晨　大連大学日本言語文化学院
王思雨　長安大学
華雪峡　大連大学日本言語文化学院
袁慶新　聊城大学
勾宇威　北京師範大学
于聖聖　長春理工大学
孫麗麗　山東大学
賈海姍　大連東軟情報学院
文胎玉　湖北民族学院
李官臻　大連東軟情報学院
楊錦楓　揚州大学
賈少華　大連東軟情報学院
孫暁宇　揚州大学
馬小燕　西北大学
孟維維　淮陰師範学院
潘秋杏　惠州学院
謝夢佳　淮陰師範学院
魏麗君　惠州学院
王正妮　河南理工大学
鄭暁佳　吉林大学珠海学院
金　珠　遼寧軽工職業学院
徐逍綺　上海師範大学天華学院
唐淑雲　華僑大学
牛愛玲　山東交通学院
戴惠嬌　華僑大学
李　玲　山東交通学院
文暁萍　広東外語外貿大学
張　楠　山東交通学院
陳明霞　中南大学
呉家鑫　山東交通学院
蔡海媚　広州鉄路職業技術学院
方　荃　天津職業技術師範大学
孫小斐　山東理工大学
張丹蓉　北京第二外国語大学
孫　漪　哈爾浜理工大学栄成学院
曽　瑩　嶺南師範学院外国語学院
林　霞　青島農業大学
張暁坤　嶺南師範学院外国語学院
鄭芳潔　青島農業大学
陳玉珊　嶺南師範学院外国語学院
張静琳　長江大学
劉暁芳　青島大学
向　沁　湖南大学
崔倩芸　青島大学
張　偉　遼寧大学外国語学院
温殊慧　山西大学
陶穎南　通大学杏林学院
張蓓蓓　山西大学
姜光曦　哈爾浜工業大学
任家蓉　山西大学
王　芬　浙江工業大学之江学院
余姣姣　南京林業大学
金　鑫　浙江工業大学之江学院
李　希　南京林業大学
章佳敏　合肥学院
唐　雪　湖州師範学院
林先慧　合肥学院
李　慧　琳湖州師範学院
張雅琴　寧波工程学院
曽　光　遼寧対外経貿学院
馮茹茹　寧波工程学院
瞿　蘭　浙江師範大学
王　静　浙江農林大学
李　欣　航長春外国語学校
潘　呈　浙江農林大学
陸楊楊　上海交通大學
廖美英　集美大学
王　耀　華山東外貿技術学院
李甜甜　集美大学
黄篠芙　東北育才外国語学校
雷紅艶　湘潭大学
郭　欣　東北育才外国語学校
皮益南　湘潭大学
王茹輝　天津工業大学

第10回
中国人の日本語作文コンクール受賞者一覧

最優秀賞・日本大使賞

姚儷瑾　東華大学

一等賞

張　玥　重慶師範大学
汪　婷　南京農業大学）
姚紫丹　嶺南師範学院外国語学院
向　穎　西安交通大学外国語学院
陳　謙　山東財経大学

二等賞

王淑園　瀋陽薬科大学
楊　彦　同済大学
姚月秋　南京信息工程大学
陳霄迪　上海外国語大学人文経済賢達学院
王雨舟　北京外国語大学
徐　曼　南通大学杏林学院
陳梅雲　浙江財経大学東方学院
黄　亜　東北大学秦皇島分校
陳林傑　浙江大学寧波理工学院
呉　迪　大連東軟情報学院
呉柳艶　山東大学威海翻訳学院
孟文淼　大連大学日本言語文化学院
趙含嫣　淮陰師範学院
郭　倩　中南大学
王　弘　楽山師範学院

三等賞

徐聞鳴　同済大学
洪若檳　厦門大学嘉庚学院
姚怡然　山東財経大学
李　恵　中南財経政法大学
尤政雪　対外経済貿易大学
謝　林　運城学院
黄子倩　西南民族大学
万　運　湘潭大学
丁亭伊　厦門理工学院
梁泳恩　東莞理工学院
王秋月　河北師範大学匯華学院
孫丹平　東北師範大学
伊　丹　西安外国語大学
郝苗苗　大連大学日本言語文化学院
徐　霞　南京大学金陵学院
季杏華　揚州大学
李　楊　浙江万里学院
劉国豪　淮陰師範学院
金夢瑩　嘉興学院
鄢沐明　華僑大学
陳　韵　甘泉外国語中学
孫晟韜　東北大学軟件学院
楊　珺　北京科技大学
劉慧珍　長沙明照日本語専修学院
林　婷　五邑大学
申　皓　山東財経大学
宋　婷　長春理工大学
許　莉　安陽師範学院
余立君　江西財経大学
李　淼　大連工業大学
馮其紅　山東大学（威海）翻訳学院
陳　舸　浙江工業大学之江学院
黄倩榕　北京第二外国語大学
沈夏艶　浙江農林大学
曹金芳　東華大学
黎　蕾　吉林華橋外国語学院
任　静　山西大学
陳静逸　吉林華橋外国語学院
徐夢嬌　湖州師範学院
馮楚婷　広東外語外貿大学

佳作賞

楊米婷　天津財経大学
喬宇航　石家庄外国語学校
林景霞　浙江万里学院
王亜瓊　中南財経政法大学
浦春燕　浙江万里学院
黄斐斐　上海海洋大学
戴舒蓉　浙江万里学院
李瑶卓　運城学院
程　月　長春工業大学
来　風　運城学院
瞿春芳　長春中医薬大学
路志苑　運城学院
伍錦艶　吉首大学

第9回
中国人の日本語作文コンクール受賞者一覧

最優秀賞・日本大使賞

李　敏　国際関係学院

一等賞

李渓源　中国医科大学
趙思蒙　首都師範大学
毛暁霞　南京大学金陵学院
李佳南　華僑大学
張佳茹　西安外国語大学

二等賞

李　彤　中国医科大学
沈　泱　国立中山大学
張　偉　長春理工大学
何金雍　長春理工大学
葛憶秋　上海海洋大学
王柯佳　大連東軟信息学院
王雲花　江西財経大学
李　靈　上海師範大学天華学院
王楷林　華南理工大学
鄭曄高　仲愷農業工程学院
朱樹文　華東師範大学
斉　氷　河北工業大学
厳芸楠　浙江農林大学
熊　芳　湘潭大学
杜洋洋　大連大学日本言語文化学院

三等賞

羅玉婷　深圳大学
崔黎萍　北京外国语大学日研中心
孫愛琳　大連外国語大学
顧思骐　長春理工大学
遊文娟　中南財経政法大学
張　玥　重慶師範大学
張　眉　青島大学
林奇卿　江西農業大学南昌商学院
田　園　浙江万里学院
馬名陽　長春工業大学
尹婕然　大連東軟信息学院
王　涵　大連東軟信息学院
蒋文娟　東北大学秦皇島分校
李思銘　江西財経大学
梁　勁　五邑大学
馬　倩　淮陰師範学院
陳林杰　江大学寧波理工学院
崔舒淵　東北育才外国語学校
劉素芹　嘉応大学
邵亜男　山東交通学院
周文弢　遼寧大学遼陽校
虞希希　吉林師範大学博達学院
彭　暢　華僑大学
尹思源　華南理工大学
郭　偉　遼寧大学
魏冬梅　安陽師範学院
楊　娟　浙江農林大学
牛　玲　吉林華橋外国語学院
馬源営　北京大学
高麗陽　吉林華橋外国語学院
宋　偉　蘇州国際外語学校
劉垂瀚　広東外語外貿大学
唐　雪　湖州師範学院
呼敏娜　西安外国語大学
李媛媛　河北師範大学匯華学院
梁　婷　山西大学
呂凱健　国際関係学院
黄金玉　大連大学日本言語文化学院
黎秋芳　青島農業大学
劉　丹　大連工業大学

佳作賞

達　菲　浙江工商大学
蔡麗娟　福建師範大学
褚　蓄　長春理工大学
陳全渠　長春理工大学
朱姝璇　湘潭大学
劉潁怡　華南理工大学
付莉莉　中南財経政法大学
王明虎　青島大学
邵　文　東北育才学校
馬麗娜　浙江万里学院
趙一倩　浙江万里学院
黄立志　長春工業大学
沈　一　長春工業大学
熊　茜　大連東軟信息学院
曹　静　大連東軟信息学院
薛　婷　大連東軟信息学院
鄭莉莉　東北大学秦皇島分校
侯暁同　江西財経大学
雷敏欣　五邑大学
葉伊寧　浙江大学寧波理工学院
陳　芳　楽山師範学院
趙倩文　吉林華橋外国語学院
田　園　東師範大学
梁　瑩　山東大学
張可欣　黒竜江大学
馬　駸　華僑大学
梁建城　華南理工大学
高振家　中国医科大学
張玉珠　南京農業大学
李暁傑　遼寧大学
陳聞怡　上海海洋大学
孫君君　安陽師範学院
張　悦　連外国語大学
楊雪芬　江農林大学
周琳琳　遼寧師範大学
郭会敏　山東大学(威海)
翻訳学院日本語学部
王　碩　ハルビン工業大学
曽　麗　長沙明照日本語専修学院
喬薪羽　吉林師範大学
方雨琦　合肥学院
章　芸　湘潭大学
金紅艶　遼寧対外経貿学院
包倩艶　湖州師範学院
陳　婷　湖州師範学院
郭家斉　国際関係学院
張　娟　山西大学
王菊力慧　大連大学日本言語文化学院
龍俊汝　湖南農業大学外国語学院
李婷婷　青島農業大学
李　淼　大連工業大学

第8回 中国人の日本語作文コンクール受賞者一覧

最優秀賞・日本大使賞

李欣晨　湖北大学

一等賞

俞妍驕　湖州師範学院
周夢雪　大連東軟情報学院
張鶴達　吉林華橋外国語学院
黄志翔　四川外語学院成都学院
王　威　浙江大学寧波理工学院

二等賞

銭　添　華東師範大学
張　燕　長沙明照日本語専修学院
馮金津　大連東軟情報学院
魏　娜　煙台大学外国語学院
張君君　大連大学
羅　浩　江西財経大学
葉楠梅　紹興文理学院
周小慶　華東師範大学
施娜娜　浙江農林大学
高雅婷　浙江外国語学院
韓　璐　大連工業大学
潘梅萍　江西財経大学
李雪松　上海海洋大学
李　傑　東北大学
于　添　西安交通大学

三等賞

劉　珉　華東師範大学
呉智慧　青島農業大学
李暁珍　黒竜江大学
孫明朗　長春理工大学
王傑傑　合肥学院
周　雲　上海師範大学天華学院
黄慧婷　長春工業大学
楊　香　山東交通学院
洪雅琳　西安交通大学
王洪宜　成都外国語学校
張　瀚　浙江万里学院
馬雯雯　中国海洋大学
周亜平　大連交通大学
張　蕊　吉林華橋外国語学院
王　璐　青島科技大学
鄭玉蘭　延辺大学
王晨蔚　浙江大学寧波理工学院
邱春恵　浙江万里学院
張　妍　華僑大学
楊天鷺　大連東軟情報学院
郝美満　山西大学
李書琪　大連交通大学
李艶蕊　山東大学威海分校
王翠萍　湖州師範学院
許正東　寧波工程学院
張　歓　吉林華橋外国語学院
楊彬彬　浙江大学城市学院
薛思思　山西大学
趙丹陽　中国海洋大学
楊　潔　西安交通大学
李文静　五邑大学
劉庁庁　長春工業大学
佟　佳　延辺大学
劉宏威　江西財経大学
牟　穎　大連大学
石　岩　黒竜江大学
郭思捷　浙江大学寧波理工学院
傅亜娟　湘潭大学
周亜亮　蕪湖職業技術学院
胡季静　華東師範大学

佳作賞

趙　月　首都師範大学
閻　涵　河南農業大学
楊世霞　桂林理工大学
蒋華群　井岡山大学
王暁華　山東外国語職業学院
呉望舒　北京語言大学
何楚紅　湖南農業大学東方科技学院
耿暁慧　山東省科技大学
郭映明　韶関大学
馬棟萍　聊城大学
曹　妍　北京師範大学珠海分校
張　晨　山東交通学院
范暁輝　山東工商学院
李　峥　北京外国語大学
藍祥茹　福建対外経済貿易職業技術学院
魏　衡　西安外国語大学
陳　婷　上海外国語大学賢達経済人文学院
唐　英　東北大学
逢　磊　吉林師範大学
朱　林　温州医学院
熊　芳　湘潭大学
王亜欣　湖北第二師範学院
王穏娜　南京郵電大学
梁慶雲　広州鉄路職業技術学院
孫　瑞　遼寧工業大学
柳康毅　西安交通大学城市学院
趙瀚雲　中国伝媒大学
林　玲　海南大学
李冰倩　浙江理工大学
劉夢嬌　北京科技大学
呂　揚　広州第六高等学校
郭　君　江西農業大学
黄嘉穎　華南師範大学
張麗珍　菏澤学院
胡　桑　湖南大学
呉佳琪　大連外国語学院
蘇永儀　広東培正学院
侯培渝　中山大学
陳絢妮　江西師範大学
袁麗娜　吉首大学張家界学院
劉　莎　中南大学
段小娟　湖南工業大学
許穎穎　福建師範大学
劉艶龍　国際関係学院
張曼琪　北京郵電大学
任　爽　重慶師範大学
李競一　中国人民大学
井惟麗　曲阜師範大学
張文宏　恵州学院
劉依蒙　東北育才学校
韓　娜　東北大学秦皇島分校
王　歓　東北大学秦皇島分校

第7回
中国人の日本語作文コンクール受賞者一覧

最優秀賞・日本大使賞

胡万程　国際関係学院

一等賞

顧　威　中山大学
崔黎萍　河南師範大学
曹　珍　西安外国語大学
何洋洋　蘭州理工大学
劉　念　南京郵電大学

二等賞

程　丹　福建師範大学
沈婷婷　浙江外国語学院
李　爽　長春理工大学
李桃莉　暨南大学
李　胤　上海外国語大学
李　竑　上海海洋大学
李炆軒　南京郵電大学
王　亜　中国海洋大学
徐瀾境　済南外国語学校
李　哲　西安外国語大学
陳宋婷　集美大学
楊　萍　浙江理工大学
陳怡倩　湘潭大学
趙　萌　大連大学
陳凱静　湘潭大学

三等賞

劉　偉　河南師範大学
王鍶嘉　山東大学威海分校
冉露雲　重慶師範大学
李　娜　南京郵電大学
黄斯麗　江西財経大学
章亜鳳　浙江農林大学
張雅妍　暨南大学
王　玥　北京外国語大学
趙雪妍　山東大学威海分校
李金星　北京林業大学
羅詩蕾　東北育才外国語学校
莫倩雯　北京外国語大学
趙安琪　北京科技大学
欧陽文俊　国際関係学院
孫培培　青島農業大学
郭　海　暨南大学
孫　慧　湘潭大学
張徐琦　湖州師範学院
黄瑜玲　湘潭大学
楊恒悦　上海海洋大学
王吉彤　西南交通大学
任　娜　北京郵電大学
鄒　敏　曲阜師範大学
徐芸妹　福建師範大学
全　程　南京外国語学校
鄭方鋭　長安大学
秦丹丹　吉林華橋外国語学院
張臻園　黒竜江大学
任　爽　重慶師範大学
宋　麗　黒竜江大学
宣佳春　浙江越秀外国語学院
唐　敏　南京郵電大学
李玉栄　山東工商学院
陳　開　浙江越秀外国語学院
皮錦燕　江西農業大学
呉秀蓉　湖州師範学院
殷林華　東北大学秦皇島分校
黄　婷　浙江万里学院
雷　平　吉林華橋外国語学院
李嘉豪　華僑大学

佳作賞

範夢婕　江西財経大学
馮春苗　西安外国語大学
路剣虹　東北大学秦皇島分校
関麗嫦　五邑大学
何　琼　天津工業大学
趙佳莉　浙江外国語学院
崔松林　中山大学
王　菁　太原市外国語学校
馬聞嘒　同済大学
馬暁晨　大連交通大学
蔡暁静　福建師範大学
金艶萍　吉林華橋外国語学院
付可慰　蘭州理工大学
阮浩杰　河南師範大学
黄明婧　四川外語学院成都学院
高錐穎　四川外語学院成都学院
童　何　四川外語学院成都学院
李雅彤　山東大学威海分校
聶南南　中国海洋大学
王　瀾　長春理工大学
王媛媛　長春理工大学
朴太虹　延辺大学
張イン　延辺大学
呂　謙　東北師範大学人文学院
車曉曉　浙江大学城市学院
梁　穎　河北工業大学
李逸婷　上海市甘泉外国語中学
朱奕欣　上海市甘泉外国語中学
靳小其　河南科技大学
阮宗俊　常州工学院
呉灿灿　南京郵電大学
張　婷　大連大学
趙世震　大連大学
周辰溦　上海外国語学校
周　舫　湘潭大学
華　瑶　湘潭大学
霍小林　山西大学
文　義　長沙明照日本語専修学院
王　星　杭州第二高等学校
李伊頔　武漢実験外国語学校
王　瑾　上海海洋大学
孙婧雯　浙江理工大学
童　薇　浙江理工大学
諸夢霞　湖州師範学院
林　棟　湖州師範学院
林爱萍　嘉興学院平湖校区
張媛媛　青島農業大学
顔依娜　浙江越秀外国語学院
王丹婷　浙江農林大学
陳婷婷　浙江大学寧波理工学院

第6回
中国人の日本語作文コンクール受賞者一覧

【学生の部】

最優秀賞・日本大使賞

関　欣　西安交通大学

一等賞

劉美麟　長春理工大学
陳　昭　中国伝媒大学
李欣昱　北京外国語大学
碩　騰　東北育才学校

二等賞

熊夢夢　長春理工大学
徐小玲　北京第二外国語大学大学院
鐘自鳴　重慶師範大学
華　萍　南通大学
郭　蒓　北京語言大学
王帥鋒　湖州師範学院
薄文超　黒竜江大学
彭　婧　湘潭大学
盧夢霏　華東師範大学
袁倩倩　延辺大学
周　朝　広東外語外貿大学
蔣暁萌　青島農業大学
周榕榕　浙江理工大学
王　黎　天津工業大学
陳　娟　湘潭大学

三等賞

樊昕怡　南通大学
呉文静　青島農業大学
潘琳娜　湖州師範学院
楊怡璇　西安外国語大学
王海豹　無錫科技職業学院
侯　姣　西安外国語大学
陸　婷　浙江理工大学
張郁晨　済南市外国語学校　高校部
張芙村　天津工業大学
呉亜楠　北京第二外国語大学大学院
沈　燕　山東交通学院
張　聡　延辺大学
許嬌蛟　山西大学
張　進　山東大学威海分校
方　蕾　大連大学
林心泰　北京第二外国語大学大学院
鐘　婷　浙江農林大学
王瑶函　揚州大学
甘芳芳　浙江農林大学
王　媚　安徽師範大学
杜紹春　大連交通大学
金銀玉　延辺大学
周新春　湖州師範学院
趙久傑　大連外国語学院
文　義　長沙明照日本語専修学院
林萍萍　浙江万里学院
高　翔　青島農業大学
李億林　翔飛日本進学塾
馬暁晨　大連交通大学
呂星縁　大連外国語学院
任一璨　東北大学秦皇島分校

【社会人の部】

一等賞

安容実　上海大和衡器有限会社

二等賞

黄海萍　長沙明照日本語専修学院
宋春婷　浙江盛美有限会社

三等賞

胡新祥　河南省許昌学院外国語学院
蒙明超　長沙明照日本語専修学院
楊福梅　昆明バイオジエニック株式会社
洪　燕　Infosys Technologies(China)Co Ltd
唐　丹　長沙明照日本語専修学院
王冬莉　蘇州工業園区サービスアウトソーシング職業学院
桂　鈞　中化国際
唐　旭　常州職業技術学院

第5回
中国人の日本語作文コンクール受賞者一覧

【学生の部】

最優秀賞・日本大使賞

郭文娟　青島大学

一等賞

張　妍　西安外国語大学
宋春婷　浙江林学院
段容鋒　吉首大学
繆婷婷　南京師範大学

二等賞

呉嘉禾　浙江万里学院
鄧　規　長沙明照日本語専修学院
劉　圓　青島農業大学
楊潔君　西安交通大学
戴唯燁　上海外国語大学
呉　玥　洛陽外国語学院
朴占玉　延辺大学
李国玲　西安交通大学
劉婷婷　天津工業大学
武若琳　南京師範大学
衣婧文　青島農業大学

三等賞

居雲瑩　南京師範大学
姚　遠　南京師範大学
程美玲　南京師範大学
孫　穎　山東大学
呉蓓玉　嘉興学院
邵明琪　山東大学威海分校
張紅梅　河北大学
陳　彪　華東師範大学
鮑　俏　東北電力大学
曹培培　中国海洋大学
龍斌鈺　北京語言大学
和娟娟　北京林業大学
涂堯木　上海外国語大学
王篠晗　湖州師範学院
魏夕然　長春理工大学
高　潔　嘉興学院
劉思邈　西安外国語大学
李世梅　湘潭大学
李麗梅　大連大学
謝夢影　暨南大学
馮艶妮　四川外国語学院
金麗花　大連民族学院
丁　浩　済南外国語学校
張　那　山東財政学院
姜　茁　中国海洋大学
韓若氷　山東大学威海分校
陳　雨　北京市工業大学
楊燕芳　厦門理工学院
閆　冬　ハルビン理工大学
朱　妍　西安交通大学
張姝婀　中国伝媒大学
範　敏　聊城大学
沈釗立　上海師範大学天華学院
俞　婷　浙江大学寧波理工学院
胡晶坤　同済大学
温嘉盈　青島大学

【社会人の部】

一等賞

黄海萍　長沙明照日本語専修学院

二等賞

陳方正　西安NEC無線通信設備有限公司
徐程成　青島農業大学

三等賞

鄭家明　上海建江冷凍冷気工程公司
王　暉　アルバイト
翟　君　華鼎電子有限公司
張　科　常州朗鋭東洋伝動技術有限公司
単双玲　天津富士通天電子有限公司
李　明　私立華聯学院
胡旻穎　中国図書進出口上海公司

第4回
中国人の日本語作文コンクール受賞者一覧

【学生の部】

最優秀賞・日本大使賞

徐　蓓　北京大学

一等賞

楊志偉　青島農業大学
馬曉曉　湘潭大学
欧陽展鳴　広東工業大学

二等賞

張若童　集美大学
葉麗麗　華中師範大学
張　傑　山東大学威海分校
宋春婷　浙江林学院
叢　晶　北京郵電大学
袁少玲　暨南大学
賀逢申　上海師範大学
賀俊斌　西安外国語大学
呉　珺　対外経済貿易大学
周麗萍　浙江林学院

三等賞

王建升　外交学院
許　慧　上海師範大学
龔　怡　湖北民族学院
範　静　威海職業技術学院
趙　婧　西南交通大学
顧静燕　上海師範大学天華学院
牛江偉　北京郵電大学
陳露穎　西南交通大学
馬向思　河北大学
鐘　倩　西安外国語大学
王　海　華中師範大学
許海濱　武漢大学
劉学菲　蘭州理工大学
顧小逸　三江学院
黄哲慧　浙江万里学院
蘆　会　西安外国語大学
陳雯文　湖州師範学院
金　美　延辺大学
陳美英　福建師範大学
金麗花　大連民族学院

【社会人の部】

最優秀賞

張桐赫　湘潭大学外国語学院

一等賞

葛　寧　花旗数据処理（上海）有限公司大連分公司
李　榛　青島日本人学校
胡　波　無錫相川鉄龍電子有限公司

二等賞

袁　珺　国際協力機構JICA成都事務所
張　羽　北京培黎職業学院
李　明　私立華聯学院
陳嫻婷　上海郡是新塑材有限公司

三等賞

楊鄒利　主婦
肖鳳超　無職

特別賞

周西榕　定年退職

第3回
中国人の日本語作文コンクール受賞者一覧

【学生の部】

最優秀賞

陳歆馨　暨南大学

一等賞

何美娜　河北大学
徐一竹　哈尔濱理工大学
劉良策　吉林大学

二等賞

廖孟婷　集美大学
任麗潔　大連理工大学
黄　敏　北師範大学
張　旭　遼寧師範大学
金美子　西安外国語大学
賴麗苹　哈尔濱理工大学
史明洲　山東大学
姜　燕　長春大学
謝娉彦　西安外国語大学
銭　程　哈尔濱理工大学

三等賞

黄　昱　北京師範大学
張　晶　上海交通大学
呉　瑩　華東師範大学
蔡葭俍　華東師範大学
曹　英　華東師範大学
楊小萍　南開大学
于璐璐　大連一中
徐　蕾　遼寧師範大学
陸　璐　遼寧師範大学
黄　聡　大連大学
劉　暢　吉林大学
張　惠　吉林大学
鄧瑞娟　吉林大学
劉瑞利　吉林大学
劉　闖　山東大学
胡嬌龍　威海職業技術学院
石　磊　山東大学威海分校
林　杰　山東大学威海分校
叶根源　山東大学威海分校
殷暁谷　哈尔濱理工大学
劉舒景　哈尔濱理工大学
劉雪潔　河北経貿大学
尹　鈺　河北経貿大学
張文娜　河北師範大学
付婷婷　西南交通大学
張小柯　河南師範大学
張　麗　河南師範大学
文威入　洛陽外国語学院
王　琳　西安外国語大学
趙　婷　西安外国語大学
許　多　西安外国語大学
田　甜　安徽大学
朱麗亞　寧波大学
劉子奇　廈門大学
朱嘉韵　廈門大学
胡　岸　南京農業大学
張卓蓮　三江学院
代小艶　西北大学

【社会人の部】

一等賞

章羽紅　中南民族大学外国語学部

二等賞

張　浩　中船重工集団公司第七一二研究所
張　妍　東軟集団有限公司

三等賞

陳暁翔　桐郷市科学技術協会
厳立君　中国海洋大学青島学院
李　明　瀋陽出版社
陳莉莉　富士膠片（中国）投資有限公司広州分公司
朱湘英　珠海天下浙商帳篷有限公司

第2回
中国人の日本語作文コンクール受賞者一覧

最優秀賞

付暁璇　吉林大学

一等賞

陳　楠　集美大学
雷　蕾　北京師範大学
石金花　洛陽外国語学院

二等賞

陳　茜　江西財経大学
周熠琳　上海交通大学
庄　恒　山東大学威海分校
劉　麗　遼寧師範大学
王　瑩　遼寧師範大学
王荧艶　蘭州理工大学
張　嵬　瀋陽師範大学
張光新　洛陽外国語学院
王虹娜　厦門大学
許　峰　対外経済貿易大学

三等賞

曹文佳　天津外国語学院
陳　晨　河南師範大学
陳燕青　福建師範大学
成　慧　洛陽外国語学院
崔英才　延辺大学
付　瑶　遼寧師範大学
何　倩　威海職業技術学院
侯　雋　吉林大学
黄丹蓉　厦門大学
黄燕華　中国海洋大学
季　静　遼寧大学
江　艶　寧波工程学院
姜紅蕾　山東大学威海分校
金春香　延辺大学
金明淑　大連民族学院
李建川　西南交通大学
李　艶　東北師範大学
李一菡　上海交通大学
林茹敏　哈尔濱理工大学
劉忱忱　吉林大学
劉　音　電子科技大学
劉玉君　東北師範大学
龍　雋　電子科技大学
陸暁鳴　遼寧師範大学
羅雪梅　延辺大学
銭潔霞　上海交通大学
任麗潔　大連理工大学
沈娟華　首都師範大学
沈　陽　遼寧師範大学
蘇　琦　遼寧師範大学
譚仁岸　広東外語外貿大学
王　博　威海職業技術学院
王月婷　遼寧師範大学
王　超　南京航空航天大学
韋　佳　首都師範大学
肖　威　洛陽外国語学院
謝程程　西安交通大学
徐　蕾　遼寧師範大学
厳孝翠　天津外国語学院
閻暁坤　内蒙古民族大学
楊　暁　威海職業技術学院
姚　希　洛陽外国語学院
于菲菲　山東大学威海分校
于　琦　中国海洋大学
于暁艶　遼寧師範大学
張　瑾　洛陽外国語学院
張　恵　吉林大学
張　艶　哈尔濱理工大学
張　剣　洛陽外国語学院
周彩華　西安交通大学

第1回
中国人の日本語作文コンクール受賞者一覧

特賞・大森和夫賞

石金花　洛陽外国語学院

一等賞

高　静　南京大学
王　強　吉林大学
崔英才　延辺大学

二等賞

楊　琳　洛陽外国語学院
王健蕾　北京語言大学
李暁霞　哈爾濱工業大学
楽　馨　北京師範大学
徐　美　天津外国語学院
唐英林　山東大学威海校翻訳学院
梁　佳　青島大学
陶　金　遼寧師範大学
徐怡珺　上海師範大学
龍麗莉　北京日本学研究センター

三等賞

孫勝広　吉林大学
丁兆鳳　哈爾濱工業大学
李　晶　天津外国語学院
厳春英　北京師範大学
丁夏萍　上海師範大学
盛　青　上海師範大学
白重健　哈爾濱工業大学
何藹怡　人民大学
洪　穎　北京第二外国語学院
任麗潔　大連理工大学
于　亮　遼寧師範大学
汪水蓮　河南科技大学
高　峰　遼寧師範大学
李志峰　北京第二外国語学院
陳新妍　遼寧師範大学
姜舯羽　東北師範大学
孫英英　山西財経大学
夏学微　中南大学
許偉偉　外交学院
姜麗偉　中国海洋大学
呉艶娟　蘇州大学
蘇徳容　大連理工大学
孟祥秋　哈爾濱理工大学
李松雪　東北師範大学
楊松梅　清華大学
金蓮実　黒竜江東方学院
陳錦彬　福建師範大学
李燕傑　哈爾濱理工大学
潘　寧　中山大学
楊可立　華南師範大学
陳文君　寧波大学
李芬慧　大連民族学院
尹聖愛　哈爾濱工業大学
付大鵬　北京語言大学
趙玲玲　大連理工大学
李　艶　東北師範大学
魯　強　大連理工大学
蘇江麗　北京郵電大学
姚軍鋒　三江学院
宋　文　大連理工大学
張翠翠　黒竜江東方学院
崔京玉　延辺大学
裴保力　寧師範大学
鄧　莫　遼寧師範大学
田洪涛　哈爾濱理工大学
劉　琳　寧波大学
王　暉　青島大学
李　勁　大連理工大学
劉　麗　遼寧師範大学
武　艶　東北師範大学

「中国人の日本語作文コンクール」

中国若者たちの生の声　受賞作品集シリーズ

第1回 日中友好への提言2005

特賞・大森和夫賞 洛陽外国語学院 石金花

ISBN 978-4-86185-023-1 2000円＋税

第2回 壁を取り除きたい

最優秀賞 吉林大学 付暁璇

ISBN 978-4-86185-047-9 1800円＋税

第3回 国という枠を越えて

最優秀賞 暨南大学 陳歆馨

ISBN 978-4-86185-066-0 1800円＋税

第4回 私の知っている日本人

—中国人が語る友情、誤解、WINWIN関係まで—

最優秀賞・日本大使賞 北京大学 徐蓓、

湘潭大学外国語学院 張桐赫 ISBN 978-4-86185-083-7 1800円＋税

第5回 中国への日本人の貢献

—中国人は日系企業をどう見ているのか—

最優秀賞・日本大使賞 青島大学 郭文娟

ISBN 978-4-86185-092-9 1900円＋税

第6回 メイドインジャパンと中国人の生活

—日本のメーカーが与えた中国への影響—

最優秀賞・日本大使賞 西安交通大学 関欣

ISBN 978-4-86185-107-0 2000円＋税

第7回 甦る日本！ 今こそ示す日本の底力

—千年に一度の大地震と戦う日本人へ—

最優秀賞・日本大使賞 国際関係学院 胡万程

ISBN 978-4-86185-122-3 2000円＋税

第8回 中国人がいつも大声で喋るのはなんでなのか？

最優秀賞・日本大使賞 湖北大学 李欣晨

ISBN 978-4-86185-140-7 2000円＋税

第9回 中国人の心を動かした「日本力」

—日本人も知らない感動エピソード—

最優秀賞・日本大使賞 国際関係学院 李敏

ISBN 978-4-86185-163-6 2000円＋税

第10回 「御宅(オタク)」と呼ばれても

中国“90後”が語る日本のサブカルと中国人のマナー意識

最優秀賞・日本大使賞 東華大学 姚儷瑾

ISBN 978-4-86185-182-7 2000円＋税

第11回
なんでそうなるの？
—中国の若者は日本のここが理解できない—

最優秀賞・日本大使賞 山東政法学院 張晨雨

ISBN 978-4-86185-208-4 2000円＋税

第12回
訪日中国人、「爆買い」以外にできること
—「おもてなし」日本へ、中国の若者からの提言—

最優秀賞・日本大使賞 蘭州理工大学 白宇

ISBN 978-4-86185-229-9 2000円＋税

第13回
日本人に伝えたい中国の新しい魅力
—日中国交正常化45周年・中国の若者からのメッセージ—

最優秀賞・日本大使賞 河北工業大学 宋妍

ISBN 978-4-86185-252-7 2000円＋税

第14回
中国の若者が見つけた日本の新しい魅力
—見た・聞いた・感じた・書いた、新鮮ニッポン！—

最優秀賞・日本大使賞 復旦大学 黄安琪

ISBN 978-4-86185-267-1 2000円＋税

第15回
東京2020大会に、かなえたい私の夢！
—日本人に伝えたい中国の若者たちの生の声—

最優秀賞・日本大使賞 上海理工大学 潘呈

ISBN 978-4-86185-292-3 2000円＋税

第16回
コロナと闘った中国人たち
—日本の支援に「ありがとう！」伝える若者からの生の声—

最優秀賞・日本大使賞 大連外国語大学 萬園華

ISBN 978-4-86185-305-0 2000円＋税

日中のポジティブな情報発信を続ける

段躍中

30年前の8月、初めて日本の土を踏んだ。当時33歳の私は「日本円ゼロ、日本語ゼロ、日本人脈ゼロ」であることから「3ゼロ青年」と言われた。

留学生時代の5年間は、多くの日本の皆さんに日本語を教えていただき、アルバイトも一生懸命した。博士課程在籍中の1996年に、日本のメディアにおける在日中国人のマイナスな報道が大変多いことを少しでも変えたく、同胞たちの活躍情報を発信するため、出版社「日本僑報社」を創設し、以来25年間、『在日中国人大全』など400点以上の書籍を刊行し、日中のポジティブな情報発信を続けている。

書籍出版のかたわら、中国人向けの日本語作文コンクール、日本人向けの「忘れられない中国滞在エピソード」を同時に主催している。日中友好の基礎は民間にあり、中国の日本ファン、日本の中国ファンを1人でも多く育てることができたらと考えているからだ。

中国人の日本語作文コンクールは今年で17回目、中国全土の大学や大学院、専門学校、高校など約500校から延べ約6万人の応募があり、たくさんの優れた作文が受賞した。特に最優秀賞受賞者の訪日の時、日中友好協会本部を表敬訪問させていただき、「日中友好新聞」にいつも大きく取り上げていただいたこと、この場を借りて深くお礼を申し上げたい。

「忘れられない中国滞在エピソード」は、今年で5回目。約9割の日本人が中国に対する親近感があまりない時勢に、実名で中国での感動を語ってくださる皆さんに感謝したい。特に多くの協会員が応募され、昨年は大阪と福岡在住の協会員2人が一等賞を受賞、素晴らしい作品が多くの読者から賞賛された。改めてお礼を申し上げたい。

中国に関する情報は依然マイナスなものが多く、日中友好をめざしている方、特に若い方は、もっと発信者として、SNSなどニューメディアを活用し、日中両国のポジティブな情報を積極的に発信してほしい。

そのような目標をめざして、2018年に日中ユースフォーラムを新たに創設し、日本語作文コンクールと「忘れられない中国滞在エピソード」コンクールで受賞した若者に主役になってもらい、それぞれの体験と提言を語ってもらっている。

昨年末に開催した第3回の成果として『ポストコロナ時代の若者交流』をタイトルに単行本の刊行もできた。日中両国の若者たちの知識に裏打ちされた意見は、これからの日中関係の改善と発展を促進するヒントを探り、両国に新たな活力とポジティブエネルギーを注ぎ込むものであり、若者ならではの視点による具体的かつ有意義なアイデアに満ちあふれている。日中交流正常化に向けた取り組みには、この本が参考になると信じている。

21世紀の日中交流に資することをめざして、より良い書籍、より実りあるイベント開催をこれからも頑張っていきたい。皆さん、よろしくお願い申し上げます。

（日本僑報社代表）

日中友好新聞　２０２１年10月15日

朝日新聞

2020年11月30日

■作文コン受賞者決まる

第16回「中国人の日本語作文コンクール」（主催・日本僑報社、メディアパートナー・朝日新聞社）の受賞者が決まり、29日、オンラインイベントでのお披露目式があった。最優秀賞（日本大使賞）は大連外国語大学の万園華（ワン・ユワンホワ）さん(19)がコロナ禍での日本の対中支援についての思いをつづった「私たちを言葉が繋（つな）ぐ」。万さんは「まさか自分が選ばれるとは」などと喜びを語った。

今年の募集テーマは「ありがとうと伝えたい―日本や世界の支援に対して」など。中国各地から計3438作品の応募があった。受賞81作品を集めた作文集「コロナと闘った中国人たち」が日本僑報社から出版される。詳しくは同社のサイト（http://duan.jp/jp/index.htm）まで。

在中国日本国大使館 公式微博（Weibo）アカウント

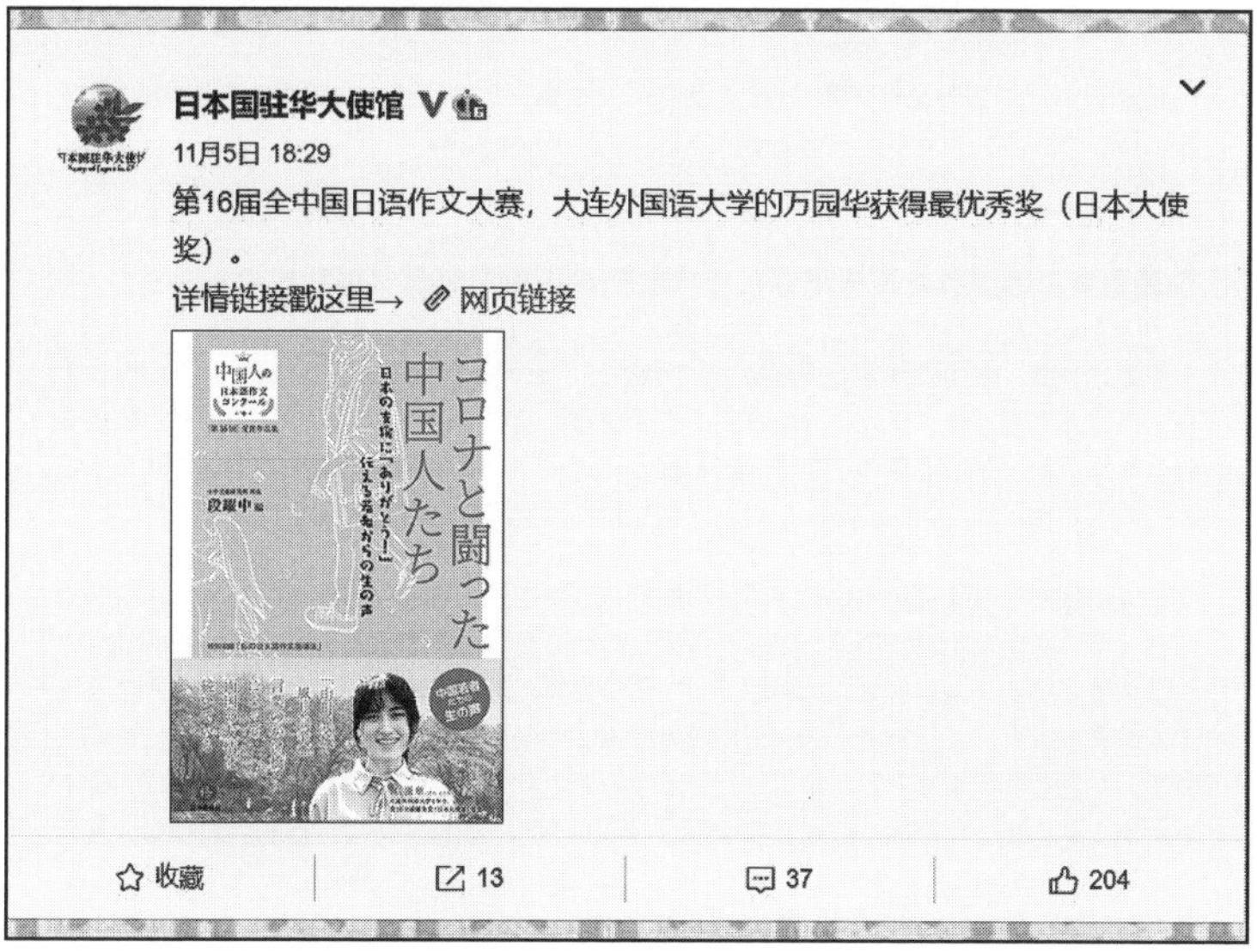

2020年11月5日

朝日新聞
DIGITAL　2020年12月1日

朝日新聞デジタル ＞ 記事

「なぜ日本語なんか学ぶの」 中国人の私、幼い日の記憶

2020年12月1日 15時00分

シェア　ツイート　B! ブックマーク　メール　印刷
list　0

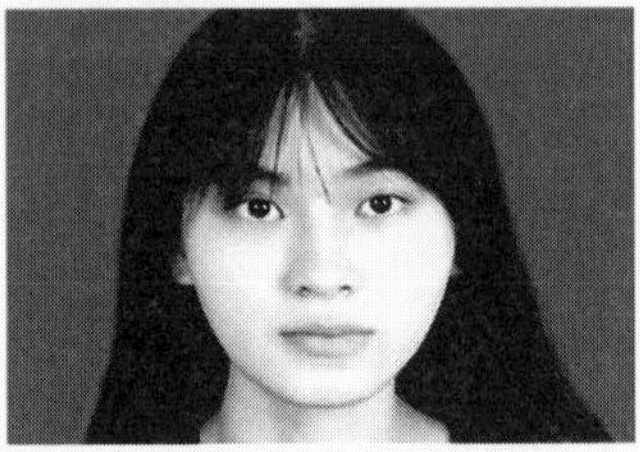

第16回「中国人の日本語作文コンクール」で最優秀賞を受賞した大連外国語大学の万園華さん（19）

第16回「中国人の日本語作文コンクール」（主催・日本僑報社、メディアパートナー・朝日新聞社）の受賞者が決まり、29日、オンラインイベントでのお披露目式があった。最優秀賞（日本大使賞）は大連外国語大学の万園華（ワン・ユワンホワ）さん（19）がコロナ禍での日本の対中支援についての思いをつづった「私たちを言葉が繋（つな）ぐ」。万さんは「まさか自分が選ばれるとは」と喜びを語った。

2005年から毎年開かれてきた同コンクールの今年の募集テーマは「ありがとうと伝えたい―日本や世界の支援に対して」など。中国各地から計3438作品の応募があった。

受賞81作品を集めた作文集「コロナと闘った中国人たち」が日本僑報社から出版される。詳しくは同社のサイト（ http://duan.jp/jp/index.htm ）へ。

最優秀賞に選ばれた万園華さんの「私たちを言葉が繋（つな）ぐ」

今年の春節、中国の武漢で 新型肺炎 が発生し、爆発的に全国へ広がった。学校が休校し、外出も制限され、普段の当たり前の生活が当たり前ではなくなった。政府や医療関係者、ボランティアは力を尽くして疫病と戦ったが、マスクなど医療用品の不足が状況をさらに悪化させた。しかし、そんな時、日本や世界は中国に助け舟を出してくれた。

多くの国から中国に援助物資が届けられるとともに、精神面の支援もあった。一番印象に残っているのは中国語の能力試験を実施している日本HSK事務局から 湖北省 への援助物資に書かれた「山川異域、風月同天」という言葉だ。日本語専攻の私はすぐにその言葉の意味を調べた。「日本と中国は海に隔てられ、山や川を共有していないが、夜空を見上げる時、同じ明月を楽しんでいる」という意味だと分かった。この言葉は 平安時代 に日本が唐王朝に贈った袈裟（けさ）に刺繡（ししゅう）されたもので、鑑真和尚はこの言葉に 感動 し、日本に渡る決意をしたという。だから、中日の友好交流の象徴とも言える言葉だ。日本HSK事務局はこの言葉を通じて、中国と一緒に苦難を乗り越える決意を表したのだろう。

人民网
people.cn　2020年11月5日

第16届全中国日语作文大赛结果揭晓

2020年11月05日20:38　来源：人民网-国际频道

第16届全中国日语作文大赛获奖作品集《守望相助——中日携手抗击新冠疫情》封面。

人民网东京11月5日电（记者刘军国）11月5日，由日本侨报社和日中交流研究所主办的第16届全中国日语作文大赛结果揭晓。来自大连外国语大学的万园华凭借《语言将我们联系在一起》获得最优秀奖。

万园华在作文中表示，今年新冠疫情肆虐之际，日本捐赠中国物资以及上面所写着赠言给她留下了深刻的印象，并使她回想起了2008年汶川大地震时前来中国实施救援的日本救援队的情形，让她更加坚定了“一定要努力学习日语，将来成为一名出色的译员”的决心。

据了解，5篇一等奖作品分别为安徽师范大学李矜矜的《我的朋友和她父亲的遗言》、清华大学陈朝的《小区的北门》、西安电子科技大学孔梦歌的《老奶奶家门口的篮子》、东北财经大学彭多兰的《妈妈要去卢旺达》、南京师范大学刘昊的《用口罩互助》。

日テレNEWS24　2019年12月13日

中国で日本語作文コンクール　最優秀賞は…

ツイートする　シェアする

2019年12月13日 02:43

全文

北京の日本大使館で、１２日、中国人による日本語作文コンクールの表彰式が行われ、最優秀賞には「翻訳を通じて国際交流に役立ちたい」という目標をつづった作品が選ばれた。

ことしで１５回目となる日本語作文コンクールには、中国全土から４３００あまりの作品が寄せられた。最優秀賞に選ばれた上海の大学院生は、"翻訳家の卵として東京オリンピックで翻訳に携わるボランティアをしたい"との思いを作文にした。

最優秀賞　潘呈さん「訪日する人々に対し正確な翻訳を提供することがオリンピック精神にもかなうでしょうし、実り豊かな国際交流にも役に立ちます」

中国で日本語を学ぶ人数は、２０１５年度に初めて減少したものの、日中関係の改善などを背景に再び増加し、１００万人を超えて世界最多となっている。

本の紹介

日中関係の書籍を出版する日本僑報社から昨年12月、次の4冊の寄贈がありましたので紹介します。（編集部）

『コロナと闘った中国人たち』段躍中編　2000円＋税

『中国人の苦楽観』李振鋼著　2800＋税

『中国古典を引用した習近平主席珠玉のスピーチ集』本書編集員会編　3600円＋税

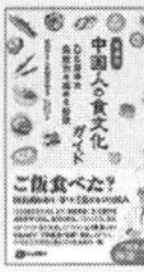

『中国人の食文化ガイド』熊四智著　3600円＋税

▽問い合わせ＝日本僑報社☎03（5956）2808

日中友好新聞　2021年1月1日

日本僑報社主催の作文コンクール受賞者決まる　受賞作品集も刊行さる

昨年11月、日本僑報社（段躍中代表）が主催する第16回「中国人の日本語作文コンクール」（当協会後援）の受賞者が発表された。

今回の応募総数は3438本。最優秀賞（日本大使賞）は、大連外国語大学・萬園華氏の「私たちを言葉が繋ぐ」。コロナ禍で日本から届いた支援物資に感動し、「将来は両国を繋ぐ立派な通訳になりたい」という大志を綴った作品。

今回のテーマは、①新型肺炎と闘った中国人たち②新型肺炎から得られた教訓や学んだこと③日本や世界の支援に対してありがとうと伝えたい。このほど刊行された『コロナと闘った中国人たち』（本体2,000円）には、受賞81作品が収録されている。

書籍購入、同コンクールの詳細については、日本僑報社（電話03・5956・2808）まで。

日中文化交流　2021年1月1日

本だな

日中交流研究所所長　段躍中　編

コロナと闘った中国人たち　日本の支援に「ありがとう！」伝える若者から生の声　日本僑報社刊

第16回中国人の日本語作文コンクールで3等賞以上を受賞した作品81本を掲載している。同コンクールの募集テーマは①新型肺炎と闘った中国人たち―苦難をいかに乗り越えたか②新型肺炎から得られた教訓や学んだこと③ありがとうと伝えたい―日本や世界の支援に対して、の三つ。

最優秀賞（日本大使賞）に選ばれたのは、大連外国語大学4年の萬園華さんの「私たちを言葉が繋《つな》ぐ」。今年のコロナ流行に際して、日本から送られた支援物資とそこに書かれていたメッセージ、そして、2008年四川大地震に駆け付けた日本の救援隊の真摯《しんし》な姿とを重ね合わせて、感謝の意を表し、同時に「将来、一人前の通訳者になるために日本語をしっかり学ぶ」と意欲を新たにする作品だ。

日本僑報社・日中交流研究所が主催する「中国人の日本語作文コンクール」は、日本と中国の相互理解と文化交流の促進をめざして2005年から開始。中国の学校で日本語を学ぶ中国人学生を対象として実施し、20年に第16回を迎えた。16年間で中国全土の300校を超える大学や大学院、専門学校などから4万9287人が応募した。

価格は2千円（税別）。271㌻。12月12日発行。問い合わせは、日本僑報社☎03（5956）2808。

観光経済新聞　2020年12月12日

情報クリップ

●中国人の日本語作文コンクール受賞作品集刊行

当協会が後援した第16回中国人の日本語作文コンクール（主催＝日本僑報社）の受賞作品集『コロナと闘った中国人たち』（2000円＋税）が日本僑報社から刊行された。180校から3438本の応募があった。最優秀賞に輝いたのは大連外国語大学の萬園華さん。タイトルは「私たちを言葉が繋ぐ」。日本からの救援物資に張られた「山川異域、風月同天」についてすぐにその意味を調べ、中日友好交流の象徴といえる言葉だと感じた。さらに今回の経験を通じ、1人前の通訳者になるために日本語を学びたいという気持ちが一層強くなったと語る。

第2次審査委員を務めた双日の林千野氏（日中関係学会副会長）は「中国の人々はいかにウィルスと戦い、何を得たのか。ロックダウンの最中に紡ぎ出された数々の珠玉のストーリーは感動的」と語っている。

国際貿易　2021年2月5日

日テレNEWS24 2019年12月27日

学習者は百万人超！中国の最新・日本語教育

ツイートする　シェアする　2019年12月27日 05:31

日本語を学んでいる人は、世界で約３８０万人。そのうち最多の１００万人を占める中国で、最新の取り組みを取材した。

◆日本語を学ぶ中国人は世界最多の１００万人超

今月１２日、北京の日本大使館で、ある授賞式が行われた。中国人の学生を対象とした日本語作文コンクール（応募総数４３５９本　日本僑報社主催）だ。

最優秀賞に選ばれた上海の大学院生は、"翻訳家の卵として、東京オリンピックで翻訳に携わるボランティアをしたい"との思いを作文にした。

最優秀賞・潘呈さん「訪日する人々に対し、正確な翻訳を提供することが、オリンピック精神にもかなうでしょうし、実り豊かな国際交流にも役立ちます」

こうした日本語を学ぶ中国人は、日中関係の悪化を背景に２０１５年度、初めて減少したが、昨年度の調査で再び増加。１００万人を超え、世界最多となっている。

日本僑報社・段躍中さん「ひとつの大きな流れは、日中関係が良くなっていること。特に指導部（政治）の交流が頻繁になり、国民の交流も頻繁になって、若者たちが日本語を学ぶ意欲も高まっていると思います」

「東京五輪で誤訳をなくすため」が最優秀賞

北京で「中国人の日本語作文コンクール」表彰式

右から横井裕大使、潘さん、段さん

日本僑報社主催の第15回「中国人の日本語作文コンクール」の表彰式と日本語スピーチ大会が昨年12月12日午前、北京の在中国日本大使館で、横井裕特命全権大使をはじめ、上位入賞者やその指導教師、家族など関係者約160人が出席して開かれた。

来賓として、日本大使館から横井大使をはじめ植野篤志特命全権公使、堤尚広公使、パン・パシフィック・インターナショナルホールディングスの高橋光夫専務執行役員CFO、株式会社東芝の宮崎洋一中国総代表、朝日新聞社の西村大輔中国総局長らが出席。主催者の日本僑報社からは、段躍中《だんやくちゅう》編集長（日中交流研究所所長）、張景子社長が出席した。

参列者一同で記念撮影

今回は、中国のほぼ全土にわたる大学や専門学校、高校など208校から計4359本もの作品が寄せられた。上海理工大学大学院の潘呈《はんてい》さんの作品「東京五輪で誤訳をなくすため、私にできること」が見事、最優秀賞・日本大使賞の栄冠に輝いた。

表彰式であいさつした横井大使は、「潘さんは、自らの日本での経験を生き生きと描き、加えて、自ら設定した課題に具体的で実際的な解決策を提示し、それを高い水準の日本語で表現した。このことが潘さんの作品を大使賞に選んだ理由だ」と語り、生き生きとした表現や、自らの課題に具体的な解決策を示したことが大使賞選出の大きなキッカケとなったことを明らかにした。

この後、受賞者を代表して日本語によるスピーチが行われ、日本大使賞受賞の潘呈さんをはじめ、1等賞受賞の龔緯延《きょういえん》さん（西安電子科技大学）、朱琴剣《しゅきんけん》さん（西北大学）、韓《かん》若氷《じゃくひょう》さん（大連外国語大学）、呂天賜《ろてんし》さん（河北工業大学）、趙《ちょう》文会《ぶんかい》さん（青島農業大学）の6人全員が登壇。それぞれの指導教師も登壇してあいさつした。

最後に、主催者を代表して段躍中所長が本コンクールの開催について、壇上のスクリーンに図表などを映し出しながら報告。2020年の第16回コンクールのテーマが発表された。

第15回中国人の日本語作文コンクールは、外務省により認定された2019年「日中青少年交流推進年」行事の一環として開催された。

（段躍中）

日中友好新聞　2020年1月25日

近着の図書紹介

■『東京2020大会に、かなえたい私の夢！』（段躍中編・日本僑報社・2000円＋税）

当協会などが後援した第15回中国人の日本語作文コンクールで3等賞以上を受賞した81作品を収録した書籍。4359本の応募があった。書名はテーマの一つ。最優秀賞を受賞した潘呈さんのタイトルは「東京五輪で誤訳をなくすため、私にできること」。潘さんは19年4月、日本に行った時、ゴミ箱に「ペットボトル」の中国語訳が書かれていたことを発見。しかし、「ペット」と「ボトル」に分けられ、「寵物（猫、犬などのペット）・瓶子」となっていた。他にも誤訳を見つけた。潘さんは中国語と日本語の翻訳の品質を向上させるボランティアの仕事がしたいと表明する。（亜娥歩）

国際貿易新聞　2020年3月5日

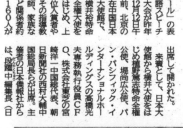

people.cn 2019年12月13日

把“宠物”扔进垃圾箱？日语作文大赛最优秀奖以“误译”为题获好评

2019年12月13日13:18 来源：人民网-日本频道

第15届全中国日语作文大赛颁奖典礼在北京举行。（摄影 陈建军）

人民网北京12月13日电（记者 陈建军）众所周知，日本的垃圾分类细致严苛。中国游客去日本旅游之前大多是要费一番功夫研究下如何分类丢垃圾，以免在外露怯。但当你举着空空的饮料瓶找到安置在日本景点的垃圾箱时，看到垃圾箱上赫然写着“宠物·瓶子”这几个中文字会作何感想，难道在日本可以随意将“宠物”扔进垃圾箱？这是中国大学生潘呈赴日旅游时的真实经历。而垃圾箱上的“宠物·瓶子”其实是PET bottle（塑料饮料瓶）的中文误译。除此之外，潘呈在日本街头还看到很多“闹笑话”的中文标记，他没有置之不理，而是花了很多时间去思考如何才能消除这种误译并杜绝这些误译对中国游客的误导，最后提出了通过网络提供正确翻译来解决问题的路径。之后，他将这一经历写成作文投稿给全中国日语作文大赛，还成功获得了最优秀奖——日本大使奖。

朝日新聞 2019年12月25日

隣国の五輪 願い乗せて

中国人の日本語作文コンクール

来年の東京五輪・パラリンピックで「かなえたい夢」は？ 15回目の「中国人の日本語作文コンクール」は、そんな問いかけに中国の若者たちが答えた。12日の表彰式で、それぞれの思いを聞いた。（北京＝高田正幸）

溝乗り越え 祖父と観戦約束

趙文会さん

青島農業大の趙文会さん(22)は「東京五輪を一緒に見る」という祖父との約束を作文にした。

日中戦争で家族を亡くした祖父は、趙さんが大学で日本語を学び始めると電話に出てくれなくなった。「認めて欲しい」との思いから、趙さんは自宅に帰った時に日本の花見の様子を映したテレビ番組を祖父と見た。「きれいだな」と祖父は笑顔で応じた。卒業旅行で一緒に東京五輪を観戦に行くことを提案してくれるようになった。

その後、祖父にがんが見つかった。それでも「一緒に日本に行く」と闘病を続けている。「自分の通訳で祖父が笑って日本人と話をする姿を夢見ている」と趙さんは話す。

韓若氷さん

「パラリンピックのボランティアをしたい」と書いたのは大連外国語大の韓若氷さん(21)。

小学生の時、近所に突越しにあいさつを交わす「お兄ちゃん」がいた。「バスケットボール選手になりたい」と話していたが、足が不自由だった。

そんな時、2008年の北京パラリンピックで障害者スポーツの存在を知った。「お兄ちゃんのような人を助けたい」と考えたのがボランティアを目指すきっかけだ。東京大会は日本語能力を生かす絶好の機会。「障害者と一緒に幸せになりたい」と話す。

西安電子科技大の龔緯延さん(20)は「敬語をしゃべる『ドラえもん』をつくって」と訴えた。

龔緯延さん

アニメを通じて5歳から日本語の勉強を始め、日本語能力試験で最上級の「N1」に15歳で合格。自信満々で大学に入った。だが「これからはよろしく」とあいさつすると、先生は微妙な表情に。敬語を使わなかったことが原因だと後でわかった。

「アニメで日本語を学ぶ外国人は多い。同じ悩みを抱える人は多いはず」。提案したのは五輪の「招致スペシャルアンバサダー」のドラえもんを活用するアイデア。ドラえもんのせりふを敬語にして、外国人に学んでもらう狙いだ。

誤訳から見えた可能性

最優秀賞 潘呈さん(26) 上海理工大大学院

来年の東京五輪・パラリンピックで、SNSを通じて街や会場で見かけた誤訳を共有したり、日本語の分からない人の質問にボランティアが応じたりするアイデアを提案した。「翻訳を通じた国際交流は五輪精神に一致する」と話す。

日本を旅行していた今年4月、東京スカイツリー近くのごみ箱に目がとまった。「ペットボトル」という表示に「寵物」という中国語訳が添えられていた。動物の「ペット」の意味だ。機械的に翻訳した誤りだと考えた。

小学生の時、アニメを見て日本に興味を持ち始めた。大学院では日本語翻訳を専攻。人工知能（AI）化が進んで「翻訳者の仕事は取って代わられる」と考えたこともある。でも、日本で目撃した誤訳から「適切な翻訳には背景にある文化への理解が必要。翻訳者の生存空間はまだまだある」と考え直すようになった。将来は、さらに次世代の翻訳家を育てる教師になりたいと思っている。

表彰式で記念撮影をする受賞者ら＝12日、北京、高田正幸撮影

日本人の中国理解 壁指摘も

一部の受賞者からは、日本人の中国イメージが実際と違うとの指摘があった。

呉雅婷さん

西安翻訳学院の呉雅婷さん(21)は今年春、インターンで日本を訪問した経験が忘れられない。

仲良くなった日本人にLINEの連絡先を聞いたところ「中国ではLINEを使うと殺されると聞いた」と心配されたのだ。中国ではネット規制でLINEやフェイスブックが使用できない。とはいえ「殺される」は誇張が過ぎる。

呉さんは「見て、触れれば、その国と国民が本当はどんな様子か知ることができるはず」と訴えた。

朱琴剣さん

西北大の朱琴剣さん(20)は、日本の女性と話をした時に「中国の人は今も人民服を着ているの？」と聞かれたことがあった。「日本人の中国に対するイメージは古い」と語った。

中国人の日本語作文コンクール

日中間の相互理解促進を目的に2005年に始まった。日本僑報社が主催、朝日新聞がメディアパートナー。今年は中国各地から4359本の応募があった。日本僑報社は最優秀賞から3等賞までの受賞作81本を「東京2020大会に、かなえたい私の夢！」として出版した。詳細は同社の関連サイト（http://duan.jp/jp/index.htm）で。

朝日新聞 DIGITAL 2019年12月25日

隣国の五輪、願い乗せて　中国人の日本語作文コンクール

2019年12月25日05時00分

シェア　ツイート　ブックマーク　スクラップ　メール　印刷

紙面ビューアー　面一覧

表彰式で記念撮影をする受賞者ら＝12日、北京、高田正幸撮影

来年の 東京五輪 ・パラリンピックで「かなえたい夢」は？　15回目の「中国人の日本語作文コンクール」は、そんな問いかけに中国の若者たちが答えた。12日の表彰式で、それぞれの思いを聞いた。（北京＝高田正幸）

■溝乗り越え、祖父と観戦約束

青島農業大の趙文会さん（22）は「 東京五輪 を一緒に見る」という祖父との約束を作文にした。

朝日新聞 DIGITAL 2019年12月25日

「日本のおじさんはスケベ」聞いて育った私、来日したら

今村優莉　2019年12月25日 7時00分

シェア　ツイート　ブックマーク 38　メール　印刷

日中ユースフォーラムで体験を語る朱杭珈さん＝2019年11月16日午後2時59分、東京都豊島区、今村優莉撮影

日本と中国の民間交流はどうすれば深まるか。15年間にわたって「中国人の日本語作文コンクール」を主催してきた日本僑報社（ 東京都 豊島区 ）が11月、両国の相互理解の促進について話し合う「日中ユースフォーラム」を開いた。過去の作文コンクールに参加した両国の若者9人が集まり、言葉を学んだきっかけや将来の夢について語った。

日本語を学ぶきっかけは、成績が足りなかったから――。「まるか」さんはそう切り出した。

まっすぐ切りそろえた黒い前髪に丸い顔。「顔が丸いアニメの ちびまる子ちゃん が好き。『まるか』と呼んで下さい」と話した。

本名は朱杭珈さん（25）。「まる子」ではなく「まるか」なのは、名前の日本語読み「こうか」にかけたものだ。

中国 浙江省 の自然豊かな農村の出身。貧しい家で両親は共に病を患っており、幼い頃から医者になることを夢みていた。大学入学の際、希望した学科に進むには点が足りず、日本語学科に振り分けられた。日本語の勉強を始めたのは仕方なくだった。

故郷では「日本のおじさんはスケベだらけ」「日本人は歴史を反省していない」と偏った話ばかり聞かされていた。

だが、大学で65歳の女性の日本語教師に出会い、中国で働く日本人に中国語を教える機会にも恵まれると、偏見は興味へと変わった。可愛いお土産においしい料理。「日本はどんなところだろう。この目で見て確かめたい」と思うようになった。

人民中国 PEOPLE'S CHINA 2019年2月号

北京　日本の魅力、中国の若者が作文に

「第14回中国人の日本語作文コンクール」（日本僑報社、在中国日本大使館の共催）の表彰式が昨年12月12日、北京の日本大使館で行われた。今回の作文コンクールのテーマは、「中国の若者が見つけた日本の新しい魅力」「日本の『中国語の日』に私ができること」「心に残る、先生のあの言葉」の三つ。中国28の省・直轄市・自治区の大学など235校から計4288本の作文が寄せられた。最優秀賞の「日本大使賞」には1作品、1等に5作品が選ばれた。

最優秀賞に選ばれたのは、復旦大学4年生の黄安琪さんの作文「車いすで東京オリンピックへ行く！」。京都での短期交流活動に参加した時、偶然にバリアフリー施設を体験し、そこから発信される「平等」や「愛」というメッセージに感動したことを描き、車いす生活の祖母を東京オリンピックに連れて行きたいという希望をつづった。

People's China

同コンクールは、中日間の相互理解と文化交流の促進を目的に2005年にスタート。これまでに中国全土の300校を超える大学や大学院、専門学校などの延べ4万1490人から作文が寄せられた。入賞作品は本にまとめられ、日本で毎年発売されている。

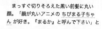

朝日新聞 DIGITAL　2019年11月14日

中国で日本語学び、人生変わった　16日に東京で交流会

今村優莉　2019年11月14日 17時30分

シェア　ツイート　ブックマーク　メール　印刷
list　1

昨年行われた、第１回日中ユースフォーラムの参加者＝日本僑報社提供

日本語を学ぶ中国の若者と、中国語を学ぶ日本人学生が体験を語る「日中ユースフォーラム」が１６日、東京都 豊島区 の 西池袋 第二区民集会室で開かれる。誰でも参加、自由に発言することができる交流イベントで、主催者が参加者を募集中だ。

２回目だが、公開されるのは初めて。日中の相互理解の促進を目的として１５年間作文コンクールを開いてきた日本僑報社（同区）が主催。中国側からは過去に日本語の同コンクールに参加したことで日本の大学で学ぶ機会を得た留学生や、中国で日本の文化を伝える事業をおこした若者が来日する。

参加する一人は、日本語を学ぶことを家族に反対されていた。だが、奨学金 を得て日本に留学し、学生生活で様々な日本人と交流を深めたことで日本への見方が変わり、やがては家族も応援。貧しい農村の出身だったが、日本語を学んだことで人生が変わったという。そんな自らの体験を話す予定だ。

日本側は、中国留学の経験がある東京大や 早稲田大 などの学生が臨むほか、朝日新聞論説委員や、中国で活動する日本語教師らがコメンテーターとして出席する。

日本僑報社編集長の段躍中さんは「日中の若者が相手国についてどのように考え、文化を吸収しているかを知る貴重な機会。関心のある方はぜひ参加して」と話す。

１６日午後２時から４時半まで。参加は無料。希望者は氏名、連絡先を明記の上、件名を「１１月１６日交流会参加申し込み」として同社宛てにメール：ｉｎｆｏ@ｄｕａｎ.ｊｐまたはファクス（０３・５９５６・２８０９）で申し込む。（今村優莉）

朝日新聞 DIGITAL
2018年12月18日

日本の良さって？中国女子に聞いた　名所や技術でなく…

2018年12月18日14時38分

表彰式で横井裕・駐中国大使(左から4番目)らと記念撮影する最優秀賞・1等賞の受賞者たち＝12日、北京の日本大使館、冨名腰隆撮影

中南財経政法大を卒業したばかりの王美娜さん(23)は、東京一人旅の最終日に財布をなくした。スーツケースや民泊の部屋の隅々まで探したが出てこない。

出発時間が近づき焦りが募る中、民泊部屋の大家が駅に電話をかけるなど助けてくれた。諦めかけた最後に交番を訪ねると見慣れた財布が届けられていて、大家と抱き合って喜んだ。

日本への印象が良くない周囲の人々に「日本には困った時、助けてくれる優しい人がたくさんいるよ」と言える、と作文につづった。

日中平和友好条約を結んで40年。いまや年間約800万人の中国人が日本を訪れる時代だ。14回目となった「中国人の日本語作文コンクール」のテーマの一つは「中国の若者が見つけた日本の新しい魅力」。中国人を感動させ、日本のイメージを変えさせたものは何か。12日に北京で開かれた表彰式で、受賞者に聞い

日テレNEWS24
2018年12月13日

中国・北京の大使館で日本語作文コンクール

ツイートする　シェアする　2018年12月13日 01:51

©NNN
最優秀賞
黄安琪さん
これからも日中友好の架け橋として
活躍できるよう頑張る

全文

中国・北京の日本大使館で１２日、中国人を対象にした日本語作文コンクールの表彰式が行われ、バリアフリー化が進む日本社会への思いをつづった作品が最優秀賞に選ばれた。

主催した団体によると、今回の作文コンクールには、中国全土から４２００あまりの作品が寄せられたという。

最優秀賞に選ばれた上海の大学生は、作品の中で、日本のバリアフリー化が進んでいると紹介した上で、「車いす生活を送る祖母を東京オリンピックに連れて行く」との目標をつづった。

最優秀賞・黄安琪さん「日本社会の平等や愛を感じた。これからも日中友好の懸け橋として活躍できるよう頑張る」

朝日新聞 2018年12月17日

訪日で越えた 心の壁

中国人の日本語作文コンクール

日中平和友好条約を結んで40年。いまや年間約800万人の中国人が日本を訪れる時代だ。14回目となった「中国人の日本語作文コンクール」＝キーワード＝のテーマの一つは「中国の若者が見つけた日本の新しい魅力」。中国人を感動させ、日本のイメージを変えさせたものは何か。12日に北京で開かれた表彰式で、受賞者に聞いた。（北京＝冨名腰隆、西村大輔）

入賞作を読むと、多くの若者が旅行や短期留学で訪日経験があることに気づく。彼らが日本の魅力として挙げるのは、親切や気遣いなどの「心」だ。

表彰式で横井裕・駐中国大使（左から4番目）らと記念撮影する最優秀賞・1等賞の受賞者たち＝いずれも12日、北京の日本大使館、冨名腰隆撮影

> 日中間の相互理解促進を目的に2005年に始まった。日本僑報社が主催し、朝日新聞がメディアパートナー。今年は中国各地の235校の大学、専門学校、高校などから4288本の応募があった。日本僑報社は最優秀賞から3等賞までの受賞作81本を「中国の若者が見つけた　日本の新しい魅力」として出版する。詳細は同社の関連サイト（http://duan.jp/jp/index.htm）で。

民泊・地下鉄・食堂…優しさにふれた

中南財経政法大を卒業したばかりの王美娜さん(23)は、東京一人旅の最終日に財布をなくした。スーツケースや民泊の部屋の隅々まで探したが出てこない。

出発時間が近づき焦りが募る中、民泊部屋の大家が駅に電話をかけるなど助けてくれた。諦めかけた最後に交番を訪ねると見慣れた財布が届けられていて、大家と抱き合って喜んだ。日本への印象が良くない周囲の人々に「日本には困った時、助けてくれる優しい人がたくさんいるよ」と言える、と作文につづった。

王美娜さん

「中国人と日本人の心の壁を壊したい」と目標を書いたのは江蘇師範大3年の周夢琪さん(23)。きっかけは、高校の卒業旅行で日本へ行ったことだ。地下鉄を乗り間違え、隣に座っていた中年男性に助けを求めると、男性は額に汗をにじませながら片言の英語で説明してくれた。様々な場面で優しさに触れ、日本語を専攻しようと決めた。

浙江万里学院の陳昕羽さん(21)は、短期留学で通い詰めた東京の食堂について書いた。夫婦で営む店の「家庭の味」はもちろん、帰り際の「夜道に気をつけてね」「傘を忘れないでね」という何げない一言が忘れられないと話す。「初めての海外で不安ばかりだった私にとって、どれだけありがたかったか。日本人の印象が一変した」

陳昕羽さん

ロリータ服　スタンプ　カルチャーにハマった　神社　猫の駅長

日本のカルチャーに魅せられた学生も多い。

広東外語外貿大南国商学院4年の呉曼霞さん(22)は、昨年夏に和歌山電鉄の「猫の駅長」を訪ねた体験を書いた。日本へ行って猫に会いたいと言ったら同級生に笑われたが、まるで本当の駅長のように猫を大事にする姿がいかにも日本らしいと感じた。「人間と動物の距離が近い。これは中国にはないこと」

呉曼霞さん

神社文化をきっかけに日本に関心を持った呉さんは、京都の八坂神社なども訪れ、絵画のように美しい景色だと思った。

「スタンプ文化」にはまったのは中国人民大4年の路雨倩さん(22)。駅や観光地などにある記念スタンプに興味を持ち、集め歩いた経験を書いた。スタンプには探す過程におもしろさがあるという。別府でスタンプマニアの日本人の若者と知り合い、旅の道連れとなった経験も。「手帳に残った色あせたスタンプは、写真よりも鮮明に自分の人生の足跡を記録してくれる」

吉林外国語大を経て9月に日本に留学した雷昕さん(20)は、高校時代にロリータファッションに目覚めた。個性を存分に演出できるのが魅力という。中国の街を歩くのは勇気が要る。知らない人に「日本鬼子（日本人への蔑称）が着ている服だろ」と言われたことも。作文には「好きな服を着るのは人の権利。日本では人目を気にせずロリータファッションを楽しみたい」と書いた。一方で、「いずれは中国の伝統的な漢服も日本に紹介し、中国の文化をもっと知ってもらえたら」とも。

バリアフリーに感銘「祖母を東京五輪に」

最優秀賞　黄安琪さん(21)

復旦大で日本文学を学ぶ黄安琪さん(21)の祖母は若いころ、小学校の体育教師だった。2008年の北京五輪を心待ちにしていたが、その年交通事故で右足を粉砕骨折し、車いす生活になってしまう。公共交通機関の利用にも苦労する祖母は、五輪を見に行くことがかなわなかった。

10年後、大学の交流プログラムで訪れた京都で黄さんは驚いた。車いすでバスに乗る客のために、時間が遅れてもスロープを準備する運転手。文句も言わず座席を畳んでスペースを作る乗客。日本のバリアフリー化に感銘を受け、東京五輪に祖母を連れて行きたいと感じた体験を作文にした。

浙江省杭州市の出身。日本と関わりの深い魯迅の小説を中学1年で読み、日本文学や作家に興味を持つようになった。お気に入りは川端康成の「古都」。「京都の名所や年中行事が鮮やかに描かれ、日本の伝統や芸術の美しさが込められている」と話す。

来年9月から大学院に進み、国際コミュニケーションやメディアについて学ぶ。英国留学も決まった。「将来は国際社会に貢献できる人間になりたい。日中の架け橋にもなれるよう、もっと頑張りたい」

2019年1月1日　日　中　文　化　交　流

日本語作文コンクール表彰式
北京の日本大使館で開催さる

日本僑報社・日中交流研究所（段躍中代表）が主催する第14回「中国人の日本語作文コンクール」（当協会後援）の表彰式と日本語スピーチ大会が、昨年12月12日、在中国日本国大使館で開催された。横井裕駐中国大使をはじめ、上位入賞者と指導教師ら関係者約160名が出席した。最優秀賞から3等賞までの計81作品は、『第14回中国人の日本語作文コンクール受賞作品集』（本体2，000円、日本僑報社刊）に収録されている。

同コンクールは、2005年に始まり、これまで中国の300を超える大学や大学院、専門学校などから、のべ4万1490本の応募があった。

お問い合せは、日本僑報社（電話03・5956・2808）まで。

毎日新聞　2018年10月7日

世界の見方

日中交流 草の根から

段躍中《だんやくちゅう》　日本僑報社代表

日中平和友好条約締結40周年を記念して、中国に滞在した経験のある日本人を対象にした第1回「忘れられない中国滞在エピソード」（作文・写真）を募集したところ、多くの応募をいただいた。昨年は中国に留学した経験のある日本人を対象に作文を募集、書籍化し、日中双方のメディアから注目された。2年間の作文審査を経て、中国での貴重な経験は、特に日本における日中交流の促進に生かすことができるのではないかと考えている。

中国から来日して27年になった。20年前、初の書籍「在日中国人大全」を出した時、日本に長期滞在する中国人は20万人余りだった。現在では日本国籍取得者を含めて約100万人に上るとされる。彼らに積極的に声をかけ、言葉の学習や料理のレシピ、生活の知恵などさまざまな情報を交換するのは有意義だろう。

中国滞在、留学経験者は、その語学力と知識を生かし、急増している訪日中国人とも交流してほしい。初めて日本を訪ね、困っているお隣の国の観光客を助けてほしい。それがフェース・トゥー・フェースの真の交流につながり、中国人客は「爆買い」以外にも日本文化への理解を深めることができるはずだ。

中国人の日本語学習をサポートしつつ「相互学習」してほしい。弊社が主催する「中国人の日本語作文コンクール」は2005年以来14回も続けてこられた。応募者数は4万人を超えている。中国で日本語を学ぶ学生と、日本で中国語を学ぶ学生は草の根交流の良きパートナーになれる。

11年前から東京・西池袋公園で開いている日中交流サロン「日曜中国語コーナー」にも気軽に参加してほしい。開催は550回以上になり、すでに10カ国以上から約2万人が参加している。日本にいても「日中市民交流」は深められる。平和友好条約40周年を機に身近な所から交流を始めてはいかがだろうか。（寄稿）

日中平和友好条約

日中間の平和友好関係の強化、発展を目的にした5条からなる条約で、いわゆる反覇権条項の第2条で、日中両国がアジア・太平洋地域や他のいかなる地域でも覇権を求めないこと、また覇権を確立しようとするいかなる国、集団の試みにも反対することをうたっている。

1978年8月12日に締結され、中国の最高実力者だった鄧小平氏が批准書交換のために来日して10月23日に発効した。

2019年2月15日　日中友好新聞

「車椅子で、東京オリンピックに行く！」が最優秀賞

第14回 中国人の日本語作文コンクール

日本僑報社・日中交流研究所主催の「第14回中国人の日本語作文コンクール」の表彰式と日本語スピーチ大会が昨年12月12日、北京の日本大使館で、横井裕大使をはじめ上位入賞者やその指導教師、家族ら関係者約160人が出席して開かれました。

日中平和友好条約締結40周年だった昨年、コンクールはその認定事業の一環として開催されました。

中国人の日本語作文コンクールは、日本と中国の相互理解と文化交流の促進をめざして、05年にスタート。中国で日本語を学ぶ、日本に半年以上の留学経験のない学生を対象として、昨年で14回目。中国各地の大学や専門学校など235校から、計4288本もの作品が寄せられました。

うち佳作賞以上の計302本（人）が入選を果たし、横井大使自らによる審査で、復旦大学日本語文学学部4年（作文執筆時は同3年）の黄安琪さんの「車椅子で、東京オリンピックに行く！」が見事、日本大使賞の栄冠に輝きました。

左から横井大使と黄安琪さんと段躍中さんで記念撮影

この作品は、京都での短期交流プログラムに参加した黄さんが、日本の進んだバリアフリー文化に接し、元体育教師で現在は車椅子で生活する祖母の「オリンピックを見に行きたい」というかねてからの夢を東京五輪でかなえてあげたいという、心優しく、かつ強い思いが感じられる感動的な作品。

受賞者代表のスピーチでは、黄安琪さんをはじめ、1等賞受賞の郎雅静さん（青島大学、現在は天津外国語大学大学院に在学中）、王美娜さん（中南財経政法大学、6月に卒業）、劉玲さん（華東師範大学）、呉雨菲さん（広東外語外貿大学南国商学院）の5人が登壇。

来賓あいさつに続いて、日中交流研究所の段躍中所長がコンクールの開催について、壇上のスクリーンに図表などを映し出しながら報告。

続いて、2019年の第15回コンクールのテーマが発表されました。東京オリンピック・パラリンピックに関するものとして（1）「東京2020大会に、かなえたい私の夢！」をはじめ、（2）「日中新時代を考える――中国の若者からの提言」（3）「今こそ伝えよう！先生、家族、友だちのこと」の3つが挙げられました。

表彰式第1部の「学生の部」に続く第2部は「先生の部――日本語教師フォーラム in 中国」として、2015年に創設された「優秀指導教師賞」の受賞者が発表されました。

コンクール3等賞以上の受賞者を育てた教師に対して、その日ごろの努力と成果をたたえるもの。受賞者それぞれに同賞が授与されました。

表彰式の模様は、朝日新聞はじめ、共同通信、日本テレビ、中国の各メディアなどにより多数報道されました。（段躍中＝日本僑報社）

朝日新聞
2018年3月4日

地球24時

■日中の大学生ら交流

日本と中国の大学生らが3日、東京都内で開かれた日中教育文化交流シンポジウムで両国の魅力について語り合った。日中共同の世論調査で、相手に「良くない印象」を持つ人は日本人の約9割、中国人の7割近く。互いを行き来した経験がある若者たちが、将来の日中関係に果たす自分たちの役割などを討論した。

昨年の「中国人の日本語作文コンクール」（主催・日本僑報社、メディアパートナー・朝日新聞社）で最優秀賞を得た河北工業大の宋妍さん(22)は、「信号機の押しボタン」に感心した。日本の街のどこにでもあり、東京五輪を控えて外国人にも使いやすいよう工夫が進んでおり、生活する人のことを考えて工夫を惜しまない日本らしさの象徴だと感じたという。

中華圏の娯楽文化を紹介する活動をしている鈴木由希さん(28)は「今、中国のバラエティー番組が面白い。おちゃらけのレベルも高い」。政治状況から、レギュラーの出演者が突然編集で消えたこともあったといい、「そんなところから、政治を考えるきっかけにもなる」と話した。

溝残る日中 私がつなぐ

中国人の日本語作文コン

中国の魅力って何だろう――。日本を訪れる中国人は増える一方なのに、中国に行く日本人は増えない。今年で13回目を迎えた「中国人の日本語作文コンクール」の課題の一つは「日本人に伝えたい新しい中国の魅力」だった。受賞した学生たちの思いを聞いた。（北京＝吉岡桂一、延与光貞）

「マナー悪い」変化へ努力

「中国の新しい魅力は絶えず発展していく農村」

青島大学4年の王曽芝さん(22)は、曽祖父が暮らす農村を久しぶりに訪れたときの経験を作文に書いた。大きなイチジクの農園ができたことで、貧しかった村が豊かに変わっていたことに驚いたからだ。

「以前の日本は中国が発展できないと思っていたのではないか。でも、中国は発展できることを証明した」という王さんは「日本人に中国の発展ぶりを見て欲しい」と話す。

上海理工大学3年の黄鎮濤さん(21)は、日本人の友人から中国人のマナーの悪さを指摘され、「誇りが傷ついた」ことを書いた。

これをきっかけに、「この国をきれいで清潔な国にする」と心に決め、環境問題のNPO活動に参加。中国でも環境保護を大事に考える価値観が広がっていることを知ったという。

黄さんは「今、私たちは努力しているし、変わりつつある。知って欲しいのはその事実です」と力強く語った。

踊り・漫才・漢方…魅力伝えたい

発展ぶりではなく、伝統文化をあげる学生も少なくなかった。

東北大学秦皇島分校3年の林鬱婷さん(21)は課題を前に「新しい中国を伝えたい」と思ったが、頭に浮かんだ中国の大都市の光景は、どれも先進国にもあるようなものばかりだった。日本人に「魅力」と言えるほどのものは何だろうか。結局、自らの故郷である広東省で、小さいころから慣れ親しんだ伝統的な踊り「英歌舞」を紹介した。「この踊りは困難を克服する勇気を与えてくれると祖母に教わった。昔もそうだし、今もそう」

中国の漫才に当たる「相声」のことを書いたのは江西財経大学4年の王智群さん(22)。「歴史の古いものだけど、内容は時代に合わせて変化しているから」。将来は通訳になって、日本の人に「相声」で笑ってもらいたいという。

広西チワン族自治区出身の邱吉さん(24)が訴えたのは、新たなソフトパワーとしての漢方医薬。漢方医の祖父が足をけがしたおばあさんを助けたときのことを書いた。

「今は中国でも西洋医学が中心になっているが、漢方医学を新たな魅力としてアピールしたいと思った」と邱さん。すでに浙江工商大学を卒業し、9月から日本の関西大学に留学し、大学院で日中の文化交渉について学んでいるという。

魅力的だと自慢したい場所は古里が多いようだ。

中国人民大学4年の王静昀さん(22)は、出身地である福建省アモイの海産市場のことを思い入れたっぷりに書いた。王さんは言う。

「みんな国際化がいいと言うけれど、民族的なものこそ魅力がある。日本に行く中国人も同じ。好きなのは日本独特の文化なんです」

表彰式で、横井裕・駐中国大使（左から7人目）らと記念撮影する最優秀賞と1等賞のみなさん＝12日、北京の日本大使館、延与光貞撮影

中国人の日本語作文コンクール

日中間の相互理解促進を目的に2005年に始まった。日本僑報社が主催し、朝日新聞がメディアパートナー。日中国交正常化45周年と重なった13回目の今年は、中国各地の189校から4031本の応募があった。日本僑報社の段躍中代表は「日本語を学んだ中国人の若者は日本にとっても財産だ。彼らが考える新たな中国の魅力を多くの日本人に知ってもらいたい」と願う。同社は最優秀賞から3等賞までの受賞作計81本を作文集「日本人に伝えたい　中国の新しい魅力」として出版。詳細は同社サイト(http://duan.jp/jp/index.htm)で。

震災復興 願い歌った

最優秀賞の宋妍さん(22)

最優秀賞を受賞し、表彰式でスピーチする宋妍さん＝12日、北京の日本大使館、延与光貞撮影

2011年に東日本大震災が起きた時は中学3年生だった。河北工業大学に入って先生に見せてもらった復興支援ソングのビデオを見て心を動かされた。多くの外国人が被災者を支えようとしている。でも、中国人は登場しなかった。

「日本語を学ぶ学生として中国の声も伝えたい」

友人や周囲の人を誘い、ビデオ制作に取り組んだ話を作文に書いた。

桜の花を折り紙で作り、それを手に歌った。「中国人が祈ることで、中国の好意が伝わると思った」からだ。学食の調理員からロシアに留学中の同級生まで55人が登場する。日本語を知らない人には自ら教えた。

河北省の出身。「名探偵コナン」などのアニメに親しんだこともあり、大学で日本語を専攻した。「同じ漢字を使うから、楽に学べる」と考えたが、「実際は読み方が全く違う。ひらがなやカタカナに苦労した」と笑って振り返る。

戦争の記憶もあり、中国では「日本語を学んでいる」と言うと嫌な顔をされたりもするが、気にしない。「やさしさと思いやりのある国。日中友好のために学びたい」。将来の夢は外交官。来年から北京大学の大学院で日本語を磨く。

朝日新聞
2017年12月14日

東京新聞 2017年4月6日

日中友好に役立ちたい

大学院生 白《はく》 宇《う》 23
（中国・南京市）

ミラー

今年で十二回目となる「中国人の日本語作文コンクール」で最優秀賞をもらった。副賞として二月上旬に一週間、日本を訪問した。三回目の日本。自分の足で東京を歩き、自分の肌で日本を感じた。

過去の訪日では、おいしい食べ物、有名な観光地、アニメやドラマに登場するものだけに目が行った。だが、今回得たものは全然違った。「また日本へ行きたい」。この気持ちこそ、今回の訪日で得た最も尊いものだと感じる。

滞在中に、多くの政治家、大学教授、協力団体の皆さまと直接交流する機会を得た。私の日本語学習や進路についてどなたも親切に助言をくださった。ホームステイもさせていただいた。教科書でよく見る納豆はやはり苦手だった。私も張り切って中国料理を作ったが、塩を入れ過ぎてしまった。それでもご家族は笑顔で食べてくださった。短い間だったが本当の家族のような感じがした。

将来、私は中日友好の役に立ちたい。今の私にはお金も地位もないが、両国の明るい未来のためなら頑張れる。自分が日本で感じたものを中国の友達、先生、家族に伝えたい。そして、これから知り合う日本人にも中国、中国人の良さをもっと伝えていきたいと思っている。広い中国には日本語学習者をはじめ、日本に興味を持つ若者がたくさんいる。彼らにもぜひ自分の心で日本と触れ合ってもらいたいと思う。

私の旅はまだまだ続いていく。あの一週間は夢ではなく、皆さんの温かさが私の中にちゃんと残っている。今でもやりとりしているメールで、私はある約束をした。「必ずまた会いに行きます」と。

NHK NEWS WEB 2017年12月12日

LIVE 日本海側中心に荒れた天気

日本語作文 最優秀の中国大学生 “「花は咲く」広めたい”

12月12日 21時25分

シェアする

日本語を学ぶ中国の大学生の作文コンクールで入賞した作品をスピーチの形で披露する催しが北京で行われ、最優秀賞の学生は、東日本大震災の復興支援ソング「花は咲く」の歌を中国で広めたいなどと日本語への思いを語りました。

日本経済新聞 2016.12.26

春秋

流行語にもなった「爆買い」。一時の勢いは衰えたともいわれるが、その隆盛を同じ国の若者はどう感じているのだろう。中国で日本語を学ぶ学生たちの作文集「訪日中国人、『爆買い』以外にできること」が出版されたので読んでみた。彼らの日本旅行記が印象深い。

▼演歌好きの学生は初の訪問地に大阪を選ぶ。「浪花恋しぐれ」の舞台、法善寺横丁を見るためだ。店の人や客たちと大阪弁で盛り上がる。歌詞に登場する落語家について解説を受ける。帰国後、店での時間を思い出し感慨深い気持ちになった。「爆買いだけしかしないなら、忘れがたい思い出を作ることは難しい」と記す。

▼別の学生は長野県の農村に足を運ぶ。無農薬の野菜作りに驚き、ブドウやリンゴのみずみずしさに「中国のものと全く違う」と思う。環境汚染に悩む母国と、公害問題の解決に努力した日本。国内にいると急速な発展にうぬぼれがちだ。「同胞たちよ、観光地や買い物以外に、本当の日本を体験しよう」と呼びかけている。

▼「爆買い」が注目される裏に、マナーの悪さにまゆをひそめるニュアンスを読み取る学生もいる。前向きな好奇心、感受性、潔癖感が行間からあふれ、何ともまぶしい。年末年始、日本を離れ海外で過ごす人の出国ラッシュがもうすぐ始まる。日本の若者も異国の素顔を知り、母国を見つめ直す経験を積んでほしいと願う。

東京新聞
2017年9月21日

文化

本屋がアジアをつなぐ ■18■

石橋 毅史

アニメ、漫画に熱い思い

大勢の漫画、アニメファンが出入りし、待ち合わせ場所にもなっているアニメイト＝筆者撮影

アジアをはじめ海外の客を集めている書店の筆頭といえば、アニメ、漫画の大型専門店だ。八月後半のアニメイト池袋本店（東京）は、学生の夏休み期間ということもあってか、いつのぞいても大盛況、かつ国際色豊かであった。

香港から来た二十三歳の男性二人連れは、とくに「機動戦士ガンダム」の大ファンだと話した。「香港にも支店はあるけど、日本のアニメイトに来てみたかった。明日は箱根の温泉へ行きます」

中国・上海出身で、現在は日本に留学中という女性は「月に二、三回くらい来ます。今日は上海から来る友達と待ち合わせています」。

手には缶バッジなどアニメのキャラクターグッズが。店の前の公園がファンのグッズ交換の場としても知られていて、それも目的なのだという。「日本人と交換することが多いけど、他の国の人とやりとりすることもあります」。日によっては百人を優に超える集まりとなることもあり、インターネットでは〝野生アニメイト〟などと呼ばれる。アニメファンの間で発生した現象にまで店名を使われてしまうほど存在が浸透しているということだろう。

アジア各国からの来店客向けサービスについてアニメイトに訊くと、「中国語圏で普及するキャッシュカード『銀聯カード』が利用可能」「英語および中国語を話せるスタッフの常駐」を挙げたが、外国人をターゲットにした品ぞろえ、催事などは、とりたてて行っていないという。日本人客と同様にもてなすところが、むしろ海外の人々を引きつけるのかもしれない。

『「御宅《オタク》」と呼ばれても』（日本僑報社）という本がある。日本語を学ぶ中国人学生を対象とした作文コンクールの優秀作をまとめたものだ。一九九〇年代に生まれた〝90後〟世代による「ACG」（日本のアニメ、コミック、ゲームを総称した中国語圏の言葉）への熱い思いが綴られている。

彼らは、友情、平和の尊さ、人や社会との向き合い方について、自ら答えを探すことを教えてくれたのがACGだ、と語る。ある作文では「中国のアニメは先生、日本のアニメは身近な先輩」、別の作文では、漫画の主人公は「心の中の親友」。漫画、アニメの海外展開というと有力な輸出産業といった大きな観点で語られがちだが、それを海の向こうで受けとめているのは、切実な悩みや希望を抱えた一人ひとりの若者である。

漫画市場も紙の単行本や雑誌の売り上げは下落し、近年は電子書籍へ急速にシフトしつつある。だが、アニメイトの店内を歩く人たちは皆、生き生きとしていた。二人連れやグループは満面の笑みで語り合い、ひとりで来ている人は、商品の一つひとつを真剣な表情で見つめていた。本屋の現場は、数字に表れないものを映しだす。

（いしばし・たけふみ＝出版ジャーナリスト）

＊第1、第3木曜掲載。

朝日新聞
2017年3月27日

特派員メモ

◆東京

白さんの思いを胸に

第12回「中国人の日本語作文コンクール」で最優秀賞に選ばれた南京大学大学院の白宇さん(22)が先月、日本にやってきた。昼食をとりながら本音を聞く機会があった。

白さんは日本好きだったわけではない。ふるさと安徽省の農村は保守的で、日本によい印象はなく育った。ところが大学では希望していない日本語学科に配属された。

思いを変えたのは、2人の日本人教師。熱心な指導に心を打たれた。勉強に没頭し、日本の魅力を知った。春節には日本人を連れて里帰りし、村人と交流した。日本人を受け入れてみると、村の雰囲気も変わった。白さんの受賞をみな喜んでいるという。

語学にとどまらず、訪日の「爆買い」や漫画、文学をきっかけに、日本を体感したいと思う中国人は多い。それぞれの経験を通した日本観が若者を中心に広まっている。

白さんは「日本人に中国の魅力を伝えていきたい」と言う。日本を知る中国人だけでなく、中国を知る日本人も増えれば、お互いをより冷静に見られるはずだ。私はもうすぐ北京へ赴任する。相互理解に、微力ながらも貢献したいと思う。

（福田直之）

朝日新聞 2016年12月14日

「爆買い」超える交流を

中国で日本語学ぶ若者に聞く

今年で12回目を迎えた「中国人の日本語作文コンクール」のテーマの一つは「訪日中国人、『爆買い』以外にできること」。急激に増える中国人観光客とその豪快な買い物ぶりを印象づけた「爆買い」だが、中国の若者はどのように受け止めているのだろうか。12日に北京で開かれた同コンクールの表彰式で、中国で日本語を学ぶ受賞者たちの率直な思いを聞いた。

デジタル版に受賞作文

横井裕・中国大使（中央）から表彰を受けた最優秀賞と1等賞の受賞者たち＝12日、北京の日本大使館、延与光貞撮影

中国人の日本語作文コンクール

日中間の相互理解促進を目的に2005年に始まった。日本僑報社が主催し、朝日新聞がメディアパートナー。12回目の今年は過去最多となる5190本の応募があった。今年のテーマは中国人訪日観光客による「爆買い」や「日本語教師の教え」など。日本僑報社の段躍中・編集長は「応募数も質も年々上がっている。日本語ができる人材は日中両国の宝物。これからも応援していきたい」と話す。同社は最優秀賞から3等賞までの受賞作計81本を作文集「訪日中国人『爆買い』以外にできること」として出版。詳細は同社サイト（http://duan.jp/jp/index.htm）で。

「日本の製品良くて安い」

「もし私が日本に行くなら、100％間違いなく、爆買いするな。1回じゃ持って帰れないくらい」

山東政法学院の劉安さん(21)は、爆買いについて聞くと笑顔で言った。「日本製品の質は良くて安いから。それに、多くの中国人が自分の目で日本を見て感じることはいいことだと思う」

今年、日本を訪れた中国人は9月時点で500万人以上。年内には過去最多の700万人に迫る勢いだ。

中国人民大の金昭延さん(20)は「私自身は爆買いに興味はないけど、その気持ちは分かる。質と価格、あとはブームってことじゃないかな」と話した。

「高い購買力 中国の誇り」

「爆買い」にはマナーの悪さという意味合いが込められることもあるが、「中国の若者のマナーは大きく改善されている。一部の変な行為は年配者のものでは」と湖北省にある中南財経政法大の大学院出身の張若恵さん(26)。

多くの学生はむしろ、爆買いの行為が示す中国人の購買力の高まりを誇りに感じているようだ。

旅行好きで、安徽省の外国語職業学校に通う楊凡さん(27)は、「中国人がみんなお金持ちになったと思って、日本人は複雑な感情なのかもしれない。でも、同じ商品が中国では2倍とかの値段。日本でできるだけ多く買いたいという思いは分かるでしょ」。

一方で、ギクシャクした日中関係が続くなか、中国で日本語を学ぶことへの微妙な感情も浮かぶ。

南京の大学に通う女性(21)は「ネット上に爆買いは売国奴だと書かれているのを見て、そうだなと思った。民族感情があるから。日本旅行は『敵に塩を送る』ことにならないかな、と」。日中戦争を知る祖母からは日本語を学ぶことに反対されたという。

ただ「爆買い」は最近、沈静化してきているとされる。学生たちも、訪日経験者たちの関心は別のものに移ってきているようだ。

「次回の訪日 伝統に興味」

中南財経政法大の大学院出身の王嘉雪さん(23)は今年1月の日本旅行の際、友人らから魔法瓶3本や化粧品などを買ってくるように頼まれた。自分の服やお菓子も買った。

でも、近く行く予定の2度目の訪日で興味があるのは「日本のふろしきや着物」。中国で伝統服は着て町中を歩く服ではないのに、京都で着物を着た人を見て新鮮に感じた。「おすしを食べるのも楽しみ」と日本語で語った。

「爆買いだけでは物足りない」というのは、中国人民大の郭可純さん(21)。今年2月まで約半年間、神戸に短期留学していた。両親が遊びに来たときは、もっと多くの日本を紹介したいと思った。

「日本人が中国人に対して爆買いのイメージしか持たないとしたら、悲しい。中国もお客さんへのおもてなしなら負けない。礼儀正しくないところもあるかもしれないけど、中国人の親切さも知ってほしい」

（北京＝古谷浩一、延与光貞）

大好きな日本語で日中つなぐ職が夢

最優秀賞の白宇さん(22)

最優秀賞（日本大使賞）を受賞した蘭州理工大学の白宇さん(22)は中国内陸部・安徽省の農村出身。実家も農家だ。保守的な土地柄で、日本へのイメージは良くないという。

尖閣諸島をめぐって日中関係が悪化した2012年の9月に入学。会計などを勉強したかったが、希望していなかった日本語学科を学校にあてがわれた。「専門を変えることだけを考えていた」と白さん。毎晩は将来を絶望して泣いた。

作文では、そんな白さんが授業で出会った「江里佳先生」夫妻に支えられ、4年間勉強を続けるうちに日本語が大好きになったことをつづっている。

今秋、南京大学の大学院に進学し、日本語を学ぶ。教師や外交官、通訳など日本と中国をつなぐ仕事に就くのが夢だ。12日の表彰式では、「機会があれば、留学して日本を肌で感じたい」と話した。

昨年7月に訪日した際には、家族や友人らへのプレゼントの「爆買い」を楽しんだ。「買い物を通じて日本や日本人の良さを知るきっかけになる。次は日本人に中国の良さを知ってもらいたい」

テレ朝news テレ朝 news 2016年12月12日

東京新聞 2016年2月28日

「予想していた通り みな親切」

中国人の日本語作文コンクール 最優秀の張さんが訪日

日本語作文コンクールで最優秀賞に選ばれた張晨雨さん＝都内で

十二回目となる「中国人の日本語作文コンクール」で最優秀賞（日本大使賞）に選ばれた山東政法学院四年生の張晨雨さん(二二)が二月下旬に、副賞として日本を訪れた。日本語を学んで三年となる張さんは、日本を実際に見るのは初めて。「予想していた通り、町がきれいで、みな親切。来年ぜひ日本に留学したい」と語った。

このコンクールは、中国で日本語を学び、留学経験のない学生を対象としており、日本僑報社、日中交流研究所（東京都豊島区、段躍中所長）が主催している。

今年は過去最高の四千七百四十九の応募があり、張さんの「好きやねん、大阪」が最優秀賞に選ばれた。今回の入賞作は「なんでそうなるの？」という作品集として発刊された。

国際交流基金によれば、中国では、大学などの教育機関で約百五万人が日本語を学んでいる。日本語教師も約一万七千人（うち日本人約二千四百人）になっている。外国語では英語の人気が高いが、アニメ人気の影響で日本語の学習を希望する学生も多い。

張さんの作品は、中国では北京と上海の人が、「こっちが上」と自慢し合うが、東京と大阪でも同じようなことがあると書き出し、大阪弁のイントネーションや大阪の笑いなどに焦点を当てた。視点のユニークさが評価された。大阪には叔母が住んでおり、親近感があったという。

張さんは二十一日から二十八日まで訪日し、国会を訪れたり、中国の若者事情などについて講演した。

「子どものころから日本のアニメに興味があった」という張さんは、「日本の社会を学びたい。将来はファッションの仕事に就きたい」と語った。（五味洋治）

朝日新聞 2015年12月18日

歴史対立 葛藤を言葉に

中国人の日本語作文コンクール

約100万人が学んでいるとされる中国の日本語教育の現場。複雑さを増す日中関係のなか、学生たちと日本語教師は、どんな思いでいるのだろうか。今年で第11回を迎えた「中国人の日本語作文コンクール」のテーマの一つは「私の先生はすごい」だった。受賞者と指導教官に話を聞いた。

家族の日本観 変えた先生

嶺南師範学院3年 張戈裕さん(21)

張戈裕さん

「私の先生はすごい。彼一人の力で私の家の歴史を変えたのだ。日本を憎む歴史を」

広東省にある嶺南師範学院3年生の張戈裕さん(21)は、1等賞をとった作文でそう書いた。

受験で志望学部に受からず、仕方なく入った日本語学科。曽祖父を日中戦争で亡くした家庭では、「日本を好きだ」ということは、「道徳」や「家訓」に反することだったという。

その張さんが「戦争があったからすべての日本人が悪いという思考回路がおかしい」と思うようになったのは日本語教師の「矢野先生」と出会ってからだった。

「矢野先生」は日本批判を言われても何も言わず、黙々と日本について教えてくれる人だった。その熱心な指導について話を聞いた両親の態度も微妙に変わった。依然として日本をよく言うことはないが、周囲の人に「娘の専攻は英語」と偽っていた母親は「うちの娘は日本語を勉強しています」とはっきりと言うようになった。

張さんは今、「将来は日本語教師になりたい」と思っているという。

多くの学生が、こうした中国で日本語を学ぶことの気持ちの葛藤を作文に盛り込んだ。日中関係の悪化の影響も受け、日系企業への就職は以前より難しくなっている。日本語学科を第1志望とする学生も減ってきているとも言われる。

常州大学の陳静璐さん(21)は「周囲の友だちは日本を理解している方だからいいけど、年齢の高い親戚たちの日本のイメージは昔のままみたい」と話した。

一方、華南理工大学の日本語教師、金華さん(44)は「日本語がうまくなるには、日本人の考え方を理解することが必要だ」と訴える。学生たちにとって、日本人教師は目の前にいる日本人の考え方のお手本。その印象は日本に対する印象自体も変えるというのだ。

「一日中、学生と過ごす教師も」

笈川幸司さん(45)

中国300校で日本語教育

教え子が次々とスピーチ大会で入賞し、「カリスマ日本語教師」と呼ばれる笈川幸司さん(45)に聞いた。

私はこれまで中国の300の学校の日本語教育の場を回ってきた。感じるのは、中国にいる日本人の日本語教師は、ただ教えるだけでなく、朝から晩まで学生と一緒に過ごすことが多いということ。

地方の多くの大学には、日本人留学生もいない。学生にとっては、先生イコール日本だ。日本人の先生がいなければ日本が分からないといった環境で、日本語を教えている。

歴史問題などで日中関係が緊張すれば、大変な立場に立たされるということもある。多くの教師が地道に仕事をしているが、その苦労は大きい。

教師ら「反日」ほぐす努力

最優秀賞を受賞した山東政法学院の張晨雨さん(20)の作文を指導した藤田炎二教師(57)は元新聞記者。昨年9月から同学院で日本語教師をしている。

ネットで作文コンクールの応募を知り、学生たちに呼びかけたが、クラス16人のうち応募は2人だけだった。日本語の能力はあるのになぜ書かないのか。

「学生たちは反日運動が激しかったときに日本語学科に入った世代。心の中に引っかかりが残っていても不思議ではない」という。

「来年はいったい何人が応募してくれるか。これが私の（日本語教師としての）通信簿だ」と話した。

1等賞の受賞作を指導した常州大学の古田島和美教師(59)は学生に対して、「指導ではなく、対話をした」と語る。「どうしたら学生の思いが正確に伝わる作文になるのか、自分も学ばせてもらった」

一方、授業で政治に触れることはタブーだという。ある教師は「大学側から政治と言葉を学ぶことは分けて欲しいと言われている」と話した。

（北京＝古谷浩一、倉重奈苗）

表彰式後、記念撮影する受賞者ら。前列左から4人目が最優秀賞の張晨雨さん＝12日、北京の日本大使館、倉重奈苗撮影

中国人の日本語作文コンクール

応募は計4749本 11回で過去最多

2005年、相互理解促進を目的に始まったコンクールで日本僑報社が主催、朝日新聞がメディアパートナー。今年は過去最多の4749本の応募があった。

最優秀賞(日本大使賞)に選ばれたのは、大阪で働く叔母とのやりとりを書いた山東政法学院の張晨雨さんの「好きやねん、大阪」。12日に開かれた表彰式で、「将来は日本でファッションに関する仕事に就きたい」。

日本僑報社編集長の段躍中さんは「中国の若者の作品を多くの日本人に読んでもらいたい」。受賞作を集めた作文集「なんでそうなるの？中国の若者は日本のココが理解できない」が出版されている。詳細は、同社のサイト（http://duan.jp/jp/index.htm）。

朝日新聞

ひと

中国人の日本語作文コンクールで最優秀賞

姚《ヤオ》 儷瑾《リーチン》さん(20)

上海で生まれ育ち、地元の東華大学日本語学科に合格して祝福されたのは、2012年の春。その秋に日本政府が尖閣諸島を国有化し、中国で反日デモの嵐が吹き荒れたさなかに入学した。

「日本語の専攻を親に反対された級友もいる。でも、中国の若者には、日本のアニメやコミック、ゲームやアイドルが大好きな『オタク』もたくさんいる」

昨年の第10回中国人の日本語作文コンクール（日本僑報社主催、朝日新聞社協賛）は過去最多の4千を超す応募があった。今週、副賞で日本を初めて訪れている。

「日本はきれいで、やさしい」

14歳の時、アニメ「機動戦士ガンダムSEED」と出会う。「日本のアニメは社会問題を反映したものが多く、深い。ガンダムは戦場のリアルな描写が命の尊さを伝えていた。世界情勢を身近に意識するようになった」という。

アニメに絡めて日中関係について書いた受賞作では「殺されたから殺して、殺したから殺されて、それで本当に最後は平和になるのか」というアニメで知った言葉から書き出した。日中関係をチョコに例える。「ミルクの甘い思い出もビターの苦い思い出もある」。時にはけんかをしながらも理解を深めていく、恋人のような関係になってほしい。

記者志望。「私の言葉で、お互いの良さを伝えたい」からだ。

文・坂尻信義　写真・西田裕樹

朝日新聞

2015年2月3日
2014年12月18日

対立超える魅力 言葉に

10回目の「中国人の日本語作文コン」応募最多

中国で日本語を勉強する若者たちは今、何を思っているのだろうか――。両国関係の悪化にもかかわらず、「中国人の日本語作文コンクール」＝キーワード＝（日本僑報社主催、朝日新聞社など協賛）は今年で10回目を迎え、その応募数は過去最多に上った。受賞者の学生たちの率直な思いを聞いた。

木寺昌人大使（右から3人目）から表彰された最優秀賞・日本大使賞の姚儷瑾さん（左から3人目）と一等賞の入賞者＝12日、北京の日本大使館、林望撮影

日本語力 アイドルのおかげ

最優秀賞 大学3年・姚儷瑾さん(20)

姚儷瑾さん

最優秀賞・日本大使賞を受賞した姚儷瑾さん(20)は上海にある東華大学の3年生。日本語を勉強し始めたのは大学に入ってからだが、「小さいころから日本のアニメやドラマが好きで、自然に日本語を使っていた」という。

受賞作も、そうした日本のアニメへの思いを両国関係の現状に重ねて書いた。

今、夢中になっているのは人気アイドルグループ「嵐」で、「日本語能力が上がったのは嵐のおかげ」。それだけに副賞で来年、日本に行けるのがうれしい。「わくわく。渋谷とか秋葉原で、日本のファッションを見たいなあ」

小遣いで買ったマンガ 宝物

大学3年・陳謙さん(22)

陳謙さん

アニメなどの「サブカル」をきっかけに、日本に関心を持ち始めた学生が目立つ。

山東財経大学3年の陳謙さん(22)は幼い頃、勉強の邪魔になるからと「クレヨンしんちゃん」を取り上げた母親が、自分に隠れて読みふけっていた経験を書いた。小遣いをためて買う日本の漫画は、宝物のようだったという。

大学で第1志望の専攻が定員オーバーでやむなく進んだ日本語学科だったが、「（日本語を敬遠する人が増えている）今こそチャンス。学べば学ぶほど、日本のことも知りたくなる」。

感情の悪化で つらい思いも

しかし、歴史問題などをめぐり、双方の国民感情は厳しい。日本語を勉強していることで、つらい思いをすることもあるようだ。

重慶師範大学4年の張玥さん(21)は、友人と一緒にテレビを見ていた時、「日本っていいな」と口にした途端、言い合いになった。日本を批判する友人に張さんが「私の知っている日本人はみないい人よ。一面だけ見るべきじゃない」と反論すると、「国の裏切り者」と言われた。

「私だって祖国を愛している。でも、信じるのは、自分で感じたことや見たこと。私の体験を通して、（日本嫌いの人たちの）考えを変えることができたら」と話した。

中国で日本語を学ぶ学生は100万人に上るとされる。日中関係の悪化は、就職などに直結した問題だ。

「政治は政治、自分は自分です」

西安交通大学4年の向麗さん(22)の夢は日本語教師になって、宮沢賢治の作品を中国の子どもたちに伝えていくことだ。「彼の文章は純粋。子どものような心が感じられる」。政治や経済に偏りがちな日本のイメージを、豊かにする力になりたいと意気込む。

南京農業大学の任婷さん(21)は、故郷の江蘇省に多数進出している日本企業で通訳として働きたいと思っている。

「話すのは難しいです。日本人はみんな敬語を話すじゃないですか。日系企業で働くなら、今の私の敬語じゃダメ」。念願の日本留学を果たすため、奨学金プログラムにもチャレンジするつもりだ。

（北京＝古谷浩一、林望）

日本文化が好き 伝えられた

主催の段躍中さん

コンクールの主催者である日本僑報社編集長の段躍中さん(56)は、日中関係の悪化に関係なく、「中国の若者たちが日本のアニメやドラマといった文化をいかに好きか」ということが、今回のコンクールで如実に表れたと見ている。

段さんは中国湖南省出身。中国青年報の記者を経て、1991年に来日。新潟大学大学院の博士課程を修了後、96年に日本僑報社を設立し、日中の架け橋として、両国関係に関する多数の書籍を出版してきた。

コンクールを主催したのも、「日中の相互理解を進めたい」との思いからだ。両国関係はこの10年間、絶え間なく問題が生じた。日本語を学ぶ学生たちは批判を受けることもあったというが、それでも、「彼らは日本語学習を通じ、日本人や日本文化への理解を深め、そのすばらしさに感動している」という。

段さんは「作文を通じて、そんな中国の学生たちの『生の声』を伝えることができ、うれしく思っている」と話した。

中国人の日本語作文コンクール

中国で大規模な反日デモが起きた2005年、相互理解の促進を目的に「日中友好への提言」をテーマに始まったコンクール。毎年1回開かれ、今年の第10回のテーマは「ACG（アニメ・コミック・ゲーム）と私」と「公共マナーと中国人」の二つ。応募数は過去最多の4133編に上り、12日に北京の日本大使館で表彰式があった。主催の日本僑報社は、受賞作計61本を作文集「『御宅（オタク）』と呼ばれても」として出版。詳細は同社のサイト（http://duan.jp/jp/index.htm）まで。

朝日新聞

THE YOMIURI SHIMBUN
讀賣新聞 2014年9月22日

popstyle Cool

受験、恋…関心は同じ

I love JPN

日本僑報社編集長
段躍中 さん 56
DUAN Yuezhong

「中国の若者の間での日本のサブカルチャーの影響力を思い知りました」。中国で日本語を学んでいる学生が対象の日本語作文コンクールを主催しているが、10回目の今年、テーマの一つを「ACG（アニメ・コミック・ゲーム）と私」にしたら、過去最多の4133人の応募者のうち約８割が、それを選んだからだ。

中国の全国紙「中国青年報」記者を経て、1991年８月に来日し、日本生活は23年になる。95年に新潟大学大学院に入学し、中国人の日本留学についての研究に取り組んだ。96年に「日本僑報社」を設立、まず月刊誌刊行を始めた。「日中の相互理解のために役立つ良書を出版したい」との思いから、中国のベストセラーの邦訳などを出している。

2006年には、大学受験生たちを描いた中国のベストセラー小説『何たって高三！　僕らの中国受験戦争』の邦訳を出版。昨年９月には、不倫や老いらくの恋などの人間模様を描いた現代小説『新結婚時代』の邦訳書を出した。「中国社会は大きく変化を遂げており、日本人と中国人の関心事が重なるケースが多くなってきています」

中国人の作文コンクールの作品集も毎年出版しており、第９回のタイトルは『中国人の心を動かした「日本力」』だった。一方、日本の書籍の版権を取り次ぎ、中国で出版する仲立ちもつとめている。その成果の一つとして、日本の与野党政治家の思いをまとめて02年に出た『私が総理になったなら　若き日本のリーダーたち』が、04年に中国で翻訳・出版された。「今後も『日本力』を中国に伝える仕事をしていきたい」と力を込める。

▲中国人の日本語作文集や中国小説の邦訳本を書棚から取り出す段躍中さん（東京都内の日本僑報社で）

讀賣新聞 2014年4月4日

論点

小さな市民交流 重ねて

日中関係改善への一歩

段《だん》 躍中《やくちゅう》氏

「中国青年報」記者を経て1991年来日。新潟大院博士課程修了。96年に日本で出版社「日本僑報社」設立、編集長。55歳。

領土や歴史認識に関する主張が対立する日中関係の改善は、残念ながら、当面は望めない。そんな中で、市民の立場からも、少しでも関係が良い方へ向かうよう、自ら考えて行動すべきではないだろうか。

私も微力ながら相互理解に役立てばと、6年前から東京・西池袋公園で「漢語角」という中国語の交流会を行ったり、中国で日本語を勉強している学生が対象の日本語作文コンクールを主催したりしている。コンクールは今年で10回目を迎え、毎年約3000もの作品が寄せられる。応募数は、日中関係が悪化した2012年以降も減っていない。日本語の水準は様々だが、「中国のごく普通の若者が一生懸命日本語で書いたもの」という点で共通しており、非常に大きな意味を持つと思う。

彼らの多くは日本のアニメやドラマなどのサブカルチャーから日本に興味をもったようで、今年は作文コンクールのテーマの一つを「ACG（アニメ・コミック・ゲーム）と私」としたほどだ。日本語を学ぶには至らないが、そうしたものが大好きな中国人は多い。日本の企業が作った電化製品や自動車などを高く評価し、好んで購入する人たちも常に存在する。つまり、中国には相当数の「日本ファン」がいるのだ。

そこで、日本国民にお願いしたいのが、「日本ファン」のサポートだ。

例えば、最近は日本各地で中国人旅行者と遭遇する機会が多くなっていると思う。買い物のためだけに来日したという印象を持たれるかもしれないが、彼らにとって日本への旅費は決して安くなく、「日本を楽しもう」という思いは、欧米からの旅行者より強いかもしれない。サポートとは、中国人旅行者が困っているのを見かけた時、ほんの少しでも手を差しのべてもらえないかということだ。道に迷っているなら交番を教えるだけでもいい。店舗内なら、店員を呼んで来るだけで構わない。小さな親切は良い思い出として残り、帰国後に周囲に語られ、さらにその周囲にも広がる。一つの〝小さな国際交流〟で影響を与えられる人数は少なくても、その機会が多ければ多いほど、影響される人数も増えていく。

ほかにも、市民にできる行動はある。

先日、昨年の日本語作文コンクールの受賞作をまとめた書籍『中国人の心を動かした「日本力」』に関する読売新聞の記事を読んだ女性から、3冊注文が入った。後日頂戴したはがきには、1冊は自分用、1冊は日本人の友人、もう1冊は中国から来た友人にプレゼントしたと書いてあった。私は感激するとともに、草の根交流を推進する者として、非常に刺激を受けた。

今はフェイスブックやツイッターなどもある。街で見知らぬ中国人に声をかけることができなくても、こうしたツールを活用して一般市民が両国の「良い部分」を伝え、広められる。それを読んだ中国人から、拙い日本語で書かれたメッセージを日本人が受け取る日が来れば、日中関係が改善に向かう、小さいが確実な一歩となるだろう。

産經新聞

2014年7月31日

日本僑報社編集長
段躍中 56
（東京都豊島区）

アピール

日中友好支える日本語教師の努力

国際交流基金の日本語教育に関する調査によれば、2012年度に世界で約400万人の人々が日本語を勉強しており、うち約104万人が中国の学習者だったという。

驚いたのは、ここ数年、日中関係はどん底とも言われる冷え込みの中にあるにもかかわらず、学習者数が2009年度より20万人以上も増加しており、日本語教育機関の数も同年度比で5・4%増の1800施設だったことである。

私は毎年、「中国人の日本語作文コンクール」を主催しているが、10回目を迎えた今年、応募件数は過去最多の4133件に上った。中国での日本語学習熱は、両国関係にあまり左右されないとは感じていたが、これらの数字を目にして、それが確信に変わると同時に、感動すら覚えた。

ただ、中国の日本語学習者や日本語教師を取り巻く状況はかなり厳しいと、容易に想像できる。事実、コンクールの応募作にも、日本語を学ぶことを家族や友人に反対された経験をつづったものが数多くあった。

しかし、彼らのほとんどは外野の圧力に屈することなく日本語学習を続け、日本や日本人への理解を深め、日本語だけでなく日本のことも好きになっている。つまり、中国には日本語学習を通じて日本に好印象を抱く可能性のある人が、100万人以上もいるわけだ。

私は彼らの存在こそ、今後の日中関係において非常に重要だと考えている。現在のように両国トップが対話できない状況下で、国と国とをつなぐのは市民同士の交流以外にないと思うからだ。

日本語学習者という〝日中市民交流大使〟の育成には、日本語教師、とりわけ日本の本当の姿を正確に伝えられる日本人教師の皆さんの力添えが必要である。コンクールには、そのような高い志をもつ日本語教師をたたえる賞を設けることにした。賞が少しでも彼ら日本語教師の励みになればと心から願っている。

朝日新聞

2014年（平成26年）
1月27日

風

古谷 浩一
北京から

悪化する日中関係　それでも日本語を学ぶ若者

言うまでもなく、日中関係はとても悪い。こんなとき、中国で日本語を学ぶ若者たちはいったい何を感じているのだろうか、と思った。

「本当にいいのか。日本語なんて勉強しても将来性はないだろう」。日本僑報社が主催する「中国人の日本語作文コンクール」で1等賞をとった李佳南さん(21)は、受賞作文のなかで、父親にそう言われた経験を書いていた。それでも彼女は、福建省にある華僑大学日本語学科に入学した。「（両国民が）互いに尊敬し、助け合える日が来るだろう」と信じているという。

李さんに会ってみたいと思い、電話をした。「えっ」と驚いた様子の李さんだったが、すぐに承知してくれた。日本人と話す機会はほとんどないそうで、「私にとってもチャレンジです」という。

江西省の玉山県にある李さんの実家を訪ねた。省都の南昌から鈍行列車でゴトゴトと約4時間。郊外に山と農地が広がる地方の小さな街だ。

小ぎれいなアパートの部屋で、白と黒の縞のワンピースを着た李さんは、ちょっと緊張した表情で話してくれた。日本語学科に入ったのは、語学への関心からで、日本語にこだわったわけではなかったこと。両親は就職に有利な経済関係の学科を勧めたけど、合格点に達しなかったこと。

——今の中国で、日本語を学ぶって、どんな気持ち？

「別に……。でも2年生のときは最悪。勉強しても意味がないと思った」

李さんが言ったのは、一昨年の尖閣国有化の際の反日デモのことだ。「（日本語学科の）みんなは、ああ、この専門は良くないんだな、選択ミスだなって感じた」

——安倍首相の靖国参拝については？

「本当につらい。どうしてこうなっちゃうんだろう。経済や文化の面で関係を発展させるのは悪いことなのかな？　私たちは私たちで勉強するしかないけど」

父親は出稼ぎに出ており、不在だった。近くの山で農業を営む祖父の遠木さん(82)を李さんと一緒に訪ねた。日中戦争の時、この辺りにも日本の軍隊が来て、食べ物などを奪っていった。殺された人もいたという。ちょっと迷ったが、聞いてみた。

——孫が日本語を学ぶのは嫌ですか。

「そんなことはないよ」。遠木さんは笑顔でそう言った。でも、それ以上は何を聞いても、あまり話してくれない。李さんは、私に申し訳なさそうな顔をした。

中国では今、約100万人が日本語を学んでいる。有名な日本語教師、笈川幸司氏によると、こうした学生たちにとって、31日からの春節（旧正月）は、親族のなかで居心地の悪いものになりそうだという。日中の交流がしぼめば、就職先もぐっと減る。

中国と言えば、きつい表情をした報道官が日本を厳しく批判する場面が頭に浮かぶかもしれない。日本人が中国政府の対応に怒りを感じることがあるのはよく分かる。

だけど、中国にも、私たちと同様、こんな状況は嫌だと思う人がいることも知って欲しい。対立を深める二つの政府の関係だけが、日中関係のすべてであってはならない。

取材を終え、駅に向かうタクシーのなかで、李さんに将来の希望を尋ねた。返ってきた答えは「日本に留学できれば、一番いい」。乱れた前髪の奥で、その目はずっと前を見つめていた。（中国総局長）

朝日新聞

2013年（平成25年）

12月7日

私の視点

日本僑報社編集長

段《だん》 躍中《やくちゅう》

日中友好　冷めぬ中国の日本語学習熱

国交正常化後で最悪と言われる日中関係だが、中国の若者の日本への興味と関心まで冷え込んでいるわけではない。中国で日本語を学習している留学未経験の学生を対象にした「中国人の日本語作文コンクール」で、今年は応募数の減少が懸念されたが、最終的には2938本が寄せられ、例年と変わらない盛況だった。「日本語学習熱」は冷めてはいない。

コンクールは私が代表を務め、日中関係の書籍を出版している日本僑報社と日中交流研究所が2005年から開催してきた。これまでに中国の200を超える大学から、2万本もの作文が集まった。

9回目の今年はテーマを「感動」にした。両国関係が試練に見舞われても、「感動」が両国民の心をつなぐきっかけになると考えたからだ。日中関係が悪化すれば、中国国内で日本語を学習すること自体、「難しい立場」に立つことになる。それでも、彼らは日常生活の中で、自分や家族が日本人と触れ合い、感動した体験を感い思いに描いていた。

いにしえの優雅さを短い言葉の中で語る和歌の世界や、出会って1週間しかたたない中国人に「国が原因で中国人を拒否するのは理不尽」と〝おもてなし〟の精神で誕生日を祝ってくれる研修仲間、旅行で訪れた日本で迷子になり、道を尋ねると、目的地まで連れて行ってくれた夫婦……。

そこには政治的な対立を乗り越え、積極的に交流を続け、友好を育もうとする、ごく普通の日中の市民が登場する。もちろん、文化や習慣の違いは大きい。「相互理解」と言っても、実生活で簡単に実現するものでもない。そこを認識した上で、その差を縮めていこうという強い意思、お互いを尊重し合うという前提に立てば、感動も共有できる。そういった体験が真摯につづられていた。

コンクールの入選作は、中国在住の学習者とは思えないほど日本語のレベルが高いものが多い。「入選作品集」は、中国では日本語学習教材にも利用されている。

日本人の審査員からは「日中関係の改善に、真剣に取り組もうとする両国の若者に感動した」「中国での日本人への評価が高いことに驚いた」などの声も上がった。

日本で日中友好活動に携わる立場から見ても、こうした若者は、両国の将来に頼もしい存在になるように思える。そんな彼らを、みなさんにも応援していただければありがたい。多くの人に、彼らの「生の声」とも言える入選作品集を、ぜひ手にとって読んでいただきたい。中国人の心を動かした「日本」は、きっとみなさんの心も感動させるはずだ。

2013年（平成25年）3月26日（火曜日）　東　京　新　聞

東京新聞

中日新聞東京本社
東京都千代田区内幸町二丁目1番4号
〒100-8505 電話 03(6910)2211

日本語を学ぶ中国人学生

対立憂う 懸け橋の卵たち

五味　洋治

沖縄県・尖閣諸島を日本政府が国有化して半年が過ぎたが、島をめぐる日本と中国の対立は一向に改善されない。日本に関心を持ち、日本語を学んでいる中国の学生たちは就職や日本留学が難しくなり、将来への不安を抱いている。

二〇〇九年の調査によると、中国の日本語学習者数は約八十三万人。独学者を含めるとさらに増える。世界でも韓国（九十六万人）に次いで学習者が多い。国際交流基金などが行う日本語能力試験は中国全土で約十二万人が受験している。

同じ漢字文化圏だけに、短期間で中・上級段階に達する人が多い。最近、中国の外相に就任した王毅氏も、若いころ日本語を専門に学んだ。

日本語を学ぶ中国人は、日中両国の間をつないでくれる大切な人材だが、いま困難な状況に陥っている。

日本僑報社（東京・池袋）などが毎年主催する日本語作文コンクールで優秀な成績を収めた大学生たちが、安倍晋三首相への手紙という形で、自分たちの様子を日本語で同社に送ってきた。原文のままを引用してみる。

湖北大外国語学院の李欣晨さん（22）は「進学と就職の問題について、さんざん迷っています」。日中関係悪化の影響で就職先が減り、日本への留学も家族や友人の強い反対に遭っているためだ。

李さんは、今年一月、作文コンクール最優秀賞の副賞で日本を訪問した。「過激な行動でお互いに傷つけているのが何の意味もないことを、しみじみ感じました。日本への先入観を取り除くために、微力ながら、自分なりの力を尽くしたいです」

外交官志望者が学ぶ国際関係学院（北京）四年生胡万程さん（22）は、「外交の基本原則は自国の国益を守ること。しかし、自国の国益だけを追って、双方の国益を損なう結果になっていまいか。即刻解決が困難な問題は、双方、暫時、静観するという方法はとれないか」と提案した。

同じ国際関係学院四年生欧陽文俊さん（23）は昨年五月、中国大学生訪日団の一員として日本を訪問し、大学生と将来の夢を話し合った。

「日本への留学を準備しています。自分の目で見た日本、体験した日本を丸ごとに友達や家族に教えたい。より多くの日本人と友達になりたいと思っているからです。中日関係を改善するには安倍首相が一番有力ではないでしょうか。中日両国が各レベルでちゃんと話しあえる未来に導いてほしい」と要望した。

尖閣諸島については公船を使って実力行使してくる中国側に問題がある。しかし中国にも、対立に戸惑い、和らげたいと思っている人たちが少なからずいる。手紙は今月、安倍首相に郵送された。ぜひ読んでほしい。（編集委員）

2013年 12月5日

MAINICHI

毎日新聞

発言

草の根発信で日中をつなごう

段　躍中　日本僑報社編集長

中国在住の日本語学習者を対象とした日本語作文コンクールを主催して9年になる。

毎回、中国全土で日本語を勉強する留学未経験者たちから約3000もの力作が集まるが、昨年来の両国関係の悪化による影響で応募が減るのではないかと心配していた。

だが、蓋《ふた》を開けると例年と変わらぬ数の作品が寄せられ、胸をなでおろした。同時に長年、日中の草の根交流活動に従事している立場としてこの状況でも日本語を熱心に勉強している中国人学生が数多くいるとわかり、うれしい気持ちにもなった。

今年のテーマは「中国人の心を動かした『日本力』」とした。それは、国と国との関係がどれほど冷え込もうとも「感動」は両国民の心をつないでくれると考えたからだ。応募作には作者自身や、家族、友人が体感した日本文化や触れ合った日本人から受けた感動的なエピソードが若者らしいみずみずしい文章で描かれており、彼らを感動させた「日本力」は審査員を務めた日本人にさえ日本の素晴らしさを再認識させた。

それら「日本力」は世界的に有名な日本のアニメなどのサブカルチャーと同様、全世界に訴えかけられるソフトパワーだ。このパワーこそ日中関係改善の切り札になり得る。

コンクールの応募者たちは、時に周りから日本語を学ぶことを批判されながらも勉強にいそしんでいるばかりでなく日本人や日本文化への理解も深め、その素晴らしさに感動し、作文という形で発信してくれた。彼らは今後も日本の良さに触れ、それを何らかの形で発信してくれるはずだ。世界中に数多く存在する「日本ファン」たちもフェイスブックやツイッターなどを使い、優れた「日本力」について発信し続けている。

日中という「引っ越しできない隣人同士」が〝ウィンウィン〟の関係を築くためには、お互いが尊重し合い、気持ちを通わせながら関係を築くことが必要ではないかと思う。その実現には、両国の政治家やメディアの努力ももちろん重要だが、一般市民の努力も必要だ。だからこそ日本の人々にも、先に述べたような新メディアを活用して自ら中国に対してアピールする「発信者」になってもらいたいと思うのだ。

「謙虚さ」は日本人が持つ素晴らしい特徴ではあるが、この場面では不要だ。「中国語や英語ができないから……」としり込みする人もいるかもしれないが、世界には日本の良き理解者でもある日本語学習者や「日本ファン」が大勢いる。あなたがインターネットを通して日本語で発信した言葉がそれらの人を介して中国をはじめとする全世界に広めてもらえる可能性が十分にある。

1991年に来日した筆者は東京を拠点に、出版活動や中国人を対象とした日本語作文コンクール、日本人及び在日中国人向けの「星期日漢語角」（日曜中国語コーナー）などの活動を行っているが、皆さんに「日中関係改善のための発信者の会」の設立を呼びかけたい。一人でも多くの「日本人発信者」が登場し、両国関係の改善に一役買ってくれることを願っている。

だん・やくちゅう　元中国青年報記者。編著書「中国人がいつも大声で喋るのはなんでなのか？」

朝日新聞

2013年 3月15日

ぴーぷる

■戦争の意味を問い直す

「第8回中国人の日本語作文コンクール」（朝日新聞社など協賛）で湖北大学外国語学院日本語学科4年の李欣晨さん(22)が最優秀賞（日本大使賞）に輝いた。

4回書き直した受賞作は「幸せな現在」。祖父の「今の生活を大切にすべきだ」という言葉と戦争体験から過去の戦争の意味を問い直し、「犠牲者が望んだのは、悪いレッテルを貼り合うことではないはずだ」と結ぶ。

大学には日本を嫌う学生もいる。「日本について知らない人たちです。日本も同じかもしれない。お互いが理解し合えば変わる」。いつか日本語教師として、懸け橋になりたい。

作品集「中国人がいつも大声で喋《しゃべ》るのはなんでなのか？」は主催の日本僑報社から出ている。（岡田玄）

Ⓓデジタル版に受賞作全文

東京新聞

2013年 1月26日

「思った以上に清潔」

日本語作文コン最優秀　李さんが都内観光

「中国人の日本語作文コンクール」で最優秀賞（日本大使賞）に輝いた李欣晨さん(二一)が、副賞で日本に招かれた。二十五日に都内を観光し「思った以上に清潔です」と印象を話した。コンクールは日本僑報社・日中交流研究所（豊島区、段躍中所長）を中心に毎年開かれている。

李さんは、中国南部の貴州省出身。幼い頃は「中国で放送されている反日ドラマの影響で日本への印象は良くなかった」という。しかし、日本のアニメに興味を持ち、湖北大学外国語学院で日本語を専攻した。

日本を訪問した李さん＝千代田区で

受賞作品「幸せな現在」は、朝鮮戦争（一九五〇～五三年）に参戦し、砲弾の破片によるけがが残る祖父の追憶から始まる。戦場で苦労を重ねた祖父は「今の生活を大切にすべきだ」といつも口にし、平和の大切さを説いた。李さんは、作文で「日中間にもかつて戦争があった。そのせいか、両国民は先入観をもってお互いに悪いレッテルを張り合っている」と、過去の影に引きずられるのはやめようと呼びかけた。

来年は中国で大学院に進む。本当は日本に留学したかったが、領土をめぐる緊張のため、両親が日本行きに反対したためだ。帰国したら自分の目で見た日本の印象を話して、両親を説得するつもりだ。（五味洋治）

讀賣新聞

2013年(平成25年)
2月24日日曜日

中国人がいつも大声で喋るのはなんでなのか？

段躍中編　日本僑報社　2000円

評・須藤 靖（宇宙物理学者 東京大教授）

それぞれ、そうだよネ。そんな声の合唱が聞こえてくるような秀逸かつ直球のタイトル。この宇宙がダークエネルギーに支配されているのはなぜか、大阪人にパキューンと撃つマネをすると必ず胸を押さえて倒れてくれるのはなぜか、などと同レベルの深く根源的な問いかけだ。

チマチマした印税稼ぎのために軽薄な説を押し付ける似非社会学者による使い捨て新書の類いか？という疑念も湧きそうだ（残念ながら現代社会にその手の書籍が蔓延《まんえん》しているのも事実）。しかし本書はそれらとは一線を画す、日本語を学ぶ中国人学生を対象とした「第8回中国人の日本語作文コンクール受賞作品集」なのだ。

大声で主張するのは自信と誠実さを示す美徳だと評価され学校教育で繰り返し奨励されているという意外な事実。発音が複雑な中国語は大声で明瞭に喋《しゃべ》ることは不可欠。はたまた、通信事情が悪い中国では大声で喋らないと電話が通じない、という珍説も飛び出す。公共の場所において大声で喋るのは、他人を思いやらない無神経さの表れ。日本人が抱きがちなそんな悪印象が、視点をずらすだけでずいぶん変化する。

大皿に盛られた料理を大勢で囲み、にぎやかに喋りながら楽しむ食事。知り合いを見つけるや、はるか遠くからでも大声で会話を始める農村部の人々の結びつき。想像してみると確かにうらやましい文化ではないか。いかにも文集という素朴な雰囲気の装丁の中、日中両国を愛する中国人学生61名が、文化の違いと相互理解・歩み寄りについて、様々な視点から真摯《しんし》に、かつ生の声で語りかけてくれるのが心地良い。

酔っぱらった時の声がうるさいと、家内にいつも大声で叱責される私。しかし故郷の高知県での酒席は到底太刀打ちできない喧《かまびす》しさ。でも単なる聞き役に回る私ですら飛び交う大声は不快どころか楽しさの象徴だ。高知県人は深いところで一衣帯水の中国と文化を共有しているらしい。中国移住を真剣に検討すべきだろうか。

相互理解に様々な視点

◇だん・やくちゅう＝1958年、中国・湖南省生まれ。91年に来日し、新潟大大学院修了。日本僑報社編集長。

「大声で喋る」中国人と「沈黙のなか」で生きる日本人が理解し合う知恵を

佐高信の
政経外科《せいけいげか》
Sataka Makoto
連載 683
Layout Kazuhiro Tada

日中交流研究所所長の段躍中が編んだ『中国人がいつも大声で喋るのはなんでなのか？』（日本僑報社）という「中国人の日本語作文コンクール受賞作品集」がある。「中国若者たちの生の声」を集めたもので、第八回のコンクールの作品集だ。日本への留学経験のない中国人の学生を対象に募集された。

テーマもユニークだが、中にいろいろな声が出てくる。

大連交通大学の李書琪は、パリのノートルダム寺院には、漢字で「静かに」と注意の紙が貼ってある、と書き始める。

山東大学威海分校の李艶蕊の説明が説得力があるが、彼女の実家を含めて中国では十三億の人口のうち、九億ほどが農民であり、彼らは畑や市場で、たとえば、

「君のトウモロコシは良いね」

「そんなことないよ、天候がよくないから」

といった遣り取りを大声でする。中国人は賑やかさこそがいいことだと思っているからでもある。

李は「最近は農村から都市に移り住む人が多くなったが、彼らは大声の習慣も持ってきた」と指摘する。

長春工業大学の黄慧婷は、中国人の彼と日本人の彼女が恋人になったけれども、うまくいかなくなった時のことを書く。

「もう我慢できない。あなたと一緒にいるのは恥ずかしいのよ。いつも大声で喋るなんて、信じられない」

怒りを爆発させた彼女に、彼は一瞬黙り、にっこりと笑って言った。

「皆にはっきりと僕の気持ちを伝えるためだよ。もちろん、君にもそうだよ」

日中友好の象徴パンダの「鈍感力」が両国に必要だ

こうした違いを踏まえて、浙江大学寧波理工学院の王威は「十四億人あまりの二つの国で、たった一％の政治家や経済評論家だけが新聞やテレビにいつも出て、お互いの国の話をするのはおかしくないだろうか。国の中では、政治家や経済学者より働いている一般民衆の方がずっと多い。一つの国の本当の姿は、その国の民衆を見なければならない。利益より、文化の共感と人間の温情を強調し、他国の道徳観に対しては、責めるというより理解するという姿勢こそ両国のマスコミが持つべき態度ではないか」と提言する。

華東師範大学の銭添の「パンダを見てみよう！」も傾聴に値する。

日本と中国の間の暗い過去を乗り越え、偏狭なナショナリズムから脱して、恒久的な平和を築くためにはパンダが教えてくれる「鈍感力」が必要だというのである。

「パンダは物事に対して決して鈍いわけではなく、ただ余裕を持って過ごしているだけだ。いちいち大騒ぎするのではなく、寛容な態度で物事に接することこそ、両国国民の親近感を高めるのに最も欠かせないものなのではないか」

これを読むと、日中友好のシンボルのパンダが、また違って見えてくるだろう。

女優の檀れいは、あるテレビ番組で「海外で心惹かれる国」を問われて、「昔の中国」と答えたらしい。「昔の中国」は、現在とは逆に、「沈黙」が問題だった。

ドレイ根性を排した魯迅がこう嘆いたようにである。

「私は衰亡する民族の黙して声なき理由を知った。ああ、沈黙！　沈黙のなかで爆発しなければ、沈黙のなかで滅びるだけだ」

いまは、日本が「沈黙のなかで滅び」ようとしている。いずれにせよ、何で日本語なんか学ぶのかという白い眼の中で、それを学んだ若者たちの作文は貴重である。

51　サンデー毎日　2013.3.24

朝日新聞 2012年12月24日

風

坂尻 信義

北京から

日本語を学ぶ　若者の草の根交流が氷を砕く

この冬2度目となる雪化粧が北京にほどこされた14日、中国各地で日本語を学ぶ学生が日本大使公邸と棟続きのホールに集まった。「中国人の日本語作文コンクール」の表彰式に出席するためだ。

日中関係の書籍を出版する日本僑報社（東京・池袋）の主催で、今年で8回目。同社編集長の段躍中さん(54)は1991年、日本に留学した妻を追って、共産主義青年団の機関紙・中国青年報を辞めて来日した。アルバイトのない日は巣鴨の4畳半アパートと豊島区立図書館を往復する生活で、50音から日本語を学んだ。B5サイズ18㌻のタブロイド判情報誌から始め、これまでに出版した書籍は約240冊にのぼる。

今年のコンクールには、中国の大学、専門学校、高校、中学の計157校から2648編が寄せられた。応募資格は「日本留学の経験がない学生」。優秀賞数編の中から日本大使が選ぶ最優秀賞の受賞者には、副賞として1週間の日本行きが贈られる。

会場で、昨年の最優秀賞を受けた胡万程さん(21)が、かいがいしく準備を手伝っていた。北京の国際関係学院4年。東日本大震災後、インターネットの掲示板に「ざまみろ」と書き込んだ高校時代の同級生との対立と和解を描いた作文「王君の『頑張れ日本』」で受賞し、今年2月に日本を初めて訪れた。

日本に行ったら「すべてを見たい」と昨年の表彰式で話した胡さんは、卒業後の日本留学を目指している。

今年の最優秀賞に選ばれたのは、中国内陸部にある湖北大外国語学院日本語学科4年の李欣晨さん(21)。受賞作「幸せな現在」は、祖父の戦争体験を踏まえ、日中両国の人々が「過去の影」に縛られてはいけないと書いた。

やはり日本への留学志望の李さんは、国有企業に勤める父親から、最近の日中関係の悪化を受けて難色を示されていた。でも、今回の受賞で「私が自分の目で見た日本が『想像した通りに人々が優しく、景色がきれいだったら、留学を支持する』と父親は言ってくれました」と、うれしそうだった。「やさしい響きが好き」という日本語の教師になることが、将来の夢だ。

今年あった、もうひとつの「日本語・提言コンテスト」の表彰式も、印象深かった。1等賞に選ばれた河南省の安陽師範学院3年、韓福艶さん(22)は「苦しい選択　日本語科」と題し、中国の農村部でこそ日中交流が必要と訴えた。子供のころ、テレビで見る戦争映画の日本兵は、鬼のような人物ばかりだった。

日本のアニメに魅せられて日本語を専攻したという韓さんは「私の選択が間違っていなかったことを両親に証明したい」と語った。

こちらの表彰式は、満州事変の発端となった柳条湖事件から81年の9月18日だった。中国では「国恥の日」と呼ばれるこの日、日本政府による尖閣諸島国有化に反発したデモが中国国内約100都市で燃え上がっていた最中で、会場探しに苦労したという。

こうした草の根交流が、運営資金の工面に苦しみながら、細々と続けられている。

大使不在の公邸の日本庭園は、雪のあとに降った雨が凍りつき、先週の雪でまた白く染まった。6年前、当時の安倍晋三首相が日中関係を修復するため決断した訪中が、中国で「破氷の訪問」と呼ばれていたことを、ふと思い出した。

（中国総局長）

書評委員 お薦め「今年の3点」

高原 明生

①「反日」以前　中国対日工作者たちの回想（水谷尚子著、文芸春秋・1800円）

②中国残留日本人　「棄民」の経過と、帰国後の苦難（大久保真紀著、高文研・2520円）

③偏見を取り除きたい　第三回中国人の日本語作文コンクール受賞作品集（段躍中編、日本僑報社・1890円）

①は戦中戦後に捕虜の教育や邦人送還などに従事した対日工作者たちとの貴重な面談記録。日本と日本人に深い理解と愛情を有した彼らに、日本人も強い敬愛の念を抱いたことが戦後の日中友好運動の牽引力だったと説く。日中関係の基本に光を当てる労作だ。

旧満州には150万人以上の日本人がいた。その中で中国に残留せざるをえなかった婦人や孤児は塗炭の苦しみを味わった。②は、長年の取材をもとに、その困難が帰国後も続くことを伝える。この人たちをこれ以上まだ苦しめるのか、日本社会の本質が問われる。

偏見の無い、心が通い合う社会を、そして世界をつくりたい。③は中国人学生による日本語作文コンクールの入賞作品集。これを読むと、日中間の「壁」に戸惑いつつ、理想を追う青年たちの明るく素直な願いが心にしみる。若者は、いや人は皆、どこでも同じだ。

朝日新聞

毎日新聞

2006年8月25日

ひと

段《だん》 躍《やく》中《ちゅう》さん

日中作文コンクールを主催する在日中国人

本音を伝え合い 理解を深める努力を

「両国民の相互理解を深めようと奔走する民間の努力が台なしになった。15日の参拝は、傷つけられた中国人の心の傷口をさらに広げただけ」

小泉純一郎首相の靖国神社参拝を巡って揺れ続ける日中関係を憂う。

靖国参拝が続いたこの5年、双方の民衆に不信感が広がるのを感じた。「在日中国人ができることは何か」と考え、昨年1月、日中交流研究所を設立。中国人の日本語作文と日本人の中国語作文コンクールを始めた。

「多くの人は相手の国について報道などの限られた情報しか知らない。民衆が相手の言葉で自分の気持ちを伝えていく。これこそ民間の友好を培う力になる」と説く。今年、中国人1616人が応募した。日本人側は現在募集中だ。将来は「両国の受賞者でフォーラムを開き、顔を合わせて語り合う場を作りたい」。

中国有力紙「中国青年報」の記者だったが、妻の留学に伴い、91年に来日した。目に映ったのは在日中国人の活躍ぶりがほとんど紹介されていない実態だった。自ら在日中国人の活動を記録し始め、96年から活動情報誌「日本僑報」を発行、出版も始めた。5年前からは日本語と中国語の対訳で書かれた新スタイルの書籍も出版。出版数は140冊に上り、ホームページへのアクセスは1日3000件を超す。

「日中関係が冷え込むこんな時こそ、民間の間に交流チャンネルを張り巡らせていかなければ。これは在日中国人の責務だ」。そう自らに課す。

――文と写真・鈴木玲子

中国湖南省出身。「現代中国人の日本留学」など著書多数。48歳。中国語作文の募集要項は、http://duan.jp/jc.htm。日中交流研究所は03・5956・2808。

朝日新聞
2006年5月30日

中国語作文コンクールを開いた日中交流研究所長

ひと

段《ドゥワン》躍《ユエ》中《ジョン》さん(48)

日本人が対象の中国語作文コンクールは珍しい。奔走したのは、日中の相互理解を深めることが、在日中国人の責務と決意したからだ。「犯罪や反日デモの報道だけで、暗いイメージが祖国に定着するのは耐え難い」

243人が応募、優秀作36点に和訳を付け、「我們永遠是朋友」（私たちは永遠の友人）と題し出版した。中国の新聞社などに100冊を送った。

「日本語が読めない中国人にも、中国が好きな日本人の心情が伝わる意義は大きい」

きっかけは、中国人学生向けの日本語作文コンクールの表彰式に、04年に招かれたことだ。大森和夫・国際交流研究所長が私財を投じ、12年間続けてきた。中国人の日本語能力の向上と、対日理解の進展ぶりに感激した。

大森氏が事業の継続に限界を感じ断念したため、引き継ぐ一方、日本人も中国語で発信すれば「国民同士の本音の交流が広がる」と思い、日中交流研究所を設立した。

妻の日本留学を機に、中国青年報社を退職し、91年に北京から来日。在日中国人の活動を紹介する情報誌「日本僑報」を創刊、130冊の本を出版してきた。メールマガジンの読者は約1万人。

だが、不信感は日中双方の一部に根強い。自身のブログが批判されることもあり、運営費の工面にも四苦八苦だ。

来年は国交回復35周年。「受賞者同士が語る場を作り、顔も見える交流にしたい」

文・写真　伊藤　政彦

編者略歴

段 躍中（だん やくちゅう）

日本僑報社代表、日中交流研究所所長。

中国湖南省生まれ。有力紙「中国青年報」記者・編集者などを経て、1991年に来日。2000年新潟大学大学院で博士号を取得。

1996年日本僑報社を創立。以来、書籍出版をはじめ、日中交流に尽力している。

2005年1月、日中交流研究所を発足、中国人の日本語作文コンクールと日本人の中国語作文コンクール（現・「忘れられない中国滞在エピソード」）とを同時主催。

2007年8月に「星期日漢語角」（日曜中国語サロン、2019年7月に600回達成）。

2008年に出版翻訳のプロを養成する「日中翻訳学院」を創設。

2009年日本外務大臣表彰受賞。

2021年武蔵大学・2020年度学生が選ぶベストティーチャー賞受賞。

北京大学客員研究員、湖南大学客員教授、立教大学特任研究員、日本経済大学特任教授、湖南省国際友好交流特別代表などを兼任。

著書に『現代中国人の日本留学』『日本の中国語メディア研究』など多数。

詳細：http://my.duan.jp/

第17回中国人の日本語作文コンクール受賞作品集

コロナに負けない交流術 中国若者たちからの実践報告と提言

2021年12月12日　初版第1刷発行

編　者　段 躍中（だん やくちゅう）

発行者　段 景子

発行所　株式会社日本僑報社

〒171-0021 東京都豊島区西池袋3-17-15

TEL03-5956-2808　FAX03-5956-2809

info@duan.jp

http://jp.duan.jp

e-shop「Duan books」

https://duanbooks.myshopify.com/

　ISBN 978-4-86185-317-3　C0036

日本僑報社好評既刊書籍

新装版 「ことづくりの国」日本へ
そのための「喜怒哀楽」世界地図

NHK「中国鉄道大紀行」
等で知られる俳優・旅人
関口知宏 著

鉄道の旅で知られる著者が、人の気質要素をそれぞれの国に当てはめてみる「『喜怒哀楽』世界地図」持論を展開。

四六判248頁 並製 定価1800円＋税
2018年刊 ISBN 978-4-86185-266-4

中国の"穴場"めぐり

日本日中関係学会 編

元中国大使・日本日中関係学会会長 **宮本雄二**氏
俳優 **関口知宏**氏
推薦!!

「ディープなネタ」がぎっしり！
定番の中国旅行に飽きた人には旅行ガイドとして、また、中国に興味のある人には中国をより深く知る読み物として楽しめる一冊。

A5判160頁 並製 定価1500円＋税
2014年刊 ISBN 978-4-86185-167-4

日中友好会館の歩み

村上立躬 著

中曽根康弘元首相
唐家璇 元国務委員
推薦!!

日中友好会館の設立以来30余年がたち、争い無く日中両国が友好的に協力し相互理解活動を展開してきた。日中友好会館の真実に基づいた詳細な記録。

四六判344頁 並製 定価3800円＋税
2016年刊 ISBN 978-4-86185-198-8

現代中国カルチャーマップ
百花繚乱の新時代

日本図書館協会選定図書

孟繁華 著
脇屋克仁／松井仁子（日中翻訳学院）訳

中国文学賞最高峰の魯迅文学賞受賞作家による、現代中国の文化を文学・ドラマ・映画・ブームなどから立体的に読み解く1冊。

A5判256頁 並製 定価2800円＋税
2015年刊 ISBN 978-4-86185-201-5

アメリカの名門CarletonCollege発、全米で人気を博した
悩まない心をつくる人生講義
―タオイズムの教えを現代に活かす―

元国連事務次長 明石康氏 推薦!!

チーグアン・ジャオ 著
町田晶（日中翻訳学院）訳

肩の力を抜いて自然に生きる。老子の哲学を分かりやすく解説したアメリカの名門大学の名講義が書籍化！

四六判247頁 並製 定価1900円＋税
2016年刊 ISBN 978-4-86185-215-2

日中対訳版・朗読CD付
大岡信 愛の詩集

大岡信 著
大岡かね子 監修

戦後の日本において最も代表的な詩人の一人、大岡信が愛を称える『愛の詩集』。日中対訳版・朗読CD付き。

四六判136頁 並製 定価2300円＋税
2018年刊 ISBN 978-4-86185-253-4

李徳全
日中国交正常化の「黄金のクサビ」を打ち込んだ中国人女性

石川好 監修
程麻／林振江 著
林光江／古市雅子 訳

戦後初の中国代表団を率いて訪日し、戦犯とされた1000人前後の日本人を無事帰国させた日中国交正常化18年も前の知られざる秘話。

四六判260頁 上製 定価1800円＋税
2017年刊 ISBN 978-4-86185-242-8

中国近現代文学における「日本」とその変遷

小説 映画 漫画 詩歌 etc...

劉舸 著

中国大陸、香港地区、台湾地区における日本を題材にした中国近現代文学について体系的に比較研究を行い、中国人の奥底にある日本観の全貌をあぶり出し、中国人の日本観を鏡として映し出された中国人の意識に切り込んだ意欲作。

四六判168頁 並製 定価1800円＋税
2021年刊 ISBN 978-4-93149-310-4

日本僑報社好評既刊書籍

初邦訳! 中国で最も権威性のあるチャイナ・パブリッシング・ブルーブック

中国アニメ・漫画・ゲーム産業 Vol.1

魏玉山ほか 編著 日中翻訳学院 監訳

世界に台頭しつつある中国アニメ・漫画・ゲーム産業。モバイル普及の波に乗り、今や一大産業および一大市場へと発展しつつある実態を中国政府系出版シンクタンクが調査した公的データと、それに基づいた気鋭の専門家による多角的な分析。

A5判408頁 並製 定価7700円＋税
2020年刊 ISBN 978-4-86185-272-5

中国デジタル出版産業 Vol.1

張立ほか 編著 日中翻訳学院 監訳

中国デジタル出版産業の動向を中心に、各分野のデジタル化や標準化、著作権保護、産業育成製作など、中国政府系出版シンクタンクが調査した公的データと、それに基づいた気鋭の専門家による多角的な分析。

A5判484頁 並製 定価8800円＋税
2020年刊 ISBN 978-4-86185-275-6

愛蔵版

中国人の食文化ガイド 心と身体の免疫力を高める秘訣

熊四智 著 日中翻訳学院 監訳
日中翻訳学院 山本美那子 訳・イラスト

"料理の鉄人" 陳建一氏 推薦!!

読売新聞書評掲載 (2021/1/24)

第5位 Amazonベストセラー〈中国の地理・地域研究〉(2020/12/2)

四六判384頁 並製
定価3600円＋税
2020年刊 ISBN 978-4-86185-300-5

日本人70名が 見た 感じた 驚いた

新中国70年の変化と発展

笹川陽平、島田晴雄、近藤昭一、西田実仁、伊佐進一、小島康誉、池谷田鶴子 など 70 人 著

中国は2019年に成立70周年を迎えた。日本人たちは隣人である中国の変化と発展をどう見ているのか。日本の各界人士70人からのメッセージを収録。

A5判568頁 上製 定価4900円＋税
2019年刊 ISBN 978-4-86185-283-1

忘れられない中国滞在エピソード コンクール受賞作品集シリーズ

Amazonベストセラー 全作トップ10入り!!

第2位 (2021.3.26)

第3回

中国産の現場を訪ねて

衆議院議員 海江田万里・参議院議員 矢倉克夫・池松俊哉など77人 著

ISBN 978-4-86185-304-3 2860円

第2位 (2020.5.13 2019.12.2)

第2回

中国で叶えた幸せ

衆議院議員 鈴木憲和・乗上美沙 など77人 著

ISBN 978-4-86185-286-2 2750円

第8位 (2021.8.16)

第1回

心と心つないだ餃子

衆議院議員 伊佐進一・小島康誉 など44人 著

ISBN 978-4-86185-265-7 2420円

第7位 (2017.12.27)

日中対訳

忘れられない中国留学エピソード

衆議院議員 近藤昭一・参議院議員 西田実仁 など48人 著

ISBN 978-4-86185-243-5 2860円

Amazonベストセラー〈中国の地理・地域研究〉

中国滞在エピソードHP
http://duan.jp/cn/